joHannes M. Angerer & Robert Hirsch
Nur das CHRISTUSLICHT wirft keinen Schatten
WEISHEITerkeitEN für dein L(i)EBEN –
mit Humor durch die (Corona)KRISE

bayerverlag 2020

Dieses Buch widerspiegelt die Gedanken der Autoren und ist kein wissenschaftliches Werk.

Es beruht auf den Erfahrungen von joHannes M. Angerer, denn nur über das, was man selbst erfahren hat, kann man authentisch berichten.

„Wenn man dir alles genommen hat, bleibt das, was du bist."

© joHannes M. Angerer

ISBN 978-3-902952-45-5

*bayer*verlag *2020*
Verlag Bernhard Bayer, Wilhering

Gedruckt und gebunden bei Plöchl in Freistadt auf FSC-zertifiziertem Papier. Das verringert die Transportwege, das Geld bleibt im Land, sichert Arbeitsplätze und die hohen österreichischen Umweltstandards.

joHannes M. Angerer

Nur das CHRISTUSLICHT wirft keinen Schatten

WEISHEITerkeitEN für dein L(i)EBEN

mit Humor durch die (Corona)KRISE

Inhalt

Vorwort	5
Du kommst auf die Welt um zu sterben	6
Wie innen so außen	11
Es gibt nur einen richtigen Weg! DEINEN!	25
Schützen muss man sich nur vor dem, was einem ANGST macht!	45
ATME – es bringt dich nach Hause – ohne FASTENjause!	58
Dein Körper ist dein treuester Freund. Verändere ihn nur, indem du dich veränderst!	72
Warum und Wieso? Bist du do äh da?	86
OM ... am Anfang war das Wort ... und dann die Baumärkte?	104
Ich bin ein Verschönerungstheoretiker	118
Du bist die Würze deines erLebens!	136
FAIR? F.riede A.llein I.st R.uhe! Die Corona ist in DIR!	153
Ping Pong – Die Dualität des bewerteten Lebens!	177
Laufe nie den Problemen davon, sondern den Lösungen entgegen!	192
Gott ist (d)mein größter Fan	205
Lebenslauf	218
CoAutor – Robert Hirsch	226
DANKE!	230
Buchlehrer	231

Vorwort

Grundlage dieses Buches sind die ersten 52 Videos auf meinem YouTube-Kanal, den ich aufgrund der Einschränkungen rund um Corona startete. Dabei begann ich, die Maßnahmen auf lustige Art aufzuarbeiten und versuchte zum Nachdenken anzuregen. Was macht diese Krise mit uns? Was bewirkt sie mit einem persönlich? Wie prägt sie das soziale Umfeld? Welche Veränderungen gehen damit auf globaler Ebene einher? All diese Fragen stellte ich mir im Laufe des Lockdowns. Da ich schon so manches tiefe Tal in meinem Leben durchschritt, wollte ich Wege durch diese Krise aufzeigen.

In dieser Zeit kam auch der Wunsch hoch, meine Weisheiterkeiten näher zu erläutern und niederzuschreiben. Das Buch entstand in Zusammenarbeit mit meinem langjährigen Freund und Künstler-kollegen Robert Hirsch. Er interviewte mich, wobei in diesem Frage-Antwort-Spiel noch viele weitere Aspekte zum Vorschein gekommen sind. Er brachte das Ganze dann auf Papier, denn bei meiner Schreibgeschwindigkeit wäre dies ein Lebensprojekt geworden.

Das Buch ist in 13 Teile gegliedert, wobei jeweils 4 Videos ein Kapitel umfassen. Sie sind am Beginn jedes Kapitels noch einmal aufgelistet.

Die gendergerechte Sprache ist aufgrund des Leseflusses nicht immer vom Vorteil. Daher beschlossen wir sie sein zu lassen. Auf spiritueller Ebene sehen wir beide keinen Unterschied in der Wertung, besitzt doch jeder Mann auch eine weibliche Seite und umgekehrt. Diesen Ausgleich der Polaritäten soll ein jeder in sich finden. Darauf wird in einem Kapitel näher eingegangen.

joHannes M. Angerer, im Dezember 2020

Mein YouTube-Kanal: „Spirituelle Weinwegbegleitung"

Den Link zu meinem Videokanal findest Du auf meiner spirituellen Seite: www.kugih.at

Meine Künstlerseite: www.dasmenuetheater.at

Kapitel 0: Du kommst auf die Welt um zu sterben

Home Office 0 ... Humor... Humus... Humanus...LACHEN erhöht deine SCHWINGUNG!

...ist das nicht zum Lachen? Die einzige Erkenntnis, die wir mit Sicherheit sagen können. Und doch ignorieren wir diese Tatsache gerne, vergessen sie und versuchen sie zu verdrängen, hinauszuzögern, mit all den Konsequenzen. Wir werden geboren, um irgendwann wieder zu gehen. Genau wie die Blume in ihrem Zyklus wieder verblüht, so durchläuft auch der Mensch in seinem Leben verschiedene Stufen, wo am Ende immer der Tod steht. Doch warum sollten wir uns überhaupt damit auseinandersetzen? Welch wichtige Erkenntnisse stecken hinter dieser sicheren, aber wissenschaftlich noch nicht bewiesenen Aussage? Ist es doch nur eine Erfahrung? Der Tod ist unser ständiger Begleiter, er spiegelt uns in jedem Moment die Vergänglichkeit wider. Der Augenblick ist da und schwups, ist er schon wieder dahin. Wie sehr lebst du den Augenblick? Wie sehr kostest du ihn aus? Nimmst du die Geschenke an, die er dir bietet?

Der Tod lehrt uns, keine Angst zu haben, denn am Ende des Lebens steht er immer da. An dieser Stelle möchte ich dich bitten, kurz innezuhalten und über deine Ängste nachzudenken? Wovor fürchtest du dich? Was bringt dich zum Schaudern? Wo bekommst du schwitzige Hände? Was macht dich nervös? - - - - Und jetzt frage ich dich: Was glaubst du bleibt von all diesen Ängsten über, wenn du die Angst des Todes überwunden hast? Wovor sollst du dich bitte noch fürchten? Wie eine Seifenblase zerplatzen all diese Sorgen im Angesicht der Tatsache unserer Vergänglichkeit. Vielleicht musst du jetzt auch, so wie ich, über dich selbst lachen. Bitte tu das. Denn nur wer über sich selbst lachen kann, der versteht auch den Witz des Lebens.

Der Tod ein ständiger Begleiter? Von dem Moment unserer Zeugung an beginnt dieses Spiel. Zellen sterben, neue werden geboren. Wir wissen heute, dass es sieben Jahre braucht, damit alle Zellen im

Körper neu geschaffen werden. Sieben Jahre und du bist ein völlig neuer Mensch? Also, wie oft lebst du in einem Leben? Einmal… jeden Tag… oder vielleicht sogar in jedem Moment?

Die Zahl 0 symbolisiert Gott. Mathematisch gesehen heißt die Zahl Null das Nichts. In der westlichen Welt gibt es diese Zahl erst seit ein paar Jahrhunderten, es war nicht gewöhnlich, das Nichts abzubilden - oder Gott wenn man so will. Die Zahl, egal ob als Kreis oder in elliptischer Form dargestellt, steht für etwas, dass keinen Anfang und kein Ende kennt. Das Eine, das ewig währt. Nie zu Ende geht und wenn man zurückblickt, keinen Startpunkt findet. Es war immer da und wird immer sein. Zugegeben, es ist schon schwer vorzustellen, was damit gemeint ist. Die heutige Physik geht davon aus, dass über 99,99 % des Atoms leerer Raum ist bzw. man weiß eigentlich nicht genau, was „das" ist. Die Materie um uns herum, die wir sehen und angreifen können ist quasi fast nicht vorhanden. Denken wir ein paar Stufen größer, so sind wir schnell beim Sonnensystem angelangt…bis hin zum gesamten Universum. Der Großteil besteht aus dem Nichts. Das Nichts und gleichzeitig Alles. Wie passt das zusammen? Für den Verstand, der nur „entweder oder" kennt, mag das ein Paradoxon sein. Für unser Herz, das in „sowohl als auch" denkt, ist das hingegen kein Widerspruch.

Versuch mal zu erspüren, was alles in deinem Umfeld göttlich ist? Vielleicht siehst du eine Blume und denkst dir, wie wunderschön sie doch ist - das kann nur göttlich sein. Oder du siehst gerade Vögel vorbeifliegen, die dich jeden Tag mit ihren Gesängen wecken, ohne dafür bezahlt zu werden. So etwas kann nur Gott gemacht haben. Schwieriger wird's da schon, wenn du dir das Unkraut in deinem Garten ansiehst? Wie sehr ärgert dich das? Schlechte Nachricht: Auch die sind göttlich. Oder die Mücke, die dich jeden Abend beim Einschlafen nervt. So ein lästiges Viecherl. Noch schlechtere Nachricht: auch göttlich (vielleicht nicht sein bestes Werk, oder?). An dieser Stelle eine Bitte: Gewöhne dich für dieses Buch an den Gedanken, dass alles „göttlich" ist. Alles was du siehst, schmeckst oder riechst. Alles, was dir widerfährt oder bis jetzt widerfahren ist. Jedes Erlebnis, jeder Augenblick war, ist und wird immer perfekt sein.

Falls du ein Problem mit der Benennung Gott hast,
nimm dafür deinen eigenen Begriff.
(Universum, Quelle, Schöpfer …)

Im Schöpfungsbericht heißt es, „Gott sah, dass es gut war!" Genauso war es damals schon gemeint. Es ist gut so. Es ist perfekt. Es ist vollkommen. Diese Erkenntnis darfst du mitnehmen in diesem Buch, denn ich bin in meinem Leben immer wieder dahingehend geprüft worden. Warum ist es so gekommen? Hätte es nicht anders sein können? Hätte, wäre, sollte… Gerade in schwierigen Zeiten ist es mir schwer gefallen, den Augenblick anzunehmen, so wie ES IST. Ich möchte daher, dass du diese Tatsache spürst, fühlst, und in dein ganzes Sein mitnimmst, denn es genügt nicht, diesen Satz bloß auf Verstandesebene zu verstehen. In schwierigen Zeiten wirst du geprüft, ob du die Lektion auch wirklich „verstanden", begriffen und verinnerlicht hast.

Wir kommen selber aus dem Nichts und gehen dorthin wieder zurück. Die Zeit dazwischen nennen wir Leben. Der Mensch wird hineingeboren in ein Umfeld, in eine Familie. Er bekommt einen Namen zugewiesen. Und damit beginnt eine Geschichte, eine Reise, ein großes Abenteuer. Das Abenteuer Leben. Und diese Geschichte ist die spannendste, die du dir jemals vorstellen kannst - viel spannender als jeder Hollywoodfilm, denn es ist dein Leben und du bist der Held deiner Geschichte. Und es kommt noch besser, denn du bist sogar der Regisseur. Du bestimmst, aus welchem Blickwinkel du deine Erlebnisse betrachtest, ob du schwarz/weiß oder doch lieber in Farbe drehen möchtest. Du bestimmst auch die Geschwindigkeit, die Schnitte und das Setting deiner Storys. Wird es ein Drama, eine Komödie, eine Tragödie oder doch alles zusammen? Außerdem darfst du dir die Nebenrollen aussuchen - die meisten zumindest. Denn wie in jedem Film kommen auch unangemeldete Gäste in dein Paradies, in deinen Garten Eden hinein. Und doch ist es auch in jedem Film so, dass die ungebetenen Gäste der Geschichte eine gewisse Würze und Spannung verleihen. Sie lassen den Helden zu Höchstform auflaufen, ihn durch sein Scheitern wieder wachsen oder Dinge aus anderen Blickwinkeln betrachten. Im echten Leben sehe ich die ungebetenen Gäste als unsere größten

Geschenke - wenn wir denn bereit sind, sie anzunehmen. Egal ob Schicksalsschläge, Misserfolge oder ungeplante Wendungen, wo man gezwungen wird, sich völlig neu auszurichten.

Mir sind in diesem Leben schon einige Schicksalsschläge widerfahren, die mich beinahe in die Knie gezwungen haben: Frühe Todesfälle und Selbstmord in der Familie oder die abrupte Kündigung meiner gesamten Künstlergruppe. Ich habe in den 60 Jahren täglich lernen müssen, neu aufzustehen, mich neu auszurichten, mein Leben neu zu gestalten. Und wenn ich oft zurückgeworfen wurde, so hat mir doch jeder vermeintliche Schicksalsschlag neue Türen geöffnet, neue Chancen ermöglicht und wertvolle Erkenntnisse vermittelt. Vor kurzem kam die Coronakrise und ich wurde von einem auf den anderen Tag arbeitslos, ohne Aussicht, bald wieder spielen zu können. Ich musste mich neu erfinden und habe begonnen, kurze Videos für YouTube zu drehen. Dabei habe ich mein Leben verarbeitet und meine wichtigsten Erkenntnisse weitergegeben. Aus dieser Erfahrung kam der Impuls, das Ganze in Buchform zu bringen und weiterzuverbreiten. Nicht unbedingt aus finanziellen Gründen. Wie man weiß, wird man damit nicht reich. Sondern als heilsamen Weg für mich selbst. Und wenn jemand dadurch reicher wird an Erfahrung, so freut mich das von ganzem Herzen.

In diesem Buch möchte ich meine Geschichte erzählen. Die Geschichte, wie man trotz Rückschlägen „JA" zum Leben sagt, man nicht verzweifelt oder den Humor verliert. Ich möchte zeigen, dass alles, was dir widerfährt, ausschließlich mit Dir zu tun hat. Und gerade die Dinge, die einem unangenehm sind anzuschauen, die wertvollsten Lehren mit sich bringen. Dabei greife ich oft auf Weisheiten diverser spiritueller Lehrer zurück, unabhängig ihrer Religion. Auch wenn ich als Christ geboren wurde, so erkenne ich doch eine jede Religion als gleichwertig an. Jeder versucht, das Mysterium des „Nichts" zu ergründen und jede Religion hat ihre Berechtigung. Und doch gibt es meiner Meinung nach „Nichts", was die eine Religion von der anderen trennt. Im Kern waren sich ihre spirituellen Lehrer stets einig. Anstatt die Gemeinsamkeiten zu erwähnen, liegt der Fokus der Betrachtung nur darauf, wie wir sie unterscheiden können. Ein für mich wichtiger Kompass ist neben der bekannten Astrologie auch der Mayakalender, mit seiner zyklischen Ausgestaltung. Die Maya beschrieben in ihrem Kalender unterschiedliche Zyklen, die jeder Mensch durchschreitet. Für mich eine wunderbare Selbstreflexion.

Welche Geschichte erzählst Du? Wie erzählst du sie und aus welchem Blickwinkel betrachtest du sie? Ein für mich großer spiritueller Lehrer ist Jesus. Auch von ihm kursieren allerlei Geschichten. Das Leid, die Ausgrenzung und das Sterben am Kreuz. Aber auch die Geschichten eines wundersamen Wanderpredigers, eines Heilers, eines spirituellen Lehrers, der bis heute kaum an Faszination eingebüßt hat. Was wird in den Mittelpunkt der Erzählung gestellt? Wie wird Jesus in der Kirche dargestellt? Wir sehen das Kruzifix mit Jesus ans Kreuz genagelt immer im Altarbereich, sodass jeder ihn im Fokus hat, wenn er die Kirche besucht. Man könnte meinen, er steht als Mahnmal in der Kirche. Aber es geht noch weiter. Der Leidensweg findet sich in fast jeder Kirche und steht sogar im Mittelpunkt des Osterfestes. Wie kam es bloß dazu, sich auf diese wenigen Tage im Leben eines Mannes zu fokussieren? Geh ruhig einen Schritt weiter und befrage Menschen nach ihrem Leben. Man bekommt oft einen Leidensweg präsentiert. Ich möchte an dieser Stelle niemandem zu nahetreten. Auch für mich waren die prägendsten Ereignisse die Leiderfahrungen. Aber wie kommt es bloß zu dieser Identifikation mit dem Leid, dieses fast völlige Einswerden. Bist du denn nur das Leid? Oder bist du dir es mittlerweile Leid? Dann kann dir vielleicht dieses Buch helfen, den Ausstieg aus der Szene zu schaffen. Denn die Kunst darin auszusteigen und das EI im LEID zu finden, ist meine größte Aufgabe in diesem Leben. Und vielleicht schaffst du es sogar, das EI umzudrehen und ein LIED zu singen. Das würde mich von ganzem Herzen freuen.

Und so frage ich dich noch einmal: Wie erzählst du deine Geschichte?

Kapitel 1: Wie innen so außen

Home Office 1 Kärcher dir eine Ecke ab!
Home Office 2 Liebe deinen nächsten…Nachbarn!
Home Office 3 LEBE LIEBE LACHE und LAUFE!
Home Office 4 Der CoronaVIRUS? Spricht…zu DIR!

Wir schreiben den 12. März 2020…was soll ich sagen. Ein Datum, welches viele nicht vergessen werden und vor allem ich nicht. Nach tagelangen Berichterstattungen erfolgten systematische Schließungen in fast allen Bereichen. Wir hätten eigentlich am 13. März noch eine Show spielen sollen. Doch es meldeten sich Leute aufgrund gesundheitlicher Bedenken. Und so beschloss ich, obwohl wir noch spielen hätten dürfen, die Show zu canceln und auf unbestimmte Zeit zu verschieben. So stand ich also da, an diesem ominösen Donnerstagabend und wurde innerhalb von wenigen Stunden arbeitslos auf unbestimmte Zeit. Alles, was ich mir in den letzten 30 Jahren mit den Chaoskellnern aufgebaut habe, wird dir mit einem Schlag zunichte gemacht.

Tatsächlich wussten wir damals noch nicht, wann wir wieder spielen dürfen. Unsere Shows finden „an der Person" statt. Und so war es abzusehen, dass wir die Letzten sein werden, die ihrer beruflichen Tätigkeit wieder nachgehen können. Zugegeben, es war nicht mein erster Schicksalsschlag und auch bestimmt nicht der härteste. Dennoch wird man von Neuem wieder vor den Kopf gestoßen und muss sich innerhalb kurzer Zeit wieder völlig neu orientieren. Gerade am Beginn ist man irgendwie fassungslos, aber auch wütend. Die ganze Arbeit, das ganze Herzblut, alle Energie, die ich in diese Shows gesteckt habe, das alles wird dir mit einem Schlag genommen. „Die da oben verbieten es dir zu arbeiten", „Wie soll ich bloß über die Runden kommen in nächster Zeit?", „Wie geht es weiter im Leben?" „Muss ich mein Haus verkaufen und auf der Straße leben?" In etwa so muss man sich das Gedankenkarussell vorstellen, das einem da durch den Kopf geht. Eine Mischung aus Wut, Angst und Trauer, die einem da überkommt, da man zu der Zeit einfach gar nicht wusste, wie es weitergeht. Hinzu kommt die Angst im gesamten Umfeld. Wer zu dieser Zeit ein Hamsterkäufer war, und ich gebe es hier offen und ehrlich zu, auch ich habe mir das gegeben und bin am Freitag noch einkaufen gegangen, der weiß, wovon ich spreche. Leere Schränke, die Angst wegen dem Abstand oder einfach nur die vielen Menschen, die einkaufen waren, das ergab schon eine seltsame Stimmung. In dieser Phase zeigte sich auch die Irrationalität von uns Menschen in Stresssituationen. Mangelware waren vor allem Klopapier, Hefe und Bier. Also wenn das alles ist, was man zum Überleben braucht, dann habe ich kein Problem, denn ich hatte von alldem noch etwas erwischt. Dann erzählte eine ältere Frau, das sei ja wie im Krieg. Ok, jetzt wusste ich, das war etwas übertrieben. Ich hatte mich am Nachmittag hingesetzt und bei Hefe und Bier meine Gedanken sowie Gefühle sortiert. Wie geht es jetzt weiter? Was mache ich nun mit den Chaoskellnern? Muss ich die Künstlergruppe auflösen? Und ich muss ehrlich sagen, ich wusste es nicht. Ich wusste nicht, was ich in den nächsten Wochen und Monaten beruflich machen werde. Ich wusste nicht einmal, ob ich überhaupt wieder auf die Bühne darf. Es entstand ein Loch in mir. Man könnte aber auch sagen, ein Freiraum. Und mir war klar, in diesem Freiraum steckt Platz für Neues. In der Zeit, in der du keine Pläne hast, keinen durchgetakteten Tagesablauf von früh bis spät und gedanklich offen bist für neue Projekte. Jetzt hast du Zeit, deine Gedanken zu sortieren, auszumisten und Platz zu schaffen für Neues. Aber zu allererst erfolgt die Reinigung.

Wie innen, so außen. (Hermes Trismegistos)

Das ist ein schöner Spruch…wie innen so außen. Ja, wenn das so ist mit der inneren und äußeren Reinigung, dann sollte ich ja nicht nur die Stiege im Haus putzen, sondern auch die außerhalb vom Haus. Ich denke, irgendwie hat Hermes das so gemeint. Und so begann ich den Zugang zu meinem Weinkeller zu reinigen. Ich dachte mir, sollte jetzt das Ende kommen, dann möchte ich wenigsten an einem schönen Ort sein. Und was gibt's Schöneres, als einen gut gefüllten Weinkeller - mein neues Home-Office. Und wie der Zufall so will, kam mir der spontane Einfall, meine Frau zu bitten, mich mit dem Handy zu filmen, während ich mit dem Kärcher die Fugen säuberte. Ich legte einen YouTube-Kanal an, obwohl ich noch nie damit gearbeitet hatte, und teilte es auf Facebook. Beides Dinge, mit denen ich nicht groß geworden bin und von dem ich eigentlich wenig Ahnung habe. Doch „Wo ein Wille, da ein Weg", sagte ich mir. Nach stundenlangem Hin und Her klappte es dann auch, ich bekam mit 60 Jahren die Influencer! Was, du weißt nicht was ein Influencer ist? Übersetzt heißt das „Beeinflusser". Sie erstellen Bilder oder Videos von sich und machen versteckt Werbung für irgendwelche Produkte, die man sonst nie kaufen würde. Normalerweise vollziehen das hübsche, junge Damen in knapper Bekleidung. Aber was die können, dachte ich mir, das kann ich mit meinem post-jugendlichen Aussehen auch. So bin ich in einem Punkt doch klar im Vorteil, bei mir springt der Filter bei „Oben-Ohne Bilder" nicht an.

Und so machte ich mich auf, in die mir unbekannten Welten des Internets, mit meiner Influencer. Und von diesem Tag an fiel der Startschuss für 52 Videos, die jeden Tag aufs Neue völlig spontan entstanden sind, ohne Hintergrund und ohne Ziel. Du fragst dich jetzt, was Spontanität ist? Ich hoffe das ist etwas, das du kennst. Doch ich habe das Gefühl, Spontanität wird in einer Zeit, in der wir alles planen (wollen, aber nicht können!) abtrainiert. Wann darf ein Kind in der Schule spontan sein? Wann darf es zu Hause spontan sein? Als ich noch jung war, durften wir nach der Schule noch völlig zwanglos spielen. Es gab keinen Ablauf, als wir unser „Gatsch-Gewand" anzogen und völlig ziel-, und planlos mit den Nachbarskindern spielten. Das Einzige was wir hatten, war unsere Phantasie. Doch auch die wird in der heutigen Zeit vorgekaut, sieht man sich den Fernsehkonsum an. Meist nur passiv statt aktiv. Und so frage ich dich, wann warst du das letzte Mal spontan? Wann bist du das letzte Mal am Morgen wach geworden und wusstest nicht, was der Tag bringt? Und ich rede hier nicht vom Morgen nach einer durchzechten Nacht. Spontanität ist der Moment, wo deine Frau/dein Mann überrascht sagt: „Das hast du noch nie gemacht." Wenn du ganz anders reagierst als üblich. Der Moment, wo du dich selbst überraschst und eine völlig neue Seite von dir zeigst.

Spontanität ist mein Leben, Improvisation mein Job.
(Hannes Angerer)

In meinem Job als Chaoskellner ist jeder Abend individuell und immer wieder eine neue Herausforderung. Du hast ständig neue Gäste, die anders reagieren als wie die von gestern. Vorgefertigte Antworten funktionieren in solchen Situationen nicht. Und wenn man es versuchen möchte, ist man immer um den Tick zu spät. Daher muss man in einen Zustand der absoluten Spontanität kommen. Das erreicht man nur durch Reinigung und so spanne ich den Bogen zurück zu Hermes und seinem Hermetischen Gesetz. Er meinte natürlich die innere und äußere Reinigung. Die meisten vollziehen nur die äußere, doch viel wichtiger ist die innere oder auch gedankliche bzw. emotionale Reinigung. Und so darfst du mal in die Stille kommen und deine Gedanken beobachten. An was denkst du alles? Was kommt dir in den Sinn, wenn du dich hinsetzt? Wir klammern uns zu sehr an die Vergangenheit und denken zu oft an die Zukunft, was alles sein könnte. In so einem Zustand ist Spontanität nicht möglich. Sie funktioniert nur dann, wenn du absolut im Augenblick lebst, die Vergangenheit loslässt und die Zukunft sich selbst überlässt. Dann, wenn du nur im Hier und Jetzt, in der absoluten Präsenz lebst.

Wir leben nicht einmal, sondern in jedem Augenblick neu!

Zugegeben, auch mir fällt es oft nicht leicht, immer im Augenblick zu leben. Man schweift gedanklich ab oder denkt an etwas völlig anderes. In der absoluten Präsenz zu leben heißt nicht unbedingt, an Nichts zu denken. Gewisse Tätigkeiten erfordern es viel nachzudenken oder zu überlegen, wie etwas sein könnte. Etwas, das uns von den Tieren unterscheidet. Wir können uns überlegen, welche Auswirkungen Entscheidungen mit sich bringen und dann unser Handeln dementsprechend anpassen. Es kann aber nicht nur Segen, sondern auch Fluch sein, wenn du aus dem Gedankenkarussell nicht mehr hinauskommst und ständig an irgendetwas denkst. Absolute Präsenz bedeutet aus meiner Sicht, mit allen Sinnen bei dem zu sein, was du gerade machst. Man kommt dann in einen Zustand, wo das Leben geschieht, es zu fließen beginnt und einfach passiert. Manche bezeichnen diesen Zustand als Flow. Und in diesem Zustand können fantastische und wunderbare Dinge passieren. Bei meinen Auftritten mit den Chaoskellnern versuche ich in diesen Zustand zu kommen. Man bespielt jeden Abend ein neues Publikum, einen anderen Anlass oder eine unterschiedliche Location. Und es ist nun mal so, dass die Menschen ganz unterschiedlich auf meine Späße am Tisch reagieren – dementsprechend ist man als Künstler gefordert, individuell und spontan zu agieren.

Um in diesen Zustand zu kommen bzw. zu bleiben ist für mich, neben der äußeren Reinigung (damit es zu keiner Geruchsbelästigung kommt) die innere Reinigung mindestens genauso wichtig. Methoden gibt es hier unterschiedliche und ich bin der Meinung, jeder soll hier seine finden: Meditation, Räuchern, Sport, Wandern, … Ziel ist für mich, frei im Kopf zu werden, also frei von jeglichen Anhaftungen und Altlasten, die mich daran hindern, im Moment zu leben. Frei zu sein von Dingen die man andauernd denkt, ohne dass sie einem was bringen oder überhaupt betreffen. Wie viel Lebenszeit und Lebensqualität wird durch diese Unsitte vergeudet? Wie viel Zeit würde man sich sparen, könnte man dieses Gedankenkraftwerk namens „Verstand" auf Knopfdruck abstellen und einfach nur die Zeit genießen? Meiner Meinung nach ist aber nicht das Offensichtliche für unser Gedankenwirrwarr verantwortlich, also nicht der Verstand per se, sondern die dahinterliegenden Glaubensmuster und Haltungen. Man könnte auch sagen, der fehlende Selbstwert, die Selbstliebe oder Selbstakzeptanz sind Hauptursachen dafür, warum wir uns gedanklich in Situationen bewegen, die unser Selbst höher darstellen lassen. Und an dieser Stelle wird es kompliziert. Denn eigentlich sind wir ja ein göttliches und wahrhaft großartiges Wesen, doch unser Selbstbild suggeriert uns eine scheinbare Kleinheit. Ach ja, du glaubst es nicht? Dann nenne mir spontan und ohne nachzudenken jeweils 10 negative und 10 positive Eigenschaften von dir!

Ich bin überzeugt, dass dir Ersteres viel schneller gelingen wird, was keineswegs überraschend ist. Seien wir ehrlich, unsere Gesellschaft ist darauf trainiert, Fehler zu finden und sie breit zu treten. Das beginnt bereits in der Schule: Niemand spricht davon, dass jemand bei sieben Aufgaben richtig gerechnet, sondern bei drei einen Fehler begangen hat. Wir hören als Kind ständig das, was wir nicht können, anstatt dafür gelobt zu werden, was wir bereits beherrschen. Dieses jahrelang antrainierte Verhalten zieht sich bis ins hohe Erwachsenenalter hinein und prägt uns als Individuum genauso wie uns als Gesellschaft. Falls du mir das nicht glaubst, so möchte ich dir an dieser Stelle eine provokante Frage stellen: Wann hast du das letzte Mal einen Politiker gelobt, wann ihn das letzte Mal kritisiert? Wieso ich jetzt auf die Politik zu sprechen komme? Es ist nun mal

Tagesgespräch Nummer Eins an Österreichs Stammtischen und es wird vorwiegend negativ darüber geredet bzw. in Medien berichtet. Ich bin überzeugt davon, dass jeder Politiker sehr viele richtige und gute Entscheidungen trifft. Doch der Fokus ist immer auf das gerichtet, was nicht gut läuft. Aus meiner Sicht ist die Politik aufgrund ihrer medialen Präsenz eine unserer größten Projektionsfläche. Doch dazu in einem späteren Kapitel mehr. Du kannst einmal bei dir selber anfangen und überlegen, wann du dich das letzte Mal für etwas gelobt hast? Das können kleine Dinge sein, für die wir uns aufmuntern können. Seien wir ehrlich, wir ärgern uns über uns selbst wegen lächerlicher Kleinigkeiten. Der Nagel, der uns beim Bildaufhängen runterfällt und unter die Kommode rutscht, die Milch, die beim Kochen überläuft oder die Geldbörse, die man zu Hause vergessen hat und weswegen man nach der ersten Kreuzung nochmal umdrehen muss.

LIEBE deinen Nächsten, wie DICH SELBST!

Es ist schon gewöhnungsbedürftig, aus diesem bekannten Spruch die Aufforderung zur Selbstliebe abzuleiten. Meistens wird er verwendet, um Nächstenliebe zu demonstrieren. Und gewiss hat Jesus das auch so gemeint. Doch wie sehr kannst du deinen Nächsten lieben wie dich selbst, wenn du dich selbst nicht liebst? Und auch wenn mir das viele nicht glauben mögen, so sehe ich die Selbstliebe als die größte Herausforderung an und bin überzeugt, dass mit Selbstliebe, die Liebe zu deinem Nächsten automatisch kommt, denn wie innen so außen.

Wenn ich meinen jetzigen Status betrachte, so kann ich behaupten, mich noch nie zuvor so akzeptiert zu haben wie jetzt mit 60 Jahren, auch was mein körperliches Aussehen betrifft. Als Kind wird man hineingeboren in eine Welt, die dir sagt, wie du auszusehen, dich zu verhalten und wie du zu sein hast. Kaum ein Kind wird bestärkt in dem wie es ist, vor allem nicht in seinem Aussehen. Und die Welt hat sich mittlerweile gedreht. Hochglanzpolierte und gephotoshopte Bilder an allen Ecken und Enden – Instagram und Facebook leisten ihr Übriges. Das ist schon nochmal eine viel größere Challenge für die heutigen Jugendlichen wie zu der Zeit, als ich groß geworden bin. Das ist aber nur die eine Seite der Medaille zum Thema Selbstliebe.

Die andere Seite ist die der Inneren, also wie du als Mensch bist. Und hier offenbart sich aus meiner Sicht eine noch größere Lücke. Manche sprechen von den Schattenseiten. Ich würde sie als die Seiten bezeichnen, die man noch nicht in Liebe akzeptiert hat: Eigenheiten, Ticks, Prägungen, Angewohnheiten, Macken,... Der erste Schritt ist, ehrlich zu sich zu sein und seine Macke anzusehen: „Ja, so bin ich!" Der nächste Schritt wäre die Akzeptanz, also seine Eigenheit anzuerkennen, als einen Teil von sich. Ist es doch so, dass ein jeder Mensch gewisse Eigenheiten hat und in seiner Unperfektheit eigentlich erst der perfekte Ausdruck seiner Selbst ist.

Nichts ist langweiliger, als ein perfekter Mensch – ohne Ecken und Kanten.

Prominente Beispiele gäbe es zu genüge: Jürgen Klopp, der chaotische Pressekonferenzen gibt, Til Schweiger, der als Schauspieler nuschelt, oder einer unserer erfolgreichsten Exporte, der große Arnold, ist doch kein guter Schauspieler, oder doch? Die Liste ließe sich endlos lange fortsetzen. Sie wurden erfolgreich genau mit ihrer Eigenheit. Aus dem Mut heraus, dahinter zu stehen und sie nicht zu verstecken. Und so darfst du diese Zeilen als Aufforderung sehen, zu deinen Eigenheiten zu stehen und sie nicht zu verstecken. Es ist nun mal so, dass sie sowieso hervorkommen, ob du willst oder nicht. Sie sind es, die dich ausmachen. Sie sind es, die dich zu einem einzigartigen Individuum machen. Zu jemanden, der aus den 8 Milliarden Menschen hervorsticht. So darfst du sie anerkennen und würdigen, als einen Teil von dir.

Lebe Liebe Lache – und Laufe. (Hannes Angerer)

Was würde besser zu Selbstliebe passen als mein persönliches Lebensmotto. Es ist das, was mich ausmacht. Das Leben zu 100% in seinen Tiefen zu spüren. Dazu gehören die negativen, sowie die positiven Dinge. Du fragst dich bestimmt, warum das Laufen hier angeführt ist. Obwohl ich kein guter Läufer bin, praktiziere ich es seit meiner Kindheit. Daher behaupte ich, Krenglbachs „ältester" Läufer zu sein. Und doch ist es das, was mich in meinen schwersten Zeiten gerettet hat. Dadurch schaffte ich es, mit meinen Emotionen fertig zu werden und wieder in meine Mitte zu finden. Manchmal musste ich schreien, manchmal weinen. Und manches Mal war es einfach nur befreiend, eine Runde zu drehen. Was auch immer in dir ist, lass es raus. Am besten alleine, vor allem, wenn du voller Wut bist.

> *Laufe – aber nicht den Problemen davon – sondern den Lösungen entgegen. (Hannes Angerer)*

Wie bereits erwähnt, bin ich kein guter Läufer. Um das geht es auch nicht. Ich will nicht Erster werden oder jemand anderen beeindrucken. Was soll das schon bringen? Stundenlanges Training, nur für die kurze Aufmerksamkeit von irgendjemanden, den ich nicht mal kenne? Mir geht es rein um mich selbst und mein eigenes Wohlbefinden. Darum, was das Laufen mit mir macht. Darum, was ich mir herausholen kann. Und in meinem Motto geht es darum, nicht den Problemen davon zu laufen. Ist es ja so, dass viele ihre Probleme nicht wahrhaben wollen und nicht den Mut haben, auf ihre Baustellen hinzusehen. Sei es die zerrüttete Beziehung, der miese Job oder einfach nur die Unzufriedenheit mit sich Selbst. Probleme im Leben zu haben ist aus meiner Sicht die Normalität. Es ist so gewollt, dass wir mit Problemen zu kämpfen haben. Wir sollen sie lösen und daraus Erkenntnisse ziehen bzw. daran wachsen. Manchmal sind es auch wirklich heftige Probleme oder sehr unangenehme Lebensumstände, die man niemandem wünscht. Mir geht es hier nicht darum, eine Challenge zu veranstalten, welches Problem denn größer ist. Für den einen kann eine kleine Sache eine riesige Hürde darstellen, für den anderen etwas scheinbar Großes ganz klein sein. Mir geht es an dieser Stelle darum, aufzufordern, hinzuschauen und das Problem anzuerkennen. Doch fokussiere dich nicht auf das Problem, identifiziere dich nicht damit. Du bist nicht das Problem! Konzentriere dich auf die Lösung. Überlege dir, was du ändern musst, um einen ungewünschten Zustand zu verändern. Nur DU kannst etwas verändern. Habe den Mut dazu. Ich bin der Überzeugung, dass wir alle nur Probleme in unser Leben ziehen, mit denen wir auch fertig werden, die wir imstande sind zu lösen.

Bevor ich laufen gehe, nehme ich mir das ins Bewusstsein: „Ich bin die Lösung!" Sage dir das mehrmals! Spüre dieses Gefühl der Erleichterung und des gleichzeitig über sich Hinauswachsens. Und dann darf die Lösung zu dir kommen. Darum: Laufe der Lösung entgegen und nicht deinen Problemen davon! Es wird dir helfen, mehr Zeit für die schönen Dinge im Leben zu haben. Ist es denn nicht so, dass wir zu viel Zeit damit vergeuden, uns schlecht zu fühlen, weil uns gerade wieder das Schicksal ereilt oder jemand ein schlechtes Wort über uns gesprochen hat? Würden wir uns selbst aus der Vogelperspektive betrachten, so müssten wir lachen. Lachen über uns selbst und unserer Verhaltensweise, das Leben nicht öfters zu genießen. Lachen hat in meinem Lebensmotto einen sehr hohen Stellenwert. Denn obwohl ich manchmal schwer geprüft wurde, habe ich mir immer gesagt, ich „lache" trotzdem.

Ich lache TROTZDEM – ohne TROTZ und aus dem HERZEN! (Hannes Angerer)

Lachen bedeutet für mich nicht, jemanden auszulachen. In meiner Rolle als Chaoskellner lache ich viel mit den Menschen. Für mich ist es immer ein miteinander lachen, auch wenn ich die Leute auf die Schaufel nehme. Mir geht es nie darum, jemanden auszulachen oder in eine beschämende Situation zu bringen. Das Leben kann manchmal tollpatschig sein, darüber dürfen und sollen wir lachen. Wir können uns manchmal zu ernst oder zu wichtig nehmen und auch darüber dürfen und sollen wir lachen. Ich glaube, die Menschen spüren die Intention eines Lachens und dieses Gefühl der inneren Heiterkeit ist ansteckend.

Lachen bedeutet für mich nicht, jemanden ein falsches Lächeln entgegenzustrecken. Ich lächle dir ins Gesicht, obwohl ich innerlich koche. Auch das passiert oft. Doch ist es absolut nicht zielführend. Denn wie soll der andere sein Verhalten ändern, wenn du ihm entgegenlächelst? Das Gegenüber nimmt an, es wäre alles in Ordnung und es könnte immer so weitermachen mit dir. Nicht unbedingt eine Situation, die man sich wünscht. Also strecke niemanden ein falsches Lächeln entgegen und lächle auch nicht über etwas hinweg. Auch hier gilt, schau deinen Problemen entgegen. Und wenn du mit jemandem etwas zu klären hast, so erledige das. Ein falsches Lächeln kommt von einem trotzigen Verhalten und schadet deiner Gesundheit. Sprüche wie „Ha, es bringts mi net um…am Schluss lach ich" kenne ich aus meiner eigenen Biographie.

Lachen aus dem Herzen heraus ist für mich eine der tiefsten Empfindungen, JA zum Leben zu sagen. Wie befreiend ist es, nach einem intensiven Gespräch miteinander zu lachen oder nach einer Trauerphase wieder über etwas scherzen zu können. Es ist Befreiung pur. Das Gefühl, Ja zu dem zu sagen, wie etwas ist. Ja zu sich selbst zu sagen. Sich selbst anerkennen mit all seinen Macken und Eigenheiten. Die beste Übung, um Selbstliebe zu praktizieren. Bei unseren Shows gehört Lachen dazu. Und doch sehe ich es für meine Künstler nicht als Challenge, wer die meisten Lacher kassiert. Es ist kein Wettbewerb. Der Künstler muss sich wohl fühlen. Das Lachen muss aus einem inneren Gefühl heraus passieren – aus dem Moment heraus. Also, wenn dich jemand blöd anspricht, so lache ihm nicht ins Gesicht oder darüber hinweg, sondern bleib bei dir und „keep-smiling". Es ist die innere Haltung, die entscheidet, wie du reagierst.

Freunde sind Menschen, die man gern hat, ohne etwas von ihnen zu brauchen.

Eine weitere große Stütze in meinem Leben sind meine Freunde. Ja, was soll man zu Freundschaft bloß sagen, was noch nicht gesagt wurde? Für mich sind sie auf dieser Reise der Rückhalt. Es sind Menschen, die mich stärken, wenn es eng ist. Wie heilsam kann ein gutes Gespräch mit einem Freund sein! Wie stärkend der Rat von jemanden, der dich jahrelang begleitet! Wie erleichtert ist man nach einem Gedankenaustausch über ein Problem, das einem gerade beschäftigt. Der Wert von Freundschaft, oder generell der Wert von Menschen in unserem Umfeld wird in folgendem Witz sehr gut auf den Punkt gebracht:

> Ein Pfarrer geht im Moor spazieren und bleibt mit den Füßen darin stecken. Kurz darauf trifft die Feuerwehr ein, die ihn kurzerhand herausziehen möchte. Doch der Pfarrer lehnt ab: „Ich habe mein Leben lang Gott gedient, ich bin im festen Vertrauen, dass er mich hier rausholt". Trotz mehrmaligen Überzeugungsversuchen lehnt der Pfarrer ab und die Feuerwehr zieht davon. Eine Stunde später ist der Pfarrer bereits bis zum Bauch versunken, ohne Chance, alleine lebend rauszukommen. Wieder kommt die Feuerwehr und wieder lehnt der Pfarrer dankend ab. Eine weitere Stunde vergeht und der Pfarrer steckt bis zum Hals fest. Die Feuerwehr kommt ein weiteres Mal: „Herr Pfarrer, schauen Sie. Wir könnten sie doch einfach rausziehen." Doch

wiederum lehnt er dankend ab: „Ich bin ein Diener Gottes und dieser wird mir helfen. Es ist eine Prüfung für mich, ob ich im Vertrauen bin. Also Danke, aber bitte fahren sie wieder heim." Nun, die Feuerwehr zieht ab und der Pfarrer verstirbt im Moor. Im Himmel angekommen stürmt er bei Petrus vorbei und läuft wutentbrannt direkt zu Gott: „Aber Herrgott, ich war ein Diener von dir und du hast mich im Stich gelassen." Dieser sieht kurz nach unten auf die Erde und ihn dann fragend an: „Ich hab dir eh dreimal die Feuerwehr vorbei geschickt!!"

Wir erwarten ständig Wunder, dass Gott uns beisteht oder einen Engel schickt. Wir wünschen uns Wundertaten, wie sie oft in der Bibel beschrieben wurden. Und so darfst du in anderen Menschen die Wunder sehen, wenn sie genau zur rechten Zeit am rechten Ort in Erscheinung treten und dir die helfende Hand entgegenstrecken. Sie sind es, die von Gott geschickt werden, wenn wir am Boden liegen, wenn wir keinen Weg mehr sehen oder nicht mehr weiterwissen. Wie schnell kann sich eine Situation durch ein kurzes Gespräch, eine kleine Information oder einen kurzen Hinweis verändern? Innerhalb von Bruchteilen kann sich dein Leben radikal drehen. Doch bist du bereit, die Hilfe anzunehmen? Bist du bereit, deine Hand entgegenzustrecken, wenn dir eine gereicht wird? Holst du dir Hilfe, wenn du sie brauchst?

Wie sehr hat sich unser Leben durch Corona verändert? Was haben wir gelernt, als wir gezwungen wurden, uns mit uns selbst zu beschäftigen? Was ist auf einmal wichtig geworden in unserem Leben? Was haben wir wiederentdeckt? Für mich war diese Zeit sehr fruchtbar. Ich habe viele alte Requisiten aus meinem Keller geholt und alte Nummern, die ich teilweise 20 Jahre lang nicht mehr gespielt habe, für YouTube wieder aufgeführt. Teilweise musste ich stundenlang suchen, weil ich nicht mehr wusste, wo ich sie abgelegt habe.

Wir verlieren etwas, um es wiederzufinden, weil man erst dann seinen Wert erkennt.

Stell dir folgendes Gedankenexperiment vor: Du verlegst dein Handy. Dann suchst du es, aber du findest es nicht. Du fragst deinen Lebenspartner, aber er weiß auch nicht, wo dein Handy ist. Du suchst weiter, aber keine Spur von deinem Handy. Schön langsam wirst du verzweifelt, immerhin brauchst du es ja. In weiterer Folge wirst du wütend: „Wieso verleg ich immer mein Handy?" Nach der Wut folgt die Trauer. Um dich zu beruhigen, trinkst du erstmal eine Tasse Kaffee. Du kommst wieder auf andere Gedanken. Und plötzlich fällt dir ein, ach ja, ich habe es am Klo liegen gelassen. Du stürmst sofort ins stille Örtchen und dann … liegt es direkt vor dir. Und jetzt stell dir das Gefühl vor. Wie sehr freust du dich? Wie erleichtert bist du, es wieder gefunden zu haben? Vielleicht siehst du dein Handy mit ganz neuen Augen, entdeckst plötzlich Seiten an ihm, die dir zuvor noch nicht aufgefallen sind. Es hat an der Seite eine kleine Schramme. Ach ja, und die Farben des Displays, die leuchten ja so schön. Vielleicht streichelst du es, oder nimmst dein Handy nun voller Freude in den Arm…

So oder ähnlich ist es uns allen mal gegangen. Und auch wenn ich hier pointiert das Handy als Bild verwende, so darfst du das nur als Symbol, als Platzhalter für alles Mögliche sehen. Das Verlorengegangene könnte dein Partner sein, wo ihr euch nach einer Auszeit wiederfindet. Plötzlich entdeckt man am Gegenüber völlig neue Seiten, nimmt ihn oder sie besser war und schätzt diesen Menschen wieder auf eine ganz neue Art und Weise. Es könnte eine Eigenschaft an dir sein, die du in der Kindheit gelebt hast und im späteren Erwachsenenalter wiederentdeckst. Ich kann mich noch gut an meine Volksschulzeit erinnern, wie sehr ich es mochte, Theater zu spielen. Ich liebte es, mich zu verkleiden, die Menschen auf eine Reise mitzunehmen und ihnen einen zauberhaften Abend zu bescheren. Diese Seite in mir habe ich lange unterdrückt und erst in meinen 20er Jahren wiederentdeckt, nach einem schweren Schicksalsschlag. Daraufhin begann ich, mein Leben umzukrempeln und Clown zu werden.

Jede Medaille hat 2 Seiten. Und so darf sich ein jeder fragen, was denn diese Zeit in seinem Leben noch bewirkt hat. Was hast du wiedergefunden? Welche Werte sind dir wichtiger geworden? Welche Menschen fehlen dir? Wie möchtest du dein Leben gestalten? Ich möchte an dieser Stelle nichts kleinreden. So wie für mich war für viele die Zeit geprägt von finanziellen Einbußen. Manch einer wurde schwer krank oder verstarb gar an dieser Krankheit. Und für die Menschen in den Altersheimen, Pflegeeinrichtungen oder Betreuungsstätten war die Zeit der Isolation sicherlich nur schwer auszuhalten. Aber in meinem Umfeld hörte ich auch immer wieder Berichte, welche die Veränderungen als zum Teil sehr positiv wahrgenommen haben. Menschen, die auch in Zukunft weniger arbeiten möchten um mehr Freizeit zu haben. Home-Office als Alternative, um einerseits den Verkehr zu entlasten oder weniger im Stau zu stehen und andererseits mehr Zeit für sich zu haben. Oder Corona als Phase der „nicht-verplanten" Wochenenden. Einfach mal Zeit haben, um Nichts zu tun und spontan in den Tag zu gehen oder zu schauen, was der Tag so bringt. Ich denke, der Samen wurde durch Corona gesät und kam auf fruchtbaren Boden. Wir dürfen gespannt sein, welche Pflanze hieraus in den nächsten Jahren erwächst. Und so möchte ich am Schluss des ersten Kapitels denjenigen das Wort überlassen, der für das alles verantwortlich ist. Unseren Mr Corona. Dieser hat nämlich mit mir gesprochen. Ja, du wirst es nicht glauben, aber eines Nachts erschien er mir im Traum. Er hatte einiges zu erzählen. Er war direkt ein bisschen wütend. Wie gut, dass ich ein hervorragendes Gedächtnis habe und mir das merken konnte, was mir der Herr Corona alles gesagt hat:

Kummt da Virus zu mir? – geh i mit eam auf a Bier!
Frog eam wos er wü – oder ob er hat koa Gfüh?
Do sogt er „tua net schimpfn, des kummt unter andern vom vün IMPFN!"
Durch des müssen wir VIREN……laufend MUTIEREN!
Weil wir möchtn ah net sterben – des würde jo unser ganzes Leben verderben.

Außerdem, wir mochat`n jo mit euch an Deal – wir verlangen a net viel!
Es müaßt`s uns nur a bissl Zeit gebn…..von eurem LEBEN!
Es nennt`s den KRANKENSTAND – wir sogn, des is die heilende HAND!
Damit`s anfangt`s zum DENGA – tuan wir VIREN in eure KÖRPER hänga.

Denn jede Krankheit hot einen Sinn – sog jetzt jo net, dass i SPINN.
Deshalb san wir auf da WELT – net wie es, wegn MACHT und GELD!
I frog, wos hat denn des für einen SINN? – wann der Virus mich mocht hin?

Da sogt der Virus dann zu mir....und trinkt wieder von seim BIER:
„Glaub ma, wir bringan niemanden um – der Mensch is selber jo so DUMM,
forscht und züchtet SUPERVIREN – wie kann man sich bloß so verirren?
Es flieagt`s und schauts in d`Welt hinaus – seid`s doch in eurem HERZEN z`haus!
Draht`s um und geht`s nach innen – dann könnt`s dem Ganzen do entrinnen!

VERÄNDERUNG heißt das Schlüsselwort – aber es, ..es foahrt`s so fort!
Hat sich was getan nach FUKUSHIMA? – die Menschheit schafft des kranke KLIMA!
Nach Bankencrash oder TSUNAMI – ihr führt Kriege, net nur da AMI!
Man kann sagen, was man will – nix geändert....seit Tschernobyl.
Dafür san wir Viren da – jetzt sauf i schnö des Bier nu la!

A ander`s Opfer suach i mia – woaßt wia des hoaßt?...GEIZ und GIER!"
...Sogt`s und schwup`s wor er schau weg – ohne dass i mi ANSTECK!
Jetzt ist die Frage?...moch ma so weida? – I hoff...wir Menschn werdn endlich GSCHEIDA!
Oder foar ma mit vollem SAFT – in den ABGRUND mit ATOMKRAFT!

Kapitel 2: Es gibt nur einen richtigen Weg! DEINEN!

Home Office 05   Balkonkonzert mit meinem langem Ding..EinAlphorn!
Home Office 06   Klopapier der Renner…mach dir nicht in die HOSE! selfmadeKLOPAPIER!
Home Office 07   Kittchen Imposibile 1 Ger(ü)ichte zum selber (l)machen!
Home Office 08   Der Pöt…äh POET1 in CoronaZeiten…

Im Zuge der Isolation begannen viele Menschen, auf ihren Balkonen für diejenigen zu applaudieren, die in der Zeit gearbeitet hatten oder veranstalteten für ihre Nachbarn ein Balkonkonzert. Da mir der gute Kontakt zur Nachbarschaft wichtig ist, wurde das von meiner Seite unterlassen. Stattdessen habe ich für unsere Mutter Natur eine Nummer mit meinem langen Ding gemacht. Direkt am Balkon am helllichten Tag. Diese Nummer ist ein absolutes Highlight unserer Trachtenshow und nicht nur die Frauen, sondern auch die Männer sind von meinem langen Ding ein jedes Mal aufs Neue begeistert. Man muss bedenken, sie sehen so etwas nicht alle Tage, vor allem nicht in dieser Länge und Größe. Du fragst dich bestimmt, wovon ich spreche? Mein langes Ding ist ein sogenanntes Einalphorn. Das ist ein Instrument, welches speziell in den Alpen gespielt wird und heilende Klänge von sich gibt. Und ich möchte diese heilenden Klänge unserer Mutter Natur widmen. Und nun frage ich dich, an was hast du gedacht, als ich von meinem langen Ding sprach?

Und hier kommen wir zum Thema Sexualität, welches ich als eine der wichtigsten Dinge im Leben halte, mit dem man sich beschäftigen sollte. Sehen wir uns mal um, so erblicken wir eine Welt voller sexualisierter Inhalte. Unzählige Bilder von Frauen/Männern in aufreizender Pose die uns tagtäglich umgeben, bis hin zu den zahlreichen Zweideutigkeiten in Witzen, Sketches und Parodien. Beispiele könnte man hier zu genüge geben. Und ich nehme mich hier nicht aus. Auch ich mache Witze im Kontext der Sexualität. Man kann sich natürlich schon die Frage stellen, wieso dieses Thema einerseits so vorherrschend und andererseits so tabuisiert ist.

Unter Sexualität verstehe ich in erster Linie Lebenskraft. Dies ist dem ersten Chakra zugeordnet, dem Wurzelchakra. Seien wir uns ehrlich, wie viel Kraft steckt in einem, wenn die Sexualität dich übermannt. Wenn du mit deinem Partner eins wirst, das Spiel, das Miteinander, die Zügellosigkeit, die Ekstase. Ich hoffe nicht, dass du an dieser Stelle rot vor Scham wirst. Und wenn ja, dann weißt du, welche Baustellen du anzugehen hast. Nebenbei kannst du dir die Frage stellen, wie du mit deinem Partner offen über das Thema reden kannst. Bist du in der Lage zu formulieren, was dir gefällt oder auch nicht? Kannst du spontan sein oder dich auf neue Dinge einlassen? Das schambefreite Gespräch über dieses Thema ist erst seit kurzem in der Mitte der Gesellschaft angekommen. In meiner Kindheit wurde über Sexualität so gut wie gar nicht gesprochen. Der Pfarrer predigte in der Kirche über die Jungfräulichkeit und befragt bei der Beichte die Menschen über ihr voreheliches Sexualleben aus. Nicht sehr förderlich für die Entwicklung einer gesunden Sexualität. Wie viel Kraft ist darin enthalten, wenn wir sie denn schambefreit und ohne schlechtes Gewissen für seine Vorzüge fließen lassen können. Darin verborgen ist nebenbei das größte Wunder, welches wir vollbringen können: Die biologische Zeugung eines Menschen!

Das zweite große Thema neben der Lebenskraft ist der Ausgleich der Polarität, welches man dem 2. Chakra zuordnet. Jeder Mensch ist auf der Suche nach seiner „zweiten" Hälfte. Und doch ist es so, dass jeder beide Anteile, das männliche sowie das weibliche in sich trägt. Letztendlich läuft alles hinaus auf den Ausgleich der Polarität in sich selber. Ziel sollte sein, beide Prinzipien in sich zu verankern sowie ausleben zu können. Das weibliche Prinzip, als das gebärende, in sich aufnehmende, schöpferische und kreative, die Phantasie ist der eine Part, der von vielen Männern nach wie vor abgelehnt wird. Das männliche Prinzip der Tatkraft und der Umsetzung in die 3D Welt wird gerade von Frauen entdeckt, die jetzt in die Führungsebenen kommen. Ich will an dieser Stelle nichts bewerten. Ein jedes Prinzip hat seine Berechtigung. Der Überhang des einen ist das, was krank macht. Wenn du als Mann nicht sanft sein kannst, keine Gefühle zulässt oder nie zur Ruhe kommst. Oder als Frau, die ihre starke Seite nie nach außen zeigt, sich von Männern alles gefallen und ihnen die Führung überlässt. Betrachten wir Partnerschaften von früher, so sehen wir in den häufigsten Fällen eine klare Rollenverteilung. Die Frau ist für die Kinder, den Herd und die Wäsche zuständig. Der Mann fürs Geldverdienen und die Haushaltsreparaturen. Klare Trennung. Jeder hat seine Aufgabe. In heutigen Partnerschaften erkenne ich einen klaren Trend zum Ausgleich dieser Polarität. Männer, die kochen, putzen oder die Wäsche waschen, wenn beide berufstätig sind. Die beim Aufwachsen des Kindes dabei sein wollen. Und ganz ehrlich, kein Job der Welt ist so schön, wie Teil der Entwicklung eines Kindes sein zu dürfen. Männer, die einerseits stark sind, aber auch ihre sanfte Seite zeigen können. Die weinen dürfen, ohne schief angesehen zu werden. Denn die Polarität schließt dies ja auch ein, Stärke und Schwäche zugleich. Hier findet sich das „Sowohl-als-auch-Prinzip" wieder. Und wenn du nicht schwach sein willst, weil du es dir nicht zutraust, dann kann es passieren, dass dich dein Körper in die Schwäche zwingt.

Auch Frauen trauen sich zu, ihre starke Seite nach außen zu zeigen. Jene, die sich nicht nur erobern lassen wollen, sondern auch den ersten Schritt wagen können. Die genau sagen, was sie in einer Beziehung wollen. Oder aus beruflicher Sicht in die Führungsebenen gehen oder einen technischen Beruf erlernen. Den Mut haben, ein eigenes Geschäft zu eröffnen. Frauen, die nicht mehr abhängig davon sind, einen Mann an ihrer Seite zu haben. Wo die Rollenverteilung in Beziehungen verschwimmen. Ich denke, ein jeder hier kennt ältere Ehepaare, wo immer der Mann mit dem Auto fährt, selbst wenn sie einen Führerschein hat. Und selbst dann, wenn er 5 Bier intus und sie nichts getrunken hat. Auch dann fährt der Mann. Da kann man sich fragen, wer das Steuer in der Hand hat? Hier haben wir es mit einer klaren Rollenverteilung zu tun, die sich nach und nach auflösen wird. Wie bei Männern gilt auch hier die Prämisse, willst du nicht stark sein, so kann es sein, dass du in die Stärke gezwungen wirst. Als Beispiel sei hier die Frau angeführt, von der sich der Mann plötzlich trennt und sie alleine mit Haus und Kinder dasteht und nicht weiß, wie sie das alles stemmen soll. In solchen Situationen wachsen Menschen weit über sich selbst hinaus und entwickeln ungeahnte Kräfte.

Wie sieht es bei dir aus? Wie steht es um den Ausgleich der Polaritäten in dir? Der schwierigste Schritt ist ja nicht das Erkennen, wenn etwas fehlt. Die Schwierigkeit besteht darin, den Mut zu haben, andere Seiten zuzulassen und nach außen zu tragen. Ansonsten gehst du von der natürlichen Polarität in die unnatürliche Dualität der Bewertung.

> Als ich in den späten 80ern angefangen habe, mein Clownprogramm Hanniboi für Kinder zu spielen, wurde ich von manchen Männern belächelt. Ich kann mich erinnern, dass mich damals im Gasthaus jemand angesprochen hat und meinte, ja, der Hannes, der macht sich zum Kasperl. Erstens, ist ein Kasperl etwas völlig anderes als ein Clown und zweitens ist der Clown die höchste Form in der Schauspielerei. Ich gehe nicht davon aus, dass dieser besagte Herr sich jemals über so etwas Gedanken gemacht hat, und doch traf es mich. Ich antwortete: „Wie viel verdienst du in der Stunde?"

Damals ging ich in solchen Situationen in das „Ich-zeig's-euch schon" – Prinzip. Das darf und soll am Anfang auch so sein. Doch bedenke, letztendlich machst du es nur für dich selbst und niemals für jemand anderen. Also ohne Trotz und aus dem Herzen.

Aus meiner Sicht bekommen wir im Außen die fehlenden Anteile unserer Seiten, die wir nicht leben bzw. Verletzungen, die wir nicht ansehen wollen, gespiegelt. So ist es mir öfter passiert, dass mir Autofahrer sehr aggressiv begegnet sind. Einmal hat mir sogar jemand ein Messer gezeigt. Wird der männliche Part in dir nicht zu genüge gewürdigt bzw. gelebt, so zeigt sich dies in Aggressionen oder Zorn. Sollte dir das passieren, so frage dich, was das mit dir zu tun hat? Welche Aspekte lebst du zu wenig? Wo solltest du durchsetzungsfähiger oder tatkräftiger in deinem Leben sein? Blicken wir auf die andere Seite der Medaille, so erkennen wir einen massiven Anstieg von psychischen Krankheiten. Menschen, die scheinbar grundlos depressiv sind. Keinen Antrieb haben. In die Schwäche gezwungen werden. Und auch hier kannst du dich fragen, wo der sentimentale, der emotionale oder sanfte Teil in dir keinen Raum bekommt? Wo du liebevoll mit dir werden darfst, du dir erlaubst, nicht stark sein zu müssen. Loszulassen von der

Vorstellung, etwas tun zu müssen um anderen zu gefallen. Dem Einzigen, dem du Rechenschaft abzulegen hast, bist du selbst.

Letztendlich läuft alles auf den Ausgleich der Polarität in dir hinaus. Der Bauarbeiter, der in seiner Freizeit Bilder malt oder Gedichte schreibt. Die Pädagogin, die zugleich Kommandantin der Feuerwehr ist. Oder so wie ich, ein Chemielaborant, der ein Clownprogramm entwickelt und Kinderherzen zum Strahlen bringt. Es hat damals schon Mut gebraucht, diese innere Sehnsucht in mir zuzulassen und nach außen zu tragen. So möchte ich dir Mut machen, deinem inneren Ruf zu folgen und zuzulassen, was du in dir fühlst. Egal was andere über dich denken. DU machst es nur für DICH!

Manchmal werde ich gefragt, wie ich überhaupt zum Clown geworden bin. Das ist für mich persönlich eine sehr wichtige Geschichte, weil es sehr viel mit meinem inneren Kind zu tun hat. Ich weiß heute nicht mehr, ob ich diese Geschichte geträumt oder sie in einem Film gesehen habe. An die Details kann ich mich aber noch gut erinnern:

> Ein Clown macht seine letzte Vorstellung in einem Zirkuszelt. Am Ende seines Programms applaudiert das Publikum und verlässt daraufhin das Zelt. Nur ein Kind blieb sitzen. Der Clown packte seine Requisiten in seinen Koffer und sieht das Kind. Er geht hin, nimmt das Kind bei der Hand und spaziert mit ihm aus dem Zirkuszelt hinaus.

Das war das Ende des Films oder Traums, ich weiß es nicht mehr genau. Jedenfalls war ich fasziniert. Dem Kind wird jetzt beigebracht, wie man Clown wird. Aus heutiger Sicht weiß ich, dass ich die ganze Zeit über auf der Suche nach diesem inneren Kind war. Ich habe mir diesen Beruf gewählt, weil ich mein inneres Kind heilen wollte. Das Kind, das spielen will und Freude am Leben haben möchte. In der Zeit, in der ich aufgewachsen bin, war sehr wenig Platz für innere Kinder. Viele Verletzungen, von Krankheiten bis hin zu Schlägen, um gefügig gemacht zu werden zwangen mich, meine weiche Seite zu verstecken. Als Junge musste man vor allem hart und stark sein. Leider war ich ein sehr sensibles Kind und vor allem bei Raufereien meistens der Verlierer. Um das zu kompensieren, nahm ich mit 16 Jahren Karateunterricht und hängte mich richtig rein. Ich trainierte hart und wurde richtig muskulös. Heute ist mir bewusst, dass ich stark sein wollte um die fehlenden Aspekte meiner Kindheit auszugleichen.

An dieser Stelle 2 Fragen, die du dir stellen kannst: Welchen Beruf hast du und warum? Für welche Freizeitaktivität hast du dich begeistert und warum?

Der Clown ist zugleich der Heiler.

In alten Kulturen war es üblich, dass der Clown zugleich auch der Heiler, sprich Medizinmann/Schamanin war. Er oder sie waren an keine Konventionen gebunden und somit die Freigeister. Diejenigen, die mit Fratzen und Clowneske Krankheiten geheilt haben. Und so sehe ich mich auch. Als jemanden, der durch Lachen Gefühle bewegt. Der Clown hat alle Farben zur Verfügung, mit allen Paletten an Gefühlen kann er problemlos umgehen.

Unterdrückte Gefühle werden zu Emotionen. Emotionen zu Blockaden, gestaute Energie. Diese führen zu körperlichen Symptomen, die krank machen können. Ich sage hier bewusst können, denn wie Angestautes nach oben kommt, ist von Person zu Person unterschiedlich. Bedenke, alles was du hinunterschluckst, ohne es zu fühlen, kommt irgendwann nach oben. Wut, Angst, Freude oder Trauer. All dies ist in uns gespeichert und kann durch Lachen oder Weinen gelöst werden bzw. in Heilung gehen. Manchmal auch beides zugleich. Und auch wenn ich mich als Medizinmann sehe, so zwinge ich niemandem Heilung auf, denn in erster Linie muss der Clown sich selber heilen.

Heile dich selbst und du heilst die Welt.

Seit Freud wissen wir wieder, wie wichtig die Sexualität für die Entwicklung von uns Menschen ist. Auch wenn er manchmal vielleicht zu weit gegriffen hat, so haben doch viele ein sexuelles Trauma in der Kindheit erlitten. Ich rede hier nicht von den offensichtlichen Verletzungen, wie Missbrauch, das leider auch heute noch Thema ist. Situationen, wo man nicht erwarten würde, dass sie ein Kind beeinflussen können: „Greif des net an", „Des is schiach". Solche scheinbar harmlosen Aussagen können schon eine Wunde setzen.

Als Kind hatte ich eine Operation an meinem „besten Stück". Aus reiner Vorsicht und ohne medizinischen Grund wurde ich beschnitten. Niemand hat mit mir darüber gesprochen. Ich wusste überhaupt nicht, was mit mir passierte. Es hat höllisch wehgetan beim Wasserlassen. Im Krankenhaus kam die Schwester und hat mein bestes Stück relativ unsensibel berührt und nach hinten gezogen, um es zu verarzten.

Das war schon ein heftiger Start mit meiner Sexualität. Dieses Thema musste ich mir dann als Erwachsener mehrmals ansehen, um es zur Heilung zu bringen. Und wenn auch du ein Thema dahinter hast, so kann ich dir nur raten, dies in einer Heilsitzung oder wo auch immer anzusehen. Es beeinflusst uns viel stärker, als wir glauben. Bei Missbrauch rate ich dir das sowieso dringend. Aus Erzählungen weiß ich, dass in psychiatrischen Einrichtungen sexueller Missbrauch ein großes Thema ist. Manchmal verdrängt man solche Erlebnisse. So weiß auch ich manchmal nicht mehr, ob ich als Kind etwas geträumt oder wirklich erlebt habe. Es wirkt bis heute nach, ob man sich erinnern kann oder nicht.

Sexualität ist Lebenskraft. Und das wünsche ich dir. Ein Leben wie beim guten Sex: Viel Energie, Gefühl, Ekstase, Hingabe, Kraft, Zärtlichkeit, Erotik! Und selbst wenn ich das Thema Sexualität für mich angesehen habe und heute sehr zufrieden bin, was mein Sexualleben betrifft, so kann ich dich in einem Punkt beruhigen. Ich werde auch weiterhin beim Menütheater elegante und versteckte Anspielungen zum Thema Sexualität machen!

Eine Kuriosität in der beginnenden Coronazeit waren die Hamsterkäufe. So ist es nicht verwunderlich, dass sich Menschen mit Nahrungsmitteln eindecken wollen. Doch warum ausgerechnet Klopapier? Das ist für mich das perfekte Spiegelbild. Sie haben sich vor lauter Angst in die Hose gemacht. Ich will mich an dieser Stelle nicht ausnehmen. Auch ich kaufte mir noch Nudeln beim Supermarkt. Mir war aber relativ schnell klar, dass ich bei den Kriegsängsten meiner Großeltern war. Die wussten wirklich noch, was Hunger bedeutet. Jetzt kann man sich die Frage stellen, ob und wie Ängste vererbt werden? Das „Wie" kann ich nicht wirklich beantworten, das „Ob" schon. Wieso sollte ich sonst Kriegs- oder

Existenzängste verspüren? Laut aktueller Lehrmeinung spiritueller Heiler werden Ängste in der Ahnenlinie weitergegeben, bis sie irgendjemand erlöst. Das heißt, die Nachkommen sind von diesen befreit oder arbeiten an dem weiter, wo die Eltern aufgehört haben. Deshalb sind die Kinder unsere besten Spiegel, weil sie dieselben „Veranlagungen" haben, wie die Wissenschaft sagen würde. Aus spiritueller Sicht eben auch Ängste oder Verhaltensmuster, die sie uns spiegeln. Ich musste in meiner Familie keinen Hunger leiden, doch wie bei vielen Familien damals ging es sich halt am Monatsende gerade aus. Mein Vater hatte 8 Kinder zu ernähren, das war schon eine Challenge. Sparsam zu leben war das Credo dieser Zeit. Zumindest hatten wir bereits den Luxus eines eigenen Klopapiers. Die jüngere Generation wird jetzt vermutlich den Kopf schütteln. Klopapier ist doch kein Luxus, oder? Naja, damals eben schon. Ich kann mich noch gut an meine Großeltern erinnern. Die hatten ein Plumpsklo im Hof, wo man zu jeder Jahreszeit rausgehen musste und sein Geschäft verrichtete. Wenn man den Deckel runternahm, war das freie Fahrt nach unten. Der Geruch war dementsprechend nicht sehr angenehm. Und meine Großeltern, weil sie eben die Kriegszeit noch kannten, waren sehr sparsam und hatten ihr Klopapier selber zugeschnitten. Wenn du Pech hattest, war nur noch die Bunte oder die Neue Post übrig. Meine Großmutter hatte diese Hochglanzmagazine gerne gelesen. Das war dann richtig cool, weil das Hochglanzpapier so hart war. Die normalen Zeitungen gingen besser. Bitte an dieser Stelle kein Kopfkino. Aber ich wollte es erwähnen, denn sollte es noch einmal zu einem Lockdown kommen, dann braucht niemand Klopapier hamstern, denn Zeitungen gibt es zu genüge. Das wäre dann die Rettung für die Menschheit. Und wenn du dir das Video ansiehst, bist du ja voll im Bilde, was sich gut eignet.

Aus meiner Sicht ist der menschliche Körper genial gebaut. Du gehst nach vorne und isst bzw. nimmst auf. Das was stinkt, das lässt du hinten raus. Man könnte auch sagen, das lässt du hinter dir. Und dieses Etwas, das der Mensch rauslässt, ist der beste Dünger.

Was du hinter dir lässt/loslässt, ist der größte Dünger für Neues. (Hannes Angerer)

Betrachten wir ein Neugeborenes, so ist der erste kreative Prozess den es macht, die Produktion von Scheiße. Man kann auch sagen, das Erste, was es vollbringt oder was es der Menschheit schenkt. Ähnlich sieht es die Traumdeutung. Eine der besten Dinge von denen du träumen kannst, ist ein Haufen Scheiße in der Wiese. Denn dieser symbolisiert das Loslassen und den Dünger, auf dem Neues wachsen kann. Es ist Kreativität, die du leben möchtest. Und dieser Prozess beinhaltet manchmal auch, dass man sich völlig neu orientieren muss, etwas bei sich verändern, weil man mit einer Situation eigentlich nicht mehr zufrieden ist. Ich betone hier das Wort eigentlich. Denn wenn du Menschen nach ihrem Zustand fragst, heißt es oft, ja eigentlich geht's mir ja eh gut. Das „aber" denk ich mir im Kopf dazu. Manchmal ist es im Leben so, dass man etwas oder jemanden loslassen muss, damit Neues entstehen kann. Zeichen bekommt man zu genüge. Und ich kann dir nur raten, die Zeichen zu sehen, denn sie werden mit der Zeit eindringlicher und stärker. Ich bin jemand, der sehr eindringliche Zeichen bekommt, wenn er denn zu wenig auf sich hört. Mein letzter großer Einschnitt (Lockdown) war im Jahr 2009, als meine alte Künstlergruppe crashte:

Im Juli 2009 fuhr ich mit Freunden auf Urlaub nach Kos in Griechenland. Damals war ich mit dem Menütheater in einer Art „Hoch-Zeit". Wir waren gut gebucht und medial präsent. Teile meiner Kollegen zählte ich zu meinen besten Freunden und ich schulte sie in mein Management ein, denn ich wollte mich etwas zurückziehen und mich auf meine spirituelle Heilarbeit konzentrieren. Ich machte grundsätzlich alles transparent. Jeder Künstler bekam dieselbe Gage und ein jeder wusste, was ich als Chef verdiente. Dass mein Verdienst auch Steuern für die Gesellschaft beinhaltete bzw. ich für Werbung und Technik etwas auf die Seite legen musste, wusste offensichtlich niemand in der Gruppe. Zumindest war mir das damals noch nicht klar. In diesem guten Gefühl machte ich Urlaub.

An einem Urlaubstag fuhren mein Nachbar, sein Sohn und ich mit dem Mountainbike auf der Insel herum. Bei einem steilen Anstieg auf einen Berg hinauf wurde mir plötzlich richtig übel. Ich weiß noch ganz genau, ich hätte die Chance gehabt, links abzubiegen und ins Tal zu fahren. Doch mein Ego war stärker, denn ich wollte mir neben meinem Nachbarn keine Blöße geben und den Berg hinaufradeln. Heute weiß ich, es war ein Zeichen meines Schutzengels, der mich noch gewarnt hatte: „Hannes pass auf, sonst bekommst du es noch dicker." Nachdem wir am Berg oben ankamen, fuhren wir hinunter und bei einer der ersten Kurve bin ich gestürzt. Ich hatte gutes Tempo drauf als ich bemerkte, dass in der Kurve aufgrund der Hitze der Asphalt weich wurde. Es war wie auf Eis. Mir riss es das Vorderrad weg und ich stürzte hart auf den Boden auf. Ich weiß nur noch, dass ich richtige Todesangst hatte. Zehn Minuten bekam ich kaum Luft. Was ich zu dieser Zeit noch nicht wusste: 9 gebrochene Rippen, gebrochenes Schlüsselbein, Loch im Kopf, aufgeschundenes Knie. Interessanter Nebenaspekt: Alles auf der linken Seite, also der weiblichen. Mein Radgewand hatte nicht mal einen Kratzer. Überhaupt nichts. Und ich lag da, völlig fertig und voller Schmerzen. Von 100 auf 0 in einer Sekunde. Meine Begleiter kamen gleich auf mich zu und kümmerten sich um mich. Das Problem war, dass wir dort keinen Handyempfang hatten, weil wir völlig in der Pampa waren. Kein Mensch weit und breit.

Irgendwann kam ein Auto daher. Es war ein deutsches Pärchen. Die waren mit einem kleinen Mietauto unterwegs. Wichtige Nebeninfo: Es war ein Zweitürer! Sie haben mich dann ins Krankenhaus mitgenommen. Der männliche Begleiter am Beifahrersitz wollte aber, dass ich mich hinten reinsetze, da er so lange Füße hat. Mein Nachbar wäre fast ausgezuckt, da ich immer noch wahnsinnige Schmerzen hatte und kaum gehen konnte. Ich bin dann dazwischen und hab die Situation beruhigt, denn irgendwie war ich froh, ins Krankenhaus zu kommen. Und so bin ich ganz langsam hinten rein. Es hat so was von weh getan. Bei der Fahrt selbst war es nicht anders. Jeden Schupfer auf der Straße, jedes Schlagloch habe ich gespürt. Heute bin ich dem Paar trotzdem immens dankbar.

Dann kam ich nach Kos ins Krankenhaus. Wer noch nie in einem öffentlichen griechischen Krankenhaus war, dem sei gesagt, das ist nicht mit österreichischen Standards vergleichbar. Ich lag da im Wartezimmer. Keiner kümmerte sich um mich. Irgendwann kam dann mein Freund mit dem Rad. Der fragte beim Personal nach, ob es etwas zum Hochlagern der Füße gibt, da mir wegen dem Schock schlecht war. Da lüge ich jetzt nicht, sie stellten mir eine Maurerleiter hin, wo ich meine Füße reinlegen konnte. Nun, ist ja eh praktisch das Teil. Das war meine erste steile Begegnung im Krankenhaus. Der nächste steile Teil kam beim Röntgen. Es war ein Gerät, vermutlich noch aus dem 2. Weltkrieg. Ich musste mich hinstellen. Nachdem das fertig war, ich stand immer noch da, kam eine Ärztin und fing an, einen Teil von meinem Kopf zu rasieren und Jod draufzugeben. Ohne irgendetwas zu sagen, hat sie meine Platzwunde am Kopf im Stehen genäht. Die dritte steile Begegnung war leider auch steil, aber halt in die andere Richtung. Zu dieser Zeit wusste ich noch nicht, dass mein Schlüsselbein gebrochen war. Ich war ja noch im Schockzustand. Es ragte mehrere Zentimeter hinaus. Jedenfalls kamen 2 Männer, ich glaub im Blaumann, zu mir. Ohne etwas zu sagen nahm mich der eine im Polizeigriff und drückte meine Arme nach hinten. Der andere schlug mit seiner Hand auf mein gebrochenes Schlüsselbein, sodass es wieder in der richtigen Position war. Ich weiß nicht mehr, wo ich in dem Moment war, aber auf diesem Planeten jedenfalls nicht mehr. Es hat so höllisch wehgetan. Ich konnte nicht schreien, da ich ja keine Luft bekam. Die Ärzte in Österreich sagten, dass sie gute Arbeit geleistet hatten. Und ich bin ihren griechischen Kollegen heute sehr dankbar. Auch wenn die ganze Sache ohne Narkose schon sehr heftig war. Es sind halt die finanziellen Mittel nicht da, um ihnen eine ordentliche Arbeitsstätte zu schaffen.

Das Zimmer in dem ich lag, glich einer Baustelle. Den Rollator mit meiner Infusion musste ich heben, da die Rollen verrostet waren. Zum Essen gab es auch nichts. Das mussten die Angehörigen organisieren und ins Krankenhaus bringen. Meine Frau nahm etwas vom Hotel mit. Ansonsten hätte ich nichts bekommen. In der Nacht hatte ich auch eine seltsame Situation erlebt. Die Polizei kam mit jemanden herein und band ihn an mein Nachbarbett fest. Alles in allem waren es sehr schräge 2 Tage im Krankenhaus auf Kos, bei der man österreichische Verhältnisse wieder sehr zu schätzen lernt. Eine griechische Krankenschwester gab mir den Rat, so schnell wie möglich heimzufliegen, was ich auch tat. Ich musste nur noch meine Organe röntgen lassen, ob nicht irgendwo innere Verletzungen vorliegen, damit beim Fliegen nicht noch mehr Schaden entsteht. Das geschah in einer privaten Klinik am Ende der Stadt, die hingegen absolut luxuriös ausgestattet war. Denen musste man gleich Geld vorstrecken, damit sie überhaupt irgendetwas machten. Das Auto vom Krankenhaus dagegen, mit dem wir hingefahren wurden, hat ausgesehen wie ein Baustellenwagen. Völlig verdreckt innen und der Fahrer ist gefahren wie bei einem Straßenrennen.

Nun gut, die Situation in Griechenland war nicht sehr angenehm und doch bin ich allen Beteiligten sehr dankbar. Mit der Reiserückholversicherung wurde ich nach München gebracht. Dort hatte ich ein weiteres interessantes Erlebnis. Mich holte nämlich ein

Auto vom Samariterbund Burgenland ab, das mich ins Welser Krankenhaus brachte. Auf Nachfrage meinte dieser, dass sie das günstigste Angebot gestellt haben. Er kam quasi von Burgenland, holte mich in München ab, brachte mich nach Wels und fuhr wieder nach Hause.

Ich kam in der Nacht im Welser Krankenhaus an und wurde gleich mal geröntgt. Der Arzt meinte, ich hätte 9 gebrochene Rippen. Ich fragte „Was?" Die Ärzte in Griechenland sprachen nämlich nur von 3. Aber das Bild war eindeutig. 9 gebrochene Rippen auf meiner linken Seite. Hinzu kommt mein linkes gebrochenes Schlüsselbein. Die Platzwunde am Kopf, sowie mein aufgeschundenes Knie, beide auf meiner linken Seite waren dagegen nebensächlich. Er meinte, ich hätte Glück gehabt. Die Rippen waren um ca. 5cm verschoben. 1cm mehr, dann wäre meine Milz betroffen gewesen und ich hätte den Unfall nicht überlebt. Ich war noch völlig fertig, als der Arzt zu mir sagte: „Sie können heim, Herr Angerer." Irgendwie war ich perplex, denn ich glaubte, zumindest die Nacht dort verbringen zu dürfen. Im Nachhinein stellte sich der Entschluss dieses Arztes als immens wichtig dar. So bin ich also mit dem Taxi Heim, schleppte mich über die Stiege irgendwie in mein Haus hinauf ins Erdgeschoss. Beim Hinaufgehen roch ich bereits Verbranntes. Da hat mein Sohn den Herd eingeschaltet, bevor er fortgefahren ist. Und als ich heim bin, hat es bereits geraucht. Im Herd war ja noch Backpapier drinnen. So bin ich gerade noch heimgekommen, bevor mein Haus zum zweiten Mal abgebrannt wäre. Glück im Unglück... oder doch ein Schutzengel?

An dieser Stelle möchte ich mich noch einmal bei allen Beteiligten bedanken. Sei es bei den griechischen Ärzten, bei den österreichischen sowieso und natürlich bei meinen Freunden bzw. meiner Frau, die sich um mich kümmerten. Noch im Krankenhaus auf Kos nahm ich homöopathische Mittel. Man kann davon halten, was man will, aber bereits nach drei Wochen konnte ich wieder schwimmen gehen. Die Ärzte in Wels waren davon verblüfft. Ich an meiner Stelle und mit meinen Erfahrungen behaupte, dass sie neben der angewandten Geistheilung wirken.

Der Unfall selbst war im Juli und hat schon angedeutet, was noch folgen sollte, nämlich der Crash mit meiner alten Künstlergruppe.

Bereits wenige Tage nach meinem Unfall kontaktierte mich jemand von der Gruppe: „Hannes, wir müssen reden, es ist Feuer am Dach". Ich wusste noch nicht, auf welchem Dach Feuer war, aber ich spürte bereits, dass etwas Großes im Anmarsch ist. So trafen wir uns am 4. August zur Aussprache. Der Unfall ereignete sich am 19. Juli, ich war dementsprechend noch in einem lädierten Zustand. Bei dieser Besprechung versammelte sich mein ganzes Team, inklusive meinem Haupttechniker, was mich überraschte. Denn Techniker behandle ich immer wie einen gleichwertigen Künstler. Und vom finanziellen Standpunkt her wurde jeder bezahlt wie ausgemacht.

Nun gut, der Abend verlief für mich wie eine Art Hinrichtung. Und vermutlich spielte hier auch die Erfahrung aus einem Vorleben hinein. Sie meinten zu mir, dass es mit der Gruppe aus wäre. Ich ließe ihnen keine künstlerische Freiheit. Ich sei ein emotionales Ar......! Ich hätte keine künstlerischen Fähigkeiten und ich lebe nur auf Kosten der Gruppe. Ohne der Gruppe wäre ich niemand. Ich war völlig perplex und dachte, ich sei im absolut falschen Film. Nun, das Prozedere ging vorüber, der Abend irgendwann vorbei. Sie meinten, sie würden ab sofort nicht mehr mit mir spielen. Das Problem war, dass ich Verträge zu erfüllen hatte. Bereits im September gingen die ersten Spielerein los und ich hatte keine Künstler mehr, da alle „kündigten". Was ich damals noch nicht wusste, war, dass sie die Abspaltung bereits von langer Hand planten und unter anderem meine Kontakte absaugten. Ein kleines Detail am Rande. Die Besprechung fand einen Tag vor meinem 50. Geburtstag und 4 Tage vor der großen Feier statt, wo mein Team eingeladen war. Somit hatten sie sich selber ausgeladen.

Der Bericht ist jetzt etwas länger ausgefallen, aber ich möchte, dass du einigermaßen verstehst, wie es mir damals ergangen ist. Wenn du willst, kannst du in dich hineinspüren, wie du dich fühlen würdest. Ich war zu dieser Zeit bereits auf meinem spirituellen Weg und habe noch am selben Abend in mich hineingefühlt, was das mit mir macht. Die typische Reaktion wäre in die Opferhaltung zu gehen, Anklage zu halten an meine Gruppe und das Leben. Ich werde nicht nur körperlich fertig gemacht, sondern auch finanziell und künstlerisch ruiniert. Ich hätte das perfekte Opfer abgegeben. Alles, was ich mir die letzten 20 Jahre aufgebaut habe, wird mir mit einem Schlag genommen. In der Coronazeit wiederholte sich dieses Gefühl.

Damals war mir schon bewusst, dass ich nicht in die Opferhaltung gehen darf. In dieser bist du passiv der Situation erlegen. Wenn ich damals in dieser Rolle stecken geblieben wäre, hätte mich das tatsächlich ruiniert. Und so kann ich dir nur raten, in solchen Situationen gut in dich hinein zu spüren. Welche Rolle hast du inne? Das Dramadreieck spricht von Opfer-Täter-Retter-Haltung. Das Opfer ist aber nicht wirklich das Opfer, es fühlt sich nur so. Es übernimmt quasi die Rolle. Aber wenn du selber die Rolle übernimmst, kannst du dich auch daraus befreien. Eine weitere Falle wäre, in die Täterrolle zu wechseln, also Angriffe gegen meine alte Gruppe zu führen. Auch dies ist nicht zielführend und ich kann jedem nur empfehlen, nicht hineinzufallen. Denn in Wahrheit bringt es dir nichts. Die alte Gruppe will nicht mehr und das war zu akzeptieren.

> Eine Zeit lang habe ich noch versucht, die Gruppe zu retten. Ich führte unzählige Einzelgespräche, wobei mir niemand die Wahrheit ins Gesicht sagen wollte. Jeder redete sich auf den anderen hinaus. Irgendwann kapierte ich, denen ging es hauptsächlich ums Geld, nicht um den künstlerischen Wert. Und so habe ich nach ca. einem Monat die Reißleine gezogen und für mich beschlossen, ein neues Team zu suchen und aufzubauen.

Ich bin aus heutiger Sicht niemandem böse. Ich gehe sogar soweit, dass ich ihnen dankbar bin. Einerseits für die gemeinsame Zeit, die sehr fein war und von vielen schönen Erinnerungen geprägt ist, andererseits für den wichtigen Lernprozess. Wie sie das gemacht haben, war zwar aus meiner Sicht menschlich sehr fragwürdig, aber sein Verhalten muss ein jeder mit sich selber ausmachen.

Was du aussendest, kommt zu dir zurück.

Für mich wurde an dem Zeitpunkt ein Schlussstrich gezogen. Mich kümmerte nicht mehr, was sie machten. Ich wünschte ihnen alles Gute für ihr Projekt, auch wenn es rückblickend die „Kopie" von meinem ist.

> Der emotionale Prozess in dieser Zeit war ziemlich heftig für mich. Wir mussten ja noch gemeinsame Auftritte absolvieren. Das heißt, beim Essen vor der Show saß die Gruppe an dem einen Tisch und ich an dem anderen. Danach mussten wir auf heile Welt machen und eine gute Show abliefern.

Und so habe ich aus dieser Zeit sehr viel für mich gelernt. Ich sprach bereits von der linken Seite, die betroffen war bei meinem Sturz mit dem Mountainbike. Diese symbolisiert die Weiblichkeit, das Ausgleichende, das Harmonische. Diese Rolle habe ich bei den Chaoskellnern innerhalb der Gruppe eingenommen. In Wahrheit wurde nämlich bereits seit Jahren von manchen „falsch" gespielt. Mein Credo lautete immer, es ist kein Konkurrenzkampf. Ich möchte keine Challenge, wer die meisten Lacher kassiert. Um das ging es nie. Wichtig war und ist für mich die eigenständige Persönlichkeit eines jeden einzelnen, um seine Rolle zu finden, die zu ihm passt. Wir hatten sogar jemanden, der sich in seiner Rolle als Pantomime unwohl fühlte. Ich riet ihm zu einer kurzsichtigen Brille, um so als Chaoskellner bei den Leuten zu agieren. Dies war der volle Renner und kam gut an. Er fühlte sich wohl, die Menschen spürten das. Diese Rolle spielt er übrigens heute noch so.

In diesem Konkurrenzkampf bin ich leider nicht eingeschritten und das bauschte sich auf. Es kam zu Streitereien zwischen Künstlern. Auch da schritt ich vermittelnd ein und setzte keine klaren Handlungen oder zeigte Kante. Ich spielte auf gute Fee und hoffte, dass sich das von selber lösen würde. Es gab den Fall einer Künstlerin, die mir viel zu derb unterwegs war, da sie Männer zum Teil an unsittlichen Stellen berührte. Ich beauftrage einen anderen Künstler, im Spiel schlichtend einzugreifen oder Meldungen zu harmonisieren. Für mich heute absolut unverständlich, so zu reagieren. Ich würde das heute sofort ansprechen. Und wenn dies nicht beachtet wird, klar agieren. In Wahrheit hätte ich bereits 2 oder 3 Künstler ersetzen müssen, die männliche Seite leben und eine konsequente Linie fahren. Dinge, die für mich nicht in Ordnung sind, klar ansprechen. Vermutlich hätten sich die Leute sogar darangehalten, wenn ich beharrlicher zu meinen Werten und Überzeugungen gestanden wäre. Hätte, Wäre, Würde,… Ich wurde dadurch reifer und lebe die Werte mit meiner neuen Gruppe viel konsequenter. Es gibt keinen Streit oder Konkurrenzkampf untereinander. Das Gemeinsame, das Miteinander steht im Vordergrund. Wir ergänzen einander. Es gibt keinen Neid, weil jemand beim Showblock nur einmal drankommt. Ein ganz neues

Bewusstsein, ein neues Miteinander. Und dazu bin ich nur gekommen, indem ich losgelassen habe.

Nachdem ich für mich beschloss, das alte Team sein zu lassen, kam innerhalb von 1 bis 2 Monaten das neue Team. Ich telefonierte etwas, schaute mir Vorstellungen an, mir wurden Künstler empfohlen. Und so konnte ich im Oktober die „neuen" bereits einsetzen und ab Jänner wieder ganz eigenständig spielen.

Lasse los, dann ist Platz für Neues. Und dieses Neue ist besser als das Alte. Das darf man nicht wertend sehen. Jeder ist so in Ordnung, wie er ist. Die Frage, die ich mir stellen muss: „Passt das zu mir?" Und so ging es mir an meine Rippen. Man könnte sagen, der Schutzpanzer um das Herz wurde von außen aufgebrochen. Ich hätte es von innen öffnen sollen um zu erkennen, dass dies nicht mehr zu mir passt. Dann kommt noch das Schlüsselbein als Symbol, ein Schlüssel. So deute ich die Zeichen für mein Leben und kann behaupten, mit dieser Situation relativ schnell abgeschlossen zu haben.

Jeder hat seinen eigenen Seelenweg – manch einer begleitet dich nur kurz, manch einer ist länger ein Teil deiner Reise.

Ich sehe das Leben als großes Theaterstück, indem wir mit Situationen konfrontiert werden, um zu wachsen, um uns selber besser kennen zu lernen. Jeder hat zu jedem Zeitpunkt die freie Wahl, mein Leben wieder zu verlassen. Wir müssen nicht zwanghaft zusammen sein. Ich beziehe diesen Ausspruch nicht auf Partnerschaften, wobei der hier auch seine Bedeutung hat. Ich glaube nur, dass zwanghaftes Zusammenbleiben-Wollen, wenn es denn nicht passt, irgendwann zu Streit führt und denke, dass die Gesellschaft in Zukunft friedliche Wege des Auseinandergehens finden wird. Wenn wir unser Herz öffnen und den Wegbegleitern in Liebe, aber klar sagen, was wir fühlen, wird vieles einfacher werden.

Nun ja, das ist also die Geschichte meines letzten großen Umbruchs (Lockdowns) aus meiner Sicht. Ich bin mir sicher, dass die Geschichte von den Beteiligten meiner alten Künstlergruppe anders erzählt wird. Das ist auch ihr gutes Recht. Ich habe die Lehren gezogen und für mich bzw. über mich sehr viel gelernt. Solltest du einmal in eine ähnliche Situation geraten oder bereits hinter dir haben, so kann dir meine Geschichte vielleicht helfen, einen Weg zu finden. Ein Kuchenrezept, wie man sich verhalten soll, gibt es leider nicht, denn ein jedes Leben ist individuell. Du bist so einzigartig, dass auch die Lehren so unterschiedlich sind. Spüre in dich hinein und schau, was es mit dir macht und zieh die Konsequenzen. Letztendlich macht es das Leben würzig und hält dich lebendig.

Apropos würzig, Kuchenrezepte hätte ich schon auf Lager. Nachdem meine Frau ja die einzige war, die arbeiten ging, musste ich auf Hausmann umsatteln. Somit bekochte ich uns beide mit absolut einzigartige Speisen: Würstel in Saft, Gulasch, Toast,… also was man(n) halt so kann. Damit wollte ich meiner Frau meine Liebe beweisen. Liebe geht ja bekanntlich durch den Magen. Meine Rezepte sind auch ideal für Singles und welche, die es noch werden wollen, denn meistens koche ich irgendetwas zusammen. Dafür sind meine Ger(ü)ichte absolut gesund und dem Trend entsprechend hin sogar veggie.

> *Nicht das, was durch den Mund in den Menschen hineinkommt, macht ihn unrein, sondern was aus dem Mund des Menschen herauskommt, das macht ihn unrein. (Jesus)*

Für mich persönlich ist zwar schon wichtig, was in den Mund hineinkommt. Aber immens bedeutender ist das „Wie". Also mit welchem Bewusstsein nimmst du deine Speise zu dir. Bist du dankbar? Hast du Freude am Kochen? Bist du begeistert beim Kochen? Es bringt aus meiner Sicht nichts, sich vegan zu ernähren, aber das ganze aus Angst zu tun oder sich zu dem zwingen zu müssen. Die vegane/vegetarische Küche sollte dir Spaß machen. Beim Kochen, beim Essen und darüber reden. Du sollst Freude daran haben, neue Rezepte auszuprobieren und das Essen zu schmecken. Wenn es bei uns etwa Knödel mit Sauerkraut gibt, dann mische ich meistens Speck und Hascheeknödel. Beim Essen selbst weißt du dann nicht, welcher Knödel was ist, bis du ihn anstichst. Meine Frau mag die Speckknödel nicht. Wenn du nun also nicht das bekommst, was du erwartest, du dich aber ärgerst und in diesem Ärger den Knödel zu dir nimmst, dann ist das kontraproduktiv. Begegnest du dieser Situation jedoch mit einem Lächeln, so macht es dir nichts.

Sollte dir also beim Kochen das Rezept nicht gelingen, so versuche darüber zu lachen und in einer entspannten Haltung zu essen. Wie oft passiert es, dass wir im Restaurant etwas anderes bekommen, als bestellt. Man bekommt zum Schnitzel Kartoffeln statt Pommes und ärgert sich, obwohl es (fast) dasselbe ist. Durch die Coronazeit wurden wir wieder etwas demütiger, was Essen betrifft. Auf einmal war uns klar, es könnte auch sein, dass morgen der Supermarkt zu hat und wir vielleicht sogar hungern müssen. Die Selbstverständlichkeiten im Leben wurden hinterfragt.

Analog sehe ich das Bewusstsein beim Alkohol. Trinke ich aus Frust? Trinke ich, weil ich hart sein will? Muss ich etwas runterschlucken? Oder trinke ich am Abend genussvoll ein Hefebier, einfach, weil es mir schmeckt? In jedem Fall bin ich gegen Zwang. Also Menschen zu zwingen, vegetarisch zu sein oder keinen Alkohol trinken zu dürfen. Das verfehlt das Ziel absolut. Ich für mich bin kein Vegetarier und dazu stehe ich auch, weil mir Fleisch einfach schmeckt, obwohl ich bereit wäre, darauf umzusteigen. Mein Ritual ist, mich bei den Tieren zu bedanken, wenn ich Fleisch esse.

Was aus dem Mund hinauskommt meint in dem Falle nicht das, was rauskommt, wenn dir schlecht ist. Es geht um das gesprochene Wort. Wörter sind die Manifestation meiner Gedanken. Du kannst einen Schritt zurückgehen und erkennen, was du denkst. Was denke ich und welche Aspekte bringe ich ins Leben hinein. Ist es etwas Positives? Oder bleibe ich ewig in meinen Dramen hängen? Wie rede ich über andere? „Der hat dies oder jenes gemacht." „Ach ja, dem geht's schlecht und dem auch." Oft suchen Leute nach jemanden, dem es schlechter geht als einem selbst, damit er oder sie nicht merkt, wie schlecht es einem eigentlich selber geht. Achte auf deine Worte und das, was du ins Feld gibst. Seien wir ehrlich, keiner mag den Miesepeter. Und das meine ich nicht wertend. Es kann einem wirklich schlecht gehen und das darf und soll man auch kommunizieren. Aber permanentes Schlechtreden von allem und jedem geht den meisten sowas von auf den Zeiger. Ich erwähnte ja bereits am Anfang, dass wir in dieses Leben hineingeboren werden, um zu sterben. Die Zeit dazwischen nennen wir Lebenszeit. Diese ist begrenzt, das wissen wir. Und so kannst du dich fragen, wie du diese

Zeit verbringen willst? Möchtest du die Zeit damit verbringen, schlecht über etwas oder jemanden zu reden? Möchtest du deine Zeit damit vergeuden, ewig in der Opferhaltung zu bleiben und dich über das Leben zu beklagen? Wie möchtest du deine Zeit verbringen?

Nur du kannst darüber bestimmen. Und mit diesen Fragen entlasse ich dich am Ende vom Kapitel 2 in ein Gedicht, welches ich im April 2014 geschrieben habe.

ZEIT

Zeit für dich, Zeit für mich, Zeit für uns.
Wie doch die Zeit vergeht,
wenn man an einer Stelle steht.
Wo dein Blick geht zurück,
dein Leben nur ein kleines Stück.

Vergesse nie auch stehen zu bleiben,
um dein Leben aufzuschreiben.
Glaubst du hast keine Zeit dafür?
Stehst plötzlich vor der Himmelstür!

Du merkst, jetzt ist das Leben aus,
du gehst für immer nun nach Haus.
Doch was ist von deinem Leben geblieben?
Verdammt, ich hab's nie aufgeschrieben!

Ich hatte einfach keine Zeit.
Jetzt hätt ich Zeit, ne Ewigkeit.
Doch jetzt ist es viel zu spät,
weil hier keine Uhr mehr steht.

Die Zeit, die nimmst du dir im Leben,
du selber musst sie dir geben.
Sonst hast du zu Leben vergessen,
hast eben nur die Zeit gemessen.

Und nie daran gedacht,
dass sie dich längst hat umgebracht.
Zeit für dich, Zeit für mich, Zeit für uns!

Kapitel 3: Schützen muss man sich nur vor dem, was einem ANGST macht!

Home Office 9 HOMe KONDOM…schützt nicht gegen Corona!
Home Office 10 Der erFINDEr 1 … für die Kinder … in Corona Zeiten!
Home Office 11 Heute Ruhetag …das Wort zum CoronaSon(nen)Tag
Home Office 12 HausmannIn 1 Wenn du das liebst was du tust, wirst du nie mehr arbeiten! Coronikus!

Im Kapitel 2 erwähnte ich bereits, dass die Menschen Klopapier und Ähnliches gehortet haben. Zumindest wir in Österreich. Denn meine größten Helden, die Franzosen kauften hauptsächlich Wein und Kondome. Und so bin auch ich noch in die Drogerie um Kondome einzukaufen, denn wer weiß, bevor die Welt untergeht, dann würde ich schon noch gern … !

Kondom steht für Schutz. Es schützt uns vor Krankheiten, vorwiegend Aids. Diese Krankheit kam 1982 auf, als die Saturn/Pluto Konjunktion in der Waage stattfand, bzw. bekam sie in diesem Jahr ihren Namen. Seitdem grassiert die Krankheit durch die Welt – jährlich sterben Leute deswegen. Übertragen wird sie beim Geschlechtsverkehr, daher steht sie auch in Verbindung mit der Sexualität. In diesem Zusammenhang gibt es interessante Parallelen. Aus astrologischer Sicht standen wir in der Coronazeit in einer Saturn-Pluto-Konjunktion im Steinbock (Höhepunkt 12.01.2020). Diese ist extrem selten (ca. alle 500 Jahre) und trat meist bei großen Ereignissen auf. So zum Beispiel am 3. Jänner 1518. Ein Blick ins Geschichtebuch verrät uns, dass Martin Luther zu dieser Zeit seine Thesen an die Wand geschlagen hat. Die Reformation hielt Einzug. Parallel dazu gab es eine Pestepedemie in Europa sowie eine Pockenepedemie auf dem amerikanischen Kontinent, welche die Spanier auf ihren Eroberungszügen durch Südamerika dorthin eingeschleppt hatten, die ca. 95% der dortigen Bevölkerung nicht überlebten. Interessant in diesem Zusammenhang finde ich die Tatsache, dass etwa 30 Jahre zuvor (Saturn/Pluto Konjunktion in der Waage) die Syphilis aufkam. Sie wurde später auch als französische

Krankheit bezeichnet und vor allem durch den Geschlechtsverkehr übertragen. Zu dieser Zeit herrschte eine Saturn-Pluto-Konjunktion in der Waage, so wie auch im Jahr 1982. Ich deute für mich hier die Parallelen in der Geschichte. Denn so wie die letzten 30 Jahre herrschte auch in der Zeit vor der Reformation ein ausschweifendes Leben. Aus meiner Sicht geht es gesamtgesellschaftlich um die Heilung der Sexualität, die zum Teil sehr missbräuchlich verwendet wird. In der Reformation kam es dann zu starken Einschränkungen, Reglementierungen bzw. Kontrollen. Hier sehe ich bereits Vorboten, was uns noch alles erwarten könnte(!).

Einen weiteren Aspekt beinhalten die aufkommenden Glaubenskriege, welche die europäischen Länder danach beschäftigten. Ich bin nicht der Meinung, dass es zu einem Krieg kommt, doch sehen wir in der Wissenschaft bzw. Medienwelt bereits Glaubenskriege. Unterschiedliche Standpunkte, die mit einer Vehemenz vertreten werden, die seinesgleichen suchen. Menschen, Medien und Institutionen, die eine andere Meinung vertreten, werden sofort als Verschwörungstheoretiker abgetan. Es gibt nur noch Gut und Böse – Richtig und Falsch. Medien, die sich einer Partei völlig unterwerfen. Siehe Fox News in den USA. Jede noch so krude Behauptung Trumps wird kritiklos übernommen. Andere übernehmen die krasse Opposition und kritisieren einfach alles an ihm, selbst wenn er „keinen Krieg" führt, was ich als sehr positiv erachte. Wir sehen Experten, die nicht mehr sinnvoll diskutieren können, Wissenschaftler, die sich gegenseitig anpatzen, anstatt über Fakten zu diskutieren. Die Wissenschaft überschätzt sich hier manchmal.

Wissenschaft ist der aktuelle Stand des Irrtums.

Ich will hier kein Bashing gegen Wissenschaft betreiben, interessiere mich selber sehr für neue Erkenntnisse und Thesen, die aufgestellt werden, doch muss man sich vor Auge führen, was denn Wissenschaftler eigentlich machen. Sie erstellen Modelle, um die Realität zu simulieren. Dabei werden sehr viele Faktoren weggelassen oder vereinfacht. Die Realität ist so komplex, dass kein Computer nicht mal ansatzweise in der Lage wäre, so etwas zu berechnen bzw. aus wissenschaftlicher Sicht überhaupt in den Griff zu bekommen. Anschließend testet man, ob das Modell praxistauglich ist bzw. unter welchen Bedingungen es gut funktioniert. Als Beispiel sei hier das Bohr'sche Atommodell angeführt. Jeder von uns hat es in der Schule gelernt. Dass es eigentlich „falsch" ist, erzählte uns niemand. Selbst dem Erfinder Niels Bohr war dies bewusst. Aber es funktioniert in der Praxis sehr gut und daher wird es verwendet, was absolut legitim ist. Doch müssen wir uns vor Auge halten, dass es nicht stimmt. Wir wissen ja nicht einmal, ob das Atom in der Form existiert.

Eine Wissenschaft beweist niemals. Dies vollziehen nur die Mathematiker. Zynisch betrachtet, beweisen diese die Lösungen der Probleme, die sie selber erfinden. In Wahrheit zeigt Wissenschaft, sie nähert sich statistisch oder stochastisch an. „Unter diesen Voraussetzungen passiert dies mit einer hohen Wahrscheinlichkeit." „In den meisten Fällen passiert dieses oder jenes." Ein Beweis wäre etwas Endgültiges. Etwas, das bis zum Ende aller Tage so und nicht anders existiert. Als Beispiel könnte man den Satz des Pythagoras anführen. Dieser ist bereits seit 2500 Jahren gültig und wird es auch noch die nächsten Jahrtausende sein.

Was ich damit sagen möchte: Die Wissenschaft muss lernen, etwas demütiger zu werden. Die Grenzen der eigenen Wissenschaft anerkennen. Zu akzeptieren, dass es nur der aktuelle Stand ist und man auch wieder auf neue Erkenntnisse kommen kann. Nehmen wir die Quantenphysik her. Diese hat die Physik in ihren Grundfesten erschüttert und eröffnet völlig neue Felder. Wer verwirrt werden möchte, sollte sich ein Video zum Doppelspaltexperiment ansehen. Es gibt Wissenschaftler die behaupten, Quantenphysik erlaube die Existenz von Engelwesen. Manche sind auf der Suche nach dem Gottesteilchen, was sie meiner Meinung nach nie finden werden.

Die einzige Konstante im Universum ist die Veränderung. (Heraklit)

Dies gilt vor allem für die Wissenschaft. Wie sehr wurden Forscher gedemütigt, die neue Thesen aufgestellt haben. Galilei oder Semmelweis sind hier sicher die prominentesten Beispiele. Heute blicken wir mit Verwunderung auf diese Zeit zurück und machen es doch nicht anders. Ich denke, dass in Zukunft völlig neue Forschungsfelder ergründet und Dinge wie Homöopathie oder Geistheilung wissenschaftlich anerkannt werden. Zurzeit befinden wir uns noch in einer Art Glaubenskrieg. Das „Entweder-oder-Prinzip". Gilt das oder gilt jenes. Festgefahrene Standpunkte, die keine abweichende Meinung erlauben. Dies gilt für beide Seiten, den sogenannten Mainstream-Medien sowie den „alternativen" Medien. Betrachten wir die Faktenlage zu Corona, so ist es schwierig, sich eine Meinung zu bilden. Heute kommt die Meldung, das Virus sei gefährlicher als angenommen. Morgen behauptet jemand, es sei harmlos. Die Kinder sind Superspreader oder auch nicht. Andere meinen, es sei aus dem Labor. An was kann man sich noch festhalten? Welche Seite ist eindeutig? An was darf man glauben? Die Sache ist verwirrend und soll auch so sein. Wir sind dazu aufgefordert, unsere eigene Meinung zu bilden und nicht vorgefertigte Dinge zu rezipieren. Die Zeit, wo wir uns an Fakten festhalten konnten, ist vorbei. Eine eigene Meinung haben, diese auch kundtun und andere Meinungen akzeptieren wird das Credo der neuen Zeit sein. Es sollte sich auch jeder Reporter seiner Verantwortung bewusst werden, wahrheitsgetreu zu berichten und nicht die Vorgaben seiner Geldgeber zu erfüllen.

In ähnlicher Form erlebe ich die Diskussion mit den Masken. Haben Politiker am Beginn gemeint, wir werden doch nicht mit Masken herumlaufen? Schwups und einen Monat später ist diese Aussage schon wieder Geschichte. Ob und wie Masken helfen steht hier nicht zur Debatte. Hier muss jeder für sich die Entscheidung treffen. Doch sehe ich die Maske auch als Symbol. Einerseits als Sinnbild für die Mimik, die wir mit dem Gesicht machen. Du lächelst jemanden an, der lächelt zurück. Das „Was" jemand sagt wird unterstrichen mit seinem Gesichtsausdruck. Es lenkt die Aussage in eine Richtung. Du erkennst, wie er oder sie es gemeint hat. Hier werden wir in unserer Kommunikation enorm beeinträchtigt. Es geht aber auch um ein „Bewusst-Werden" dieser Tatsache. Etwas muss verlorengehen, damit es wiedergefunden wird. Hoffentlich werden wir in Zukunft dem Gesicht des Gegenübers mehr Beachtung schenken, anstatt während dem Gespräch ins Handy zu glotzen oder irgendwo anders hinzusehen.

Das Gesicht ist der Spiegel der Seele.

Wie viele Körperteile das Innere symbolisieren, so finden wir etwa in den Füßen oder Händen alle Teile des Körpers wieder. Es gibt auch die weniger bekannte Form der Gesichtsdiagnose, die sich nur damit beschäftigt, wie jemand „aussieht" und man anhand dessen seine Krankheiten erkennen kann. Die Aufmerksamkeit des Gegenübers, das Erkennen der Person, den Respekt, ihn wertzuschätzen während er etwas zu sagen hat. Dinge, die vielleicht wiedergefunden werden möchten.

> *Ich bin Clown – ich arbeite mit Emotionen, Gefühlen, Mimik, Ausdruck und Sprache – also mit zurzeit extrem gefährlichen Sachen. (Hannes Angerer)*

Der zweite Aspekt betrifft die Maske über der Maske. Wir alle tragen sie. Wollen unser eigenes Ich verstecken, überdecken oder aufpolieren. Aber wo beginnt das Ganze? Eigentlich schon bei der Geburt. Als Kind bekommen wir einen Namen und somit eine Identität. Diese wird aufgebaut und ausgeschmückt. Später werden wir diese Identität Ego nennen. Es ist die Vorstellung von uns. Das Bild, das wir von uns selbst haben. Und an diesem Ego halten wir fest. Wir glauben daran, weil wir vergessen, wer wir wirklich sind. Nämlich ein großartiges und wundervolles Wesen. Jeder einzelne Mensch. Jeder ist wichtig. Jeder ist wertvoll. Jeder ist der perfekte Ausdruck der Schöpfung. Und doch können wir es nicht erkennen. Wir glauben, unwichtig zu sein und halten uns deshalb an diesem künstlichen Gebilde fest. Im Laufe unseres Lebens kommen die verschiedenen Rollen dazu: Angestellte(r), Ehemann/Ehefrau, Mutter/Vater, Obmann/Obfrau bei einem Verein,... In diesen Rollen setzen wir eine Maske auf. Wir kleiden uns dementsprechend, verhalten uns anders oder verändern unsere Sprache. Was Masken betrifft, so kenne ich mich da ein wenig aus, denn groß geworden im Künstlerdasein bin ich mit der Clownmaske.

> *Die Clownnase ist die kleinste Maske der Welt.*

Sobald ich sie aufsetze, verändert sich mein Verhalten. Mein Körper bewegt sich anders. Ich verändere meine Sprache und meinen Ausdruck. Bei den Kindern habe ich als Clown immer sehr tollpatschig agiert bzw. am Beginn die Zaubertricks bewusst in den Sand gesetzt, damit mich die Kinder korrigieren können. Ich schlüpfe bewusst in die Rolle des Kindes, das spielen und lachen möchte. Es ist mein eigenes inneres Kind, welches mit mir spielt. Und dabei habe ich soviel Spaß mit mir. Mein Ziel ist nicht, andere zum Lachen zu bringen, sondern in erster Linie mich selbst. Dadurch schafft man ein Feld, in dem Heiterkeit und Freude herrscht, welches ansteckend ist. Wie soll ich bitte sonst andere zum Lachen bringen, wenn ich es mit mir selbst nicht schaffe? Als Künstler schlüpft man bewusst in diese Rolle. Ein Manager wird sich dessen vermutlich nicht bewusst sein, wenn er am Morgen in seinen Anzug schlüpft. Das Problem ist dann gegeben, wenn du in der Rolle hängen bleibst. Wenn du dich damit identifizierst: „Poah, was bin ich für ein genialer Künstler!"

Gerade Menschen in diesem Bereich sind besonders gefährdet. Einerseits sind es oft sensible Menschen. Andererseits pusht dich der viele Applaus in zum Teil ungeahnte Höhen. Mir erging es nicht anders, als ich anfing, Menütheater zu spielen. Ich bekam sehr viele positive Rückmeldungen, die Leute waren begeistert. Es war eines der ersten Dinnertainment-Programme in Österreich, wo Künstler bei Tisch agierten, bis dato einzigartig. Eines Tages bekam ich eine schlechte Rezension von einer Reporterin. Ich weiß das heute noch und bin immer wieder erstaunt darüber, wie sehr es mich damals geschmerzt hat. Der Fokus lag nicht auf den hunderten positiven Rückmeldungen, sondern bei dieser einen negativen. Damit verbunden natürlich das Gefühl der Scham. Heute kann ich damit viel besser umgehen. Ich bin für jedes ehrliche Feedback dankbar. Problematisch ist es dann, wenn du in der Rolle hängen bleibst. Wenn du dich damit identifizierst. Viele großartige Künstler sind daran zerbrochen oder mussten eine tiefe Depression durchleben. Heute schlüpfe ich noch bewusster in meine Rollen, aber auch bewusster wieder raus. Auch du kannst dir die Frage stellen, welche Rolle du spielst? Wer bist du gerade? Wie veränderst du dich dadurch?

Die ganze Welt ist eine Bühne und alle Frauen und Männer bloße Spieler. (Shakespeare)

Ich meine das nicht negativ. Es darf und soll meiner Meinung nach sein. Schmeiß dich in die Rolle rein. Lebe sie bewusst und intensiv. Gerade dafür sind wir da. Das Leben intensiv zu leben und zu spüren. Selbst wenn du in eine ernste Rolle schlüpfst, wie etwa die eines Managers oder Bankers, so hab Spaß daran, sie zu spielen. Erfreue dich der vielen Facetten, die diese Rolle in sich birgt. Übernehme aber die volle Selbstverantwortung, identifiziere dich nicht damit und steig bewusst auch wieder raus.

Im Menütheater trage ich zwar keine rote Nase mehr, aber auch dort habe ich meine Kleidung und Requisiten, um in die Rolle zu schlüpfen. Ich ziehe mein Kellneroutfit an, trage eine Krawatte und dazu schwarze Schuhe. Und jetzt stell dir vor, wie du dich das letzte Mal schön gemacht hast, für einen Ball oder eine Hochzeit. Ein schöner Anzug, ein tolles Kleid. Ach, ist das nicht herrlich. Mich würde freuen, wenn du das beim nächsten Mal noch viel intensiver genießen kannst. Dich nicht klein hältst, sondern vor den Spiegel stellst und dich selber bewunderst. Dich ansiehst und an dir selber Freude hast!

Die Schattenseiten des Rollenverhaltens sehen wir leider oft im Beruf, wenn etwa ein Anzugträger meint, er sei der Größte, nur aufgrund seiner Aufmachung. Oder sich jemand über andere künstlich erhebt nur aufgrund einer besseren Stellung. Und auch hier hat Corona gnadenlos aufgedeckt. In der Heimarbeit gab es unzählige berufliche Videochats, wo die Leute zu Hause gesessen sind. Oft saßen sie in privater Kleidung vor dem PC, teilweise ohne Hose oder mit der Familie bzw. Fernsehgeräuschen im Hintergrund. Ja, wir sind nicht nur die großen Superstars im Büro, sondern auch Familienmenschen mit weinenden Kindern im Hintergrund.

Ein weiterer Aspekt, der in den letzten Jahrzehnten hinzugekommen ist, sind chirurgische Eingriffe. Nicht zu erwähnen bei den Menschen, wo es wirklich eine medizinische Notwendigkeit darstellt. Hier ist es ein Segen. Doch hat sich der Trend in eine ziemlich schräge Richtung entwickelt. Mädchen, die bereits in den frühen 20er anfangen, Botox zu spritzen, obwohl sie wunderschön sind. Aus meiner Sicht ist noch kein Mensch schöner geworden, eher im Gegenteil. Der Mensch sieht sich in den Spiegel und ihm gefällt nicht, was er sieht. Also poliert er den Spiegel!

Schönheit kommt von innen.

Wie schön ist ein Mensch, der von innen heraus strahlt. Der Freude versprüht, ein inneres Lächeln trägt und die Liebe in sich spürt. Wenn du dich im Spiegel betrachtest und mit deinem Äußeren nicht zufrieden bist, so blicke in dich. Was gefällt dir nicht? Warum strahlst du nicht? Wieso bist du nicht zufrieden mit dir? Erinnere dich an das Gefühl der Verliebtheit. Oder die Vorfreude auf einen schönen Abend. Wie sehr strahlst du, wenn du von innen heraus schön bist. Wie innen so außen! Setze ein inneres Lächeln auf und trage dies nach außen, denn wenn du in den Spiegel lächelst, so lächelt dieser zurück! So wünsche ich uns allen, dass wir bald keine Masken mehr brauchen – physische sowie künstliche!

Ich hatte ja ein persönliches kleines Déjà-vu, als die Maskenpflicht bei uns eingeführt wurde. Lange bevor Masken bei uns ein Thema waren, bin ich unter die Erfinder gegangen. Man kann es kaum glauben, der Hannes mit seinen beiden linken Händen erfand etwas unglaublich geniales und alltagstaugliches, was der Maske nicht unähnlich ist. Alle Eltern wissen ja, das mit dem Schnuller für Babys ist nicht so einfach. Er fällt ihnen aus dem Mund, dann fangen sie zu schreien an und man muss wieder hin zum Baby. Meistens passiert dies während dem Kochen, wo vielleicht aufgrund dessen das Wasser überläuft. Alles nicht so einfach. Daher machte ich an den Schnuller zwei Gummiringe dran, damit man ihn um die Ohren binden kann. Somit fällt er nicht auf den Boden und der Schnuller bleibt im Mund. Wie genial und einfach. Daher nannte ich ihn auch den „Nicht-aus-dem-Mund-fall-Schnuller".

Er ist Erfinder – also ER FINDET sich.
(Hannes Angerer)

Natürlich würde ich einem Kind niemals so einen Schnuller geben. Ich möchte ihm doch nicht den Mund verbieten, sowie es gerade mit uns im Alltag passiert. So ließ ich meine Erfindung in der Schublade liegen bis zu dem Tag, als ich das Video zum Thema Masken drehte. Denn ich bin der Meinung, jeder ist Erfinder. Wir finden uns ständig selbst. Erkennen neue Facetten an uns, lernen uns selber besser kennen. Lassen neue Dinge zu. Ständig sind wir auf der Suche. Aber was suchen wir? Ich bin der Meinung, im Spiel des Lebens geht es darum, sich selbst zu finden. Erkennen, wer wir wirklich sind. Wir (er)finden uns ständig neu. Im Laufe des Lebens kommen Situationen auf dich zu, mit denen du vorher noch nicht konfrontiert warst. Du entwickelst neue Fähigkeiten oder wächst über dich hinaus. So glaube ich, diese Eigenschaft oder Fähigkeit war immer schon Teil von dir. Du hattest sie nur vergessen. Im Spiel des Lebens findest du sie wieder und erfreust dich hoffentlich an ihr.

Das Einzige, was du nicht werden kannst ist das, was du bist.
(Hannes Angerer)

Das klingt zwar paradox, aber das suchen wir alle. Die Essenz dessen, was du bist. Und das er-finden wir wieder. In einer meiner ersten Videos erwähnte ich, dass ich Dinge reparieren musste, weil kein Handwerker zur Verfügung stand. Ich bin draufgekommen, dass ich das eh kann. Ähnlich erging es mir mit der Erstellung meines Youtube-Kanals, obwohl ich ein absolutes Nackerpatzerl bin, was Internet betrifft. Cool, was ich eigentlich kann. Ständig werden wir in neue Situationen gesteckt, damit wir über uns hinauswachsen und neue Fähigkeiten (er)finden. Betreffend Schicksalsschläge sei gesagt, dass wir unsere Stärke und Kraft finden. Denn wir sind viel stärker, als wir glauben.

Wenn ich mich und mein Leben betrachte, so kann ich mit Recht behaupten, lebenslang auf der Suche gewesen zu sein. Auf der Suche nach dem was mich ausmacht, wer ich bin, wie ich ticke und was da noch in mir steckt. Vom Horoskop her habe ich einige Planeten im Skorpion, der alles in der Tiefe ergründen will. In diesem Leben ergründe ich die Thematiken Leben und Tod in sehr intensiver Form auf der materiellen Ebene. Wie schon angesprochen, nutze ich neben der Astrologie den Mayakalender als Kompass für mein Leben. Ähnlich wie die Astrologie geht er von einem zyklischen Fortschreiten des Lebens aus. Jeder Tag birgt eine andere Qualität in sich. Daneben gibt es größere Zyklen, in denen man sich befindet. Zusätzlich hat man wie bei der Astrologie auch einen Geburtszyklus. Dieser sagt aus, welche Thematiken dich dein Leben lang begleiten werden bzw. welches Startkapital dir zur Verfügung steht. Daneben beobachte ich meine Träume und versuche die Zeichen im Leben zu deuten, ein körperliches Symptom, ein Streit, ein Unfall oder Tiere die plötzlich auftreten. Ich zähle mich nicht als Experte in irgendeinem Bereich, doch ziehe ich alles in Betracht und habe plötzlich ein Bild vor mir, um was es gerade geht. In dem Moment will mir das Leben dies oder jenes sagen.

Selbsterforschung – Selbsterkenntnis – Selbstliebe –
Liebe zum Selbst!

Der Kompass dient mir zur Selbsterforschung, also wie ich ticke. Ich sehe mich in diesem Kontext auch als Forscher. Die Wissenschaft forscht im Außen, ich forsche in meinem Inneren. Ich bin mein eigenes Versuchskaninchen. Die Selbsterforschung führt in weiterer Folge zu Selbsterkenntnis, also der Bereitschaft, neue Sichtweisen anzuerkennen. Dies führt zu Selbstliebe, also der Akzeptanz dessen, wie man ist. Am schwierigsten zu verstehen ist der letzte Schritt. Die Liebe zum Selbst geht weit über die Akzeptanz hinaus. Sie erkennt alle Seiten deines Selbst an, auch die scheinbar negativen. In diesem Zustand löst sich die Bewertung in positiv oder negativ auf. Ok, so bin ich auch und ich mag mich so. In diesem Zustand gibt es nichts mehr, was dich an dir oder anderen aufregt. Manche sprechen von der Liebe zu Gott, man könnte auch sagen, die Liebe zu allem was ist. Das wäre das Ziel, wobei ich behaupte, noch lange nicht angekommen zu sein. Der Weg ist das Ziel und dieses habe ich vor Augen. Und ich genieße diesen Weg, jeden einzelnen Tag.

Grundlage für die Selbsterforschung ist für mich „in die Stille" zu gehen. Wir kennen das heute unter dem Begriff Meditation. Wobei gleich gesagt sei, es heißt nicht, still da zu sitzen. Ich versuche etwa beim Laufen zu meditieren, also meine Gedanken zur Ruhe kommen zu lassen. An Nichts zu denken bzw. die Gedanken zu beobachten. Wir kennen das alle aus der Wellnesswerbung: Entspannung, Ruhe, Stressreduktion ... Dieser Trend stieg in den letzten 20 Jahren exponentiell an. Früher verbanden wir mit Entspannung den „Sonntag", den Tag des Herrn. Da, wo du nichts tust, Zeit mit der Familie verbringst und zur Ruhe kommst. So frage ich dich einmal, ob du es schaffst, 10 Minuten oder eine Stunde nur ruhig zu sein.

Nichts zu tun. Einfach mit dir zu sein. Nicht am Berg gehen. Auch nicht spazieren. Einfach nur dasitzen und still sein. Manche halten das eben keine 10 Minuten aus. Hier wurden wir von Corona mehr oder weniger dazu gezwungen, in unseren eigenen 4 Wänden auszuharren. Es ist egal, an welchem Tag du zur Ruhe kommst, wichtig ist, dass du es für dich machst, bei dir Einkehr findest und in diesem Zustand anerkennst, dass alles wie es ist, gut ist. Nicht umsonst heißt es in der Bibel: „Gott sah, dass es gut war." Er liebte seine Schöpfung mit all den Facetten. Er meinte nicht, das hätte ich besser machen können. Er kritisierte sich nicht selbst. Wenn du in die Stille gehst, dann nicht aus Zwang oder aus einer Angst heraus. Tu es aus Liebe für dich selbst.

Wenn du tust was du liebst, wirst du nie mehr arbeiten.
(Coronikus)

Mehrmals versuchte ich schon, mich mit diesem Spruch von der Hausarbeit zu drücken. Wie blöd, dass meine Frau auch auf dem spirituellen Weg ist. Aber manchmal hört man diese Aussage. Ich tue nur mehr, was mir Freude macht. Also scheiß auf Haushalt, Buchhaltung oder Kloputzen. Ich lege mich am Strand und übergebe mich dem Tag. Tatsächlich gibt es diese Aussteigertypen, die den Tag an Stränden verbringen und dieses Credo leben. In Wirklichkeit stammt der Spruch von Konfuzius und meint die Konklusion genau anders rum.

Wenn du liebst was du tust, wirst du nie mehr arbeiten.
(Konfuzius)

Zuvor wurde schon die Hausarbeit erwähnt. Ich habe immer mitgeholfen, aber ich war eher der Gartentyp. In der Coronakrise war ich auf einmal zu Hause und meine Frau ging arbeiten. Also begann ich, verschiedene Hausarbeiten zu erledigen: Kochen, Staubsaugen, Putzen, ... Sollte meiner Meinung nach für „den Mann" heutzutage kein Problem sein. Macht es Spaß? Wohl eher nicht. Kann ich trotzdem die Arbeit freudig und mit Liebe erledigen? Auf jeden Fall. Im Video habe ich begonnen, mit den Rollschuhen den Boden zu wischen. Staubwedeln erinnerte mich ans Wedeln beim Schifahren. Beim Fensterputzen bekommst du auf einmal den absoluten Durchblick. Staubsaugen ist für mich wie Meditation. Wäre er nicht so laut, ich würde glatt einschlafen. Und beim Müllraustragen genieß ich kurz die Sonne, die scheint. Was ich damit zeigen wollte, selbst monotone oder scheinbar fade Arbeiten kannst du mit Freude und Spaß erledigen. Horch nebenbei Musik oder einen interessanten Podcast. Mach es dir schön. Oder genieß einfach nur die Zeit mit dir. Eckhart Tolle beschrieb dies mit den Worten: Bereitwillig – Freudig – Enthusiastisch. Es fängt schon bei der Bereitwilligkeit an. Wie viele raunzen schon vor dem Beginn einer scheinbar monotonen Tätigkeit. „Mei, des wird fad." In diesem Zustand bist du nicht offen dafür, dass die Tätigkeit vielleicht doch Spaß machen kann oder interessant ist. Es ist das Bewusstsein, das den Unterschied macht. Wenn du mit Hass kochst, so wird dieser Hass auch im Essen sein.

Oben zitierte ich den ersten Spruch vom sogenannten Coronikus. Es ist eine Abwandlung von Konfuzius. Denn Corona hat mir wieder sehr viel aufgezeigt, mich viel gelehrt und mein Leben Revue passieren lassen. Daher auch dieses Wortspiel. Generell mag ich es, zu spielen. Selbst wenn mir das Leben so wie jetzt Zitronen gibt. Ich darf nicht mehr auftreten, der Maskenzwang ruiniert zusätzlich meine künstlerische Tätigkeit. Ich hätte allen Grund, mies drauf zu sein und auf die Welt oder die Politiker zu schimpfen. Welche Qualität hätten Videos, die ich in solchem Bewusstsein mache? Welche Inhalte würde ich in einer negativen Haltung vermitteln? Ich versuche, aus allem das Positive zu ziehen und alles mit einer Brise Humor zu würzen. Das war schon bei meinen Schicksalsschlägen so und ist jetzt in der Krise nicht anders. Daher startete ich auch dieses Buchprojekt. Ohne den Virus wäre ich nie auf die Idee gekommen. Daher bin ich dem Umstand dankbar und gehe mit Freude ran an mein neues Projekt. Gib Liebe, Freude und Spaß in jede deiner Tätigkeiten hinein und du wirst nie mehr arbeiten.

Hier noch ein kleiner Auszug aus einem Gedicht, welches mir mein Team zum 25 Jahr-Jubiläum Menütheater geschenkt hat:

*s`Schicksal woa ned oiwei fair zu dir,
hot di herg`orbeit ois wia.
Oba du host ned aufgebn, host afoch glocht
und erm zagt, wia ma aus Zitronen a Limonand`n
mocht!*

Kapitel 4: ATME – es bringt dich nach Hause – ohne FASTENjause!

Home Office 13 AtemSchmutzmaske Teil I ...meine Erfindung! Coronaanspuckschutz!
Home Office 14 ...kleiner AprilschMerz – AtemSchmutzmaske II
Home Office 15 Sau KALT is' ...aber nicht in unseren HERZEN!
Home Office 16 Kittchen Imposibile 2 Fastenmenü 3 Gänge! G'sund!

Als die Maskenpflicht bei uns eingeführt wurde, kam mir eine weitere Erfindung in den Sinn, die ich in einer meiner Shows verwendet hatte. Meine eigene Atemsch(m)utzmaske. Dazu erfand ich unterschiedliche Modelle. Eines für schwere Luft, wenn man mal in einer angespannten Situation ist, wo dicke Luft herrscht. Eine andere für leichte Luft, wenn's luftig und locker ist. So bist du und die anderen vor den bösen Aerosolen geschützt.

Ich wollte in diesem Video niemandem zu nahetreten. Doch war für mich wie vorhin schon erwähnt die Maskenpflicht ein rotes Tuch. Ich verwende den Schutz, wo er vorgeschrieben ist und gebe ihn danach sofort wieder runter. Aufgrund der vorherrschenden astrologischen Konstellationen müssen wir aus meiner Sicht aufpassen, dass uns diese Maskenpflicht nicht dauerhaft erhalten bleibt. Wir werden stärker eingeschränkt, als uns lieb ist. Eine Tatsache, die wir uns heute vielleicht noch nicht vorstellen können. Aber hätte uns jemand 2019 ein Bild von 2020 gegeben, hätten wir den Kopf geschüttelt. Und eben jene Politiker, welche die Maskenpflicht eingeführt hatten, sprachen noch im April davon, dass doch sowas nicht kommen wird. Ich sehe zum Teil unsinnige Sachen wie Menschen, die alleine im Auto den Mundschutz tragen, Personen mit einer Maske beim Spazierengehen oder beim Sport in der freien Natur. Mir war seit jeher unwohl bei diesem Gedanken. Zum Teil wurde das ja schon wissenschaftlich untermauert. Man weiß, dass sich die CO_2 Konzentration im Blut erhöht, wenn auch nicht in hohem Maße. Bei den 5 Minuten im Supermarkt wird das keine Auswirkungen haben. Bei meiner Frau als Verkäuferin, welche die Maske den ganzen Tag tragen muss, sieht das ganz anders aus. Sie empfindet es als viel anstrengender zu arbeiten und kommt todmüde nach Hause, was vorher nicht der Fall war. Von den gesundheitlichen Langzeitschäden durch eine dauerhaft höhere CO2 Sättigung im Blut gar nicht zu sprechen, darüber wissen wir noch viel zu wenig. Ein weiterer Aspekt beinhaltet das Milieu für Bakterien und Viren im Stoff der Maske, das sehr schädlich für die Lunge sein kann. Im Hinblick auf Corona wird ja immer wieder auf das Gesundheitsrisiko hingewiesen. Es ist doch Irrsinn, dass gerade jenes Organ durch die Maßnahmen am stärksten geschwächt wird, welches wir eigentlich schützen wollen. Einen gesunden Menschen, der körperlich fit ist und eine gesunde Lunge hat, wird die Krankheit am wenigsten anhaben können. Genau das war ja ursprünglich das Ziel, nämlich das Gesundheitssystem nicht kollabieren zu lassen. Daher sehen wir zu, dass wir gesunde und starke Menschen haben, welche die Krankheit ohne weiteres wegstecken, dann kommt es auch zu keiner Überforderung des Systems. Solange die Maskenpflicht Thema ist, werde ich dagegen aufstehen und einfordern, dass wir sie alsbald abschaffen, sobald sie nicht unbedingt gebraucht wird. Eine Gesellschaft, in der alle mit Masken herumlaufen will ich ehrlich gesagt unter allen Umständen vermeiden. Es ist keine Welt, die ich meinen Nachkommen hinterlassen will. Es ist keine Welt, die glaube ich irgendjemand möchte. Daher fordere ich jeden auf, friedlich dagegen aufzustehen und seine Meinung kundzutun.

Ein weiterer Aspekt, der das Thema Maske betrifft, ist unser Atem. Die meisten Menschen machen das ein Leben lang unbewusst. Trotzdem ist es eine der wichtigsten Körperfunktionen, die wir haben. Ohne Nahrung halten wir's ein paar Tage aus, ohne etwas Flüssiges ein paar Stunden, ohne Atmen ein paar Minuten. So frage dich selber, ob du dir einmal Gedanken gemacht hast, wie du atmest?

Gott atmet aus – Gott atmet ein.

Und das können wir auch auf uns übertragen. Ich atme aus – Du atmest ein. Oder anders ausgedrückt: Was du ausatmest, atme ich ein und umgekehrt. Auf der materiellen Ebene wären es die unzähligen Moleküle und Teilchen, die in der Luft herumschwirren, wo wir sicher gehen können, dass eines dieser Teilchen gerade aus deiner Lunge kam. Aus geistiger Sicht heißt das nichts anderes, als dass wir alle miteinander verbunden sind. Eine große Menschheitsfamilie. Alle kamen wir von Gott und werden wieder zu Gott zurückkommen. Zur Quelle. Zur Einheit. Das meint man auch mit: Gott atmet ein. Wir kommen wieder zurück und erkennen uns selber als ein Abbild dieses Göttlichen, wie es bereits in der Bibel heißt. Das Abbild selber trägt aber alle Eigenschaften in sich. Es ist der göttliche Funke, der in uns allen innewohnt. Und dies symbolisiert der Atem, dem sich Wissenschaftler gerade vermehrt widmen und der die Wichtigkeit dieser scheinbar banalen Tätigkeit verdeutlicht. Nicht umsonst finden wir in allen Religionen Atemtechniken, die uns helfen sollen, zu uns selbst zu finden. Atmen ist die Grundlage bei fernöstlichen Kampfsportarten, die Basis beim Yoga oder ein wichtiger Baustein zur Steigerung des Prana beim Reiki. Bei jeder Gesangs- oder Sprechausbildung lernt man zuallererst das „richtige" Atmen. Und selbst beim Sport erzielen die Athleten bessere Erfolge durch eine gute Atemtechnik. Die Wichtigkeit kann also gar nicht genug betont werden.

Atmen bedeutet für mich Leben. Es ist die tiefe Empfindung, die ich dadurch spüre. Das Leben in vollen Zügen genießen. Wie befreiend ist es, am Berg oben anzukommen und einmal tief durchzuatmen? Wie schön das Gefühl in den See zu springen, kurz zu tauchen und danach wieder frische Luft zu schnappen? Wie gerne gehen wir in den Wald um frische Luft zu tanken? Kommen wir in stressige Situationen, so gehen wir über in eine flache Atmung. Wir wollen nicht spüren, die unangenehme Empfindung vorüber gehen lassen. Es geht darum, nicht zu fühlen. Als Baby beherrschen wir noch die richtige Atmung. Im Laufe unserer Kindheit verlernen wir diese Fähigkeit und müssen sie später neu erlernen (er-finden). Wenn ich von mir ausgehe, so kann ich sagen, dass ich mit der Maske die Intention habe, eher flach zu atmen. Corona zeigt uns auf, wie wichtig das tiefe Atmen ist. Nicht umsonst ist die Lunge betroffen. Leider ist dieses Thema noch sehr wenig erforscht, sind ja auch keine Milliardenumsätze davon zu erwarten. Doch glaube ich, dass wir mit einer besseren und tieferen Atmung gesundheitlich enorm profitieren würden. Ist es doch die einzige „innere Körperfunktion", die wir direkt steuern können (Blutdruck oder Herzfrequenz etwa sind nicht direkt von uns regelbar).

Das Einatmen-Ausatmen-Prinzip kann man auch aus spiritueller Sicht interpretieren. Das Einatmen muss man bewusst initiieren. Das Ausatmen geschieht von alleine. Beim Brotbacken erkennen wir diese Symbolik sehr gut. Man muss den Teig kneten und ihn anschließend wieder ruhen lassen. Hast du ein Ziel vor Augen, so wie dieses Buch zu schreiben, so musst du dafür etwas tun, Energie und Tatkraft hineinstecken. Danach musst du dieses Ziel wieder loslassen, du musst ins Vertrauen gehen und geschehen lassen. Ob Menschen dieses Buch kaufen und lesen, das muss ich passieren lassen, das kann ich nicht direkt beeinflussen, dafür kann ich nichts tun. Ich muss ins Vertrauen gehen.

Wenn du auf einen Berg gehst und nicht bis zum Gipfel kommst, heißt das nicht, dass du ihn nicht erreicht hast.
(Hannes Angerer)

Das große Ziel mit dem Buch ist nicht, erfolgreich zu sein. Ich habe es vorwiegend für mich geschrieben. Sollte es erfolgreich sein, würde es mich natürlich von Herzen freuen. Doch es ist nicht meine Intention. Das Ziel wieder loszulassen ist sicherlich eine der schwierigsten Lektionen im Leben, da wir alle Ziele haben und diese natürlich erreichen wollen. Doch letztendlich ist der Weg das Ziel. Es kann passieren, dass du währenddessen ganz andere Prioritäten bekommst und völlig neue Ziele setzt. Das, was mit dir während des ganzen Prozesses geschieht, ist der eigentlich spannende Teil des Lebens, nicht das Endergebnis. Auch wenn ich dennoch sehr stolz bin, auf mein Ergebnis (so viel Ego darf man noch haben).

Es atmet mich!

Einatmen heißt Ziel fokussieren, Ausatmen heißt Ziel wieder loslassen. Es atmet mich. Das Leben sich leben lassen. Atem als Symbol für Leben. Das können wir sehr schön bei der Geburt sehen. Die erste Tätigkeit, die ein Baby vollführt, wenn es auf die Welt kommt, ist zu atmen. Es fängt an zu schreien und beginnt, die ersten Töne in die Welt zu setzen. Das Wunder des Lebens kommt auf die Welt, völlig nackt und ohne Maske!

Interessant ist, dass bei uns die Maskenpflicht am 1. April eingeführt wurde:

> *Der 1. April ist der Tag, an dem wir uns erinnern sollen, was wir 364 Tage im Jahr sind: nämlich Narren.*
>
> *(Mark Twain)*

Wie man vermutlich heraushören konnte, halte ich die Maskenpflicht für unsinnig. In Kombination mit dieser Angstmache über den Virus kommen wir an einen Punkt, wo ich mein Gegenüber nicht mehr als einen wunderbaren Menschen wahrnehme, sondern als potentielle Gefahr. Ich muss Abstand halten zu ihm, obwohl wir uns eigentlich nahe sein sollten. Von meinem Gegenüber könnte ja der Virus auf mich überspringen. Was am Anfang noch harmlos erschien, spitzte sich mit der Zeit zu. Die Menschen begannen sich gegenseitig zu kontrollieren, den anderen der keine Maske hat, zu denunzieren oder ihn anzuzeigen. Der bekannte Astrologe Dr. Christof Niederwieser bezeichnete dies als die Gefahr der Struktokratie, die über uns hereinbrechen könnte. Eine Zeit, in der wir uns freiwillig selber einschränken aufgrund von Bildern, die man uns zeigt. Die Menschen werden nicht mehr durch Zwang und Norm kontrolliert, sondern durch Ängste. In diesem Feld entsteht ein negatives Zusammenhaltegefühl. „Wir müssen schauen, dass alle die Masken tragen." Es kam schon zu Streitigkeiten, wo die Polizei gerufen wurde, nur weil jemand die Maske nicht getragen hat. So sehr kann man sich in die Angst hineinsteigen. Für mich wiederholt sich hier die Geschichte/Energie der Zeit nach Martin Luther.

Ich sehe es so: Wenn jemand wirklich Angst hat, soll er gerne eine Maske aufsetzen. Ich habe absolut kein Problem damit. Er soll größere Menschenansammlungen meiden, das finde ich völlig ok. Aber er soll niemand anderen dadurch einschränken. Man kann sich ja selber schützen, wenn man will und sich eine FFP2 Maske kaufen, Problem gelöst. Wer weiß, was sonst noch alles kommen könnte. Corona ist ja nicht der einzige Virus, den es auf der Welt gibt. Wie reagieren wir auf den nächsten?

Ich will hier keine Schwarzmalerei betreiben. Aus astrologischer Sicht sind negative Tendenzen im Feld, die ein mögliches Szenario sein könnten. Die Zukunft gestalten aber wir Menschen selber. Je mehr positive Energie ausgesendet wird, desto geringer ist die Gefahr, dass es in die andere Richtung kippt. Die totale Überwachung ist noch nicht lange her. Daher versuche ich das Positive zu verstärken und beziehe ganz klar Stellung, auch in meinem Umfeld. Mir geht es nicht darum Recht zu haben oder mit jemandem zu streiten. Ich spüre in meinem Inneren die Abneigung gegen die Verhüllung und möchte einen Beitrag leisten, dass die Welt schön bleibt.

Ich habe bereits mehrmals von Angst gesprochen, daher an dieser Stelle eine seltsame Frage, wo du kurz innehalten und dir ehrlich beantworten sollst: Hast du Angst vor dem Coronavirus? Ja oder Nein? Wenn ja, warum? In einer therapeutischen Sitzung würde ich dich jetzt immer weiter fragen und vermutlich kommen wir am Ende zum Tod. Ich denke, niemand hat Angst davor, einmal ein paar Tage krank zu sein. Es ist unangenehm, keine Frage. Aber letztendlich bin ich der Meinung, dass wir alle solange Angst vor dem Tod haben, bis man den tiefen Sinn des Todes erkennt. Auch der indische Mystiker Osho beschreibt dies als Grundangst, aus der sich alle anderen ableiten lassen. Eine vielleicht etwas radikale Ansicht, aber wovor sollte man eigentlich noch Angst haben, wenn die Todesangst besiegt wurde? Alle anderen Ängste wären dann nur mehr Belanglosigkeiten, wie ich finde. Die Angst vor dem Tod, über den viele Menschen nicht sprechen können, steht für mich im Mittelpunkt der ganzen Berichterstattung. Wir bekommen Bilder ins Wohnzimmer aus Bergamo, sehen schwer erkrankte, junge Menschen oder hören immer wieder von den Langzeitschäden, die auftreten können. Hast du schon einmal etwas von Impfschäden gehört? Werden wir informiert, dass man auch durch Grippe sterben kann? Ist es nicht viel gefährlicher, Auto zu fahren? Ehrlich, ich habe absolutes Mitgefühl für jeden einzelnen Menschen, der schwer betroffen ist von der Krankheit. Ich weiß, wie es den Angehörigen geht und drücke aus tiefstem Herzen mein Mitgefühl aus. Doch wissen wir bis heute nicht, wie viele tatsächlich an Corona gestorben sind. Wir wissen lediglich, wie viele mit der Krankheit von uns gegangen sind, da ja niemand obduziert wird. Die Macht der Bilder wirken und triggern unsere Ängste.

Sind Ängste gut oder schlecht? Das kommt sehr auf den Umstand drauf an. Grundsätzlich kann man zu Angst sagen, dass sie eine der vier Grundgefühle ist neben der Wut, Trauer und Freude. Für mich gibt es zwei Facetten. Zum einen die der positiven Warnung. Sie tritt dann auf, wenn du in eine physisch gefährliche Situation kommst, bei der du besser kehrt machst. Das könnte am Berg sein. Du traust dich nicht, den letzten Anstieg zu erklimmen, da du deine Grenzen schon erreicht hast. Aufgrund deiner Angst beschließt du, umzukehren. Danach bist du erleichtert und fühlst dich wieder befreit. Manche bezeichnen es als die Angst vor dem wilden Tier. Diese Grundangst brauchst du, um konzentriert zu bleiben. Die andere Facette der Angst hat mit der inneren Imagination zu tun. Ich stelle mir vor, dass ich bei dem einen Felsen hinunterstürzen könnte, also geh ich erst gar nicht am Berg, selbst wenn es ungefährlichere Wege auf den Gipfel gibt. Diese Angst engt ein, sie macht und hält dich klein. Es ist das mulmige Gefühl im Supermarkt, ob nicht die Kassiererin infiziert sein könnte. Die Vorstellung, in jedem Kind steckt ein Superspreader, also meide ich deren Nähe. In diesem Fall gibt es keine Erleichterung, es gibt keinen Moment des Durchatmens. Sie beschäftigt dich auch noch dann, wenn du die Maske runternimmst. Aber wie gehen wir am besten damit um? Ich persönlich kann empfehlen, sich hinzusetzen, still zu werden, bewusst die Angst da sein lassen und sie ausdehnen. Es kann sein, dass sich in der Stille dieses Gefühl transformiert. Auf einmal könnte Ohnmacht oder Traurigkeit da sein.

 Als der Lockdown kam, hatte auch ich mit Ängsten zu tun. Ich ging in den Supermarkt und kaufte Nudeln ein. Als ich mir meine Ängste in der Stille betrachtete, spürte ich die damaligen Existenzängste meiner Eltern, die ich als Kind übernommen hatte. Sie wussten damals nicht, wie sie am Monatsende uns Kinder ernähren sollten. Das ging sich monatsweise knapp aus.

Es ist entscheidend, die Angst in dem Moment zu heilen, als sie passiert ist. Dazu gibt es verschiedene Wege und Techniken. In meinen Therapiesitzungen lasse ich diese Angst da sein. Manchmal fließen Tränen, dies soll man unbedingt zulassen!! Weinen ist Heilung pur.

Tränen sind ein Schlüssel, um dein Herz zu öffnen.
(Hannes Angerer)

Auch wenn es in dem Moment vielleicht sehr viel Kraft kostet. Man kann dies nicht energisch genug betonen. Viele Menschen gehen erst gar nicht ins Spüren, aufgrund der Angst weinen zu müssen. Für mich ist das Gefühl danach die absolute Befreiung. Sollte ich jemanden eine Last oder ein Gefühl abgenommen haben, so gebe ich dieses Gefühl wieder zurück. Es gibt den Seelen dann die Möglichkeit, selber wieder heil zu werden. Solange ich das trage, kann das beim Gegenüber nicht in die Heilung gehen. Dann schaue ich, welche Qualität ich in dem Moment verloren habe. Bei Existenzangst könnte es das Urvertrauen oder Selbstvertrauen sein. Dieses Gefühl atme ich wieder ein und integriere es ins Herz. Ich atme also meine Kraft ein und fühle mich ein Stück vollkommener.

Die Sehnsucht nach dieser Urkraft, nach diesem Urvertrauen, diese Kraft liegt im ersten Chakra, dem Wurzelchakra und wird von den Tieren symbolisiert. Diese machen sich keine Sorgen, sie denken nicht nach über das morgen. Einerseits, weil sie dazu nicht in der Lage sind, andererseits, weil dieses Urvertrauen in ihnen angelegt ist. Wie schön ist es, den Vögeln im Garten zuzusehen, wie sie sich bei meinen Sonnenblumenkernen zu schaffen machen. Sie leben im absoluten Hier und Jetzt, in der absoluten Spontanität.

Kalt ist's – aber nicht in unseren Herzen.
(Hannes Angerer)

Anfang April hat es bei uns noch einmal geschneit. Daher bin ich gleich raus und habe die Vögel gefüttert. Und so denken, glaub ich, viele Österreicher. Sie haben ein Herz für Tiere und füttern sie ganz selbstlos. Ob der Bettler auch etwas abbekommen würde, wenn er hungert, bin ich mir aber nicht sicher? Kurios ist außerdem, dass sich noch niemand über die Preiserhöhung beim Katzenfutter aufgeregt hat, bei der Milch schon. Ähnliches ist mir früher schon aufgefallen in meiner Zeit als Chemielaborant. Es gab viel strengere Richtlinien beim Tierfutter wie bei menschlichem Essen. Sollte dir dein Essen tatsächlich einmal ausgehen, so kannst du getrost zum Katzenfutter greifen.

Tiere sehe ich ebenso wie die Menschen als unsere Spiegel. Der Vorteil für viele liegt darin, dass Tiere nicht widersprechen, zumindest nicht verbal. Dennoch können sie durch ihr Verhalten sehr wohl protestieren. Jedes Tier hat seinen eigenen Charakter. Zum Teil übernimmt es die Eigenschaften des Herrchens. Somit schafft man sich den besten Spiegel. Ist dein Tier sehr ängstlich? ... Wo hast du Angst? Ist es nervös, eifersüchtig,...? Ich glaube, den Rest kannst du dir selber denken.

Ein weiterer Aspekt ist die absolute Präsenz, in der Tiere leben. Wenn ich in den Garten gehe, um die Vögel zu füttern, so sehe ich ihnen zu. Ich bin in dem Augenblick nur bei ihnen. Ähnliches kann ich erkennen, wenn mein Sohn mit der Katze spielt. In dem Moment ist er nur bei ihr. Wir sehnen uns nach dieser Unbeschwertheit von Tieren, dieser Spontanität, weil wir es selber verlernt haben.

Die Natur ist ein Brief Gottes an die Menschen. (Platon)

So sehe ich Tiere auch als Geschenk, da sie uns sehr viel vermitteln können. Ein jedes Tier besitzt Eigenschaften, nach denen wir uns sehnen. Der Vogel steht für Freiheit. Ein Reh hat mit Sanftmut zu tun. Der Stier hingegen steht für „scheinbar" negative Dinge. Doch kannst du dir einmal ansehen, wo Wut und Aggression in deinem Leben keine(!) Rolle spielen, wo du sie unterdrückst, aber innerlich hochgehst. Wenn ich plötzliche Begegnungen mit Tieren habe, sei es beim Laufen, beim Spazierengehen oder in Träumen, so schlage ich (wenn ich es nicht spüre) nach, für was dieses Tier steht. Ich versuche mich hineinzufühlen und anschließend auf mich zu schließen, welche Eigenschaft ich zu wenig/zu viel lebe. Was zeigt mir dieses Tier in dem Moment auf?

Die geläufigsten Haustiere sind ja einerseits Hunde. Sie sind der treue Begleiter des Menschen und lieben ihr Herrchen bedingungslos. Hast du einen Menschen an deiner Seite, der dich bedingungslos liebt? Andererseits lieben wir natürlich unsere Katzen, die wild und sanft zugleich sind. Sie stehen außerdem für Selbstbestimmtheit und Freiheit. Eine Katze hat ihren eigenen Willen. „Hunde haben Besitzer – Katzen Personal"... so oder ähnlich heißt es im Volksmund und ich kann das bei meinen Katzen bestätigen, die mich zum Teil emotional sehr fordern. In anderen Ländern sind etwa Kühe heilig. So wird zum Beispiel Krishna mit einer Kuh und einem Pfau dargestellt. Die Liebe zu Tieren wächst gesamtgesellschaftlich stark an. Und so sehe ich zwei Entwicklungen, die meiner Meinung nach sehr bald eintreten werden. Das eine ist der Trend zur vegetarischen Ernährung, der mit Corona und ihren Wildtiermärkten zugenommen hat. Außerdem ist es absurd, da man mit der Viehhaltung viel mehr Flächen verbraucht, als wenn wir die Menschheit mit Gemüse ernähren würden. Unser unersättlicher Bodenverbrauch wird uns dazu zwingen, flächensparender umzugehen. Und das Bewusstsein für die Tierschlachtung ist sowieso nicht mehr vorhanden. Wer wäre noch in der Lage, ein Tier eigenhändig zu töten. Auf einen Schlag wären 95% der Österreicher vegetarisch. Der zweite Trend betrifft die Zoos. Ich glaube, die Zeit ist reif dafür, sie aufzulassen. Ist der Vogel im Käfig schön anzusehen? Der Löwe im Gehege ist doch seiner Natürlichkeit beraubt? Ich halte es daher, wie Jesus einst sagte:

> *Die Wölfe werden bei den Lämmern wohnen ... Wolf und Lamm sollen weiden zugleich, der Löwe wird Stroh essen wie ein Rind und die Schlange soll Erde essen. Sie werden nicht schaden noch verderben auf meinem ganzen heiligen Berge, spricht der HERR (Jesus)*

Das ist für mich das Paradies, aus dem wir ja laut Schöpfungsgeschichte hinausgefallen sind. Im paradiesischen Zustand gab es das Prinzip des „Fressen und Gefressen Werdens" nicht. Das zieht sich hindurch in der Menschheitsgeschichte in den unzähligen Kriegen. Auch wenn wir im westlichen Kontext seit 75 Jahren (gottseidank) ohne Krieg sind, so sehen wir dieses Prinzip zum Beispiel im wirtschaftlichen Bereich. Der Große frisst den Kleinen. Firmen, die kleinere übernehmen um sich die Konkurrenz vom Hals zu schaffen. Im zwischenmenschlichen Bereich kennen wir das Ellbogenprinzip. „Ich bin besser als du." Die Tiere spiegeln nur unser Verhalten.

Ich will hier nichts predigen oder niemandem etwas vorschreiben. Denn auch ich esse zurzeit noch Fleisch. Und es geht auch gar nicht darum, jemandem etwas vorzuschreiben. Ich versuche nur die

Entwicklung zu Ende zu denken. Die Frage ist bloß, von was wir im Paradies leben. Und hier möchte ich kurz einen Gedanken loswerden, der in unserer Vorstellung noch keinen Platz gefunden hat, nämlich Lichtnahrung. Es gab bereits in den Medien mehrere Berichte von Menschen, die nichts aßen und nichts tranken und dennoch jahrelang leben konnten. Sie lebten von Licht. Vor kurzem erst ist einer gestorben, der das jahrzehntelang praktizierte. Letztendlich ernähren wir uns ja alle von Licht. Die Sonne bescheint die Pflanzen, die dadurch wachsen können. Die Pflanzen werden entweder von Tieren oder von uns direkt verzehrt. Letztendlich ist alles nur Licht und sollte mir das Essen und Trinken nicht mehr schmecken, steige ich radikal auf Lichtnahrung um.

Dennoch müsste ich an einen Punkt kommen, wo mir das ganze Spaß macht. Ähnlich ist es ja beim Fasten. Wenn du dich zum Fasten zwingen musst, dann lass es lieber gleich sein. Eine meiner spirituellen Buchlehrer, der auch raucht, hat es einmal so formuliert:

> *Mit offenen, freudigen Herzen alles bedingungslos annehmen was kommt, ist Fasten genug – das ist Askese!*
> (Sri Nisargadatta Maharaj)

Dieser Spruch ist in meinem Leben sehr wichtig! Ich versuche dieses Prinzip bei allem was daherkommt zu leben. Immer wenn ich an meine Grenzen gestoßen bin, weil viele Dinge herangetragen wurden, die nur schwer zu verdauen waren, versuchte ich es trotzdem mit offenem Herzen zu nehmen. Das Positive darin sehen. Meinen Weg erkennen. Nicht davonzulaufen, mich nicht zu betäuben oder abzulenken. So kannst du dich einmal fragen, was du nicht mit offenem Herzen annimmst? Das können Menschen oder bestimmte Situationen/Umstände sein. Mit was bist du nicht zufrieden? Oder besser gesagt, mit was bist du nicht im Frieden? Letztendlich hat alles mit dir zu tun.

Diese Verbindung zwischen Essen und Leben finde ich im obigen Zitat genial. Man kann sich ja auch durch Essen vom Wesentlichen ablenken. Der Körper braucht die Energie zum Verdauen, wir werden müde und sind betäubt. Beim Rauchen ist es ähnlich. Man kann mit Freude und Genuss eine Zigarette ziehen. Jeder kennt aber auch

Menschen, die sich die Klimme regelrecht reinziehen aus unbewusster Angst, etwas spüren zu müssen.

Mit welchem Bewusstsein gehst du rein? Das Orakel von Delphi beschreibt in seinem zweiten Spruch dieses Prinzip:

> *Nichts im Übermaß!*

Wenn ich alles mit Maßen mache, werde ich mich kaum schädigen (Drogen natürlich ausgenommen). Als man Sri Nisargadatta einmal fragte, warum er raucht, antwortete er: „Weils mir schmeckt." Ähnlich beschreibt es die Überlieferung vom Leben Buddhas. Jahrelang wanderte er als Asket durchs Land in der Hoffnung, dadurch erleuchtet zu werden, was ihm nicht gelang. Er verstand, dass man nicht durch zwanghafte Askese zur Erleuchtung kommt, sondern durch das Leben selbst. Daher wird er oft füllig dargestellt.

Wenn wir das Essen betrachten, so kam in den letzten Jahren mit den zahlreichen Kochsendungen ein regelrechter Hype auf. Was ich aber problematisch finde, ist wieder diese Bewertung. Das Eine ist besser als das Andere. Wenn's mir schmeckt, warum sollte ich unzufrieden sein? Warum suchen viele Leute das Haar in der Suppe, damit sie sich aufregen? Interessant und unverständlich finde ich, dass vor allem ältere Leute oft unzufrieden sind. Die Generation, die den Hunger noch persönlich kennt.

Der Trend zum exquisiten Essen schreitet voran und treibt seltsame Blüten. Zutaten, die mit der Pinzette hineingegeben werden. Geschmacksrichtungen, die man im Labor neu kreiert. Mit welchem Bewusstsein wird hier gekocht? Auch beim Menütheater konnten wir schon so manche Kuriosität erleben:

> Ein Unternehmer hatte zum Geburtstag seine Freunde in einen sehr, sehr noblen Schuppen eingeladen. Dieser Koch war in Europa einer der Spitzenköche: Hauben, Michelin-Sterne, usw…. Mir persönlich ist so eine Bewertung ja egal. Als wir hingekommen sind, war der Koch schon mal völlig fertig, denn er wusste nicht, dass wir Chaoskellner kommen. In seiner Welt war das Essen das einzige Kunstwerk des Abends.
>
> Es gab ein Siebengänge Menü, jeder einzelne Gang war absolut einzigartig. Die Suppe, und sowas habe ich bis dato noch nie erlebt,

wurde in einer Mokkatasse serviert. Die Portionen waren so klein, dass du das Essen am Teller suchen musstest. Die Leute waren am Ende noch voller Hunger. Wir haben ihnen dann vorgeschlagen, sich vom McDonalds nebenan noch einen Burger zu holen.

Das geht für mich schon am Sinn vorbei, weil dem Sinnesgenuss die einzige Aufmerksamkeit gegeben wird. Das ist ja auch wieder nur eine Maske. Ein Treffen in einem Haubenlokal ist eigentlich ein Maskenball. Ähnliches konnte man bei Weinverkostungen erleben, wo man den „scheinbaren" Experten einen billigen Fusel gegeben hat und dieser dann exzellent bewertet wurde.

Der Schatz liegt im Verstand – verändert eure Sinne!
(Hannes Angerer)

Es geht nicht darum, mit dem Verstand zu bewerten, sondern wahrzunehmen. Die Sinne leiten dich grundsätzlich nach außen (Sehen, Fühlen, Schmecken,...). Mit deinem Verstand bist du in der Lage, sie auch nach innen zu leiten. Er ist das Bindeglied zwischen der inneren und der äußeren Welt. Du bist in der Lage, sie zusammenzuführen. Das Äußere durch die innere Empfindung besser einzuordnen. Du musst das Essen im Inneren fühlen. Betrachtest du ein Bild, sei es ein gemaltes oder das Bild einer schönen Naturlandschaft, so sollst du fühlen, was dieses mit dir im Inneren macht. Was bewirkt es in dir? Bewegt es dich? Bei dieser Extravaganz erkenne ich den übertriebenen Blick vom Verstand bzw. Äußeren her. Ich kann mit Fug und Recht behaupten, in vielen edlen Schuppen gespielt und dort auch gespeist zu haben. Dennoch freue ich mich auch auf eine gute Speckjause beim Heurigen. Wichtiger für mich ist das Bewusstsein. Man geht doch nicht mit seiner Liebsten essen nur um des Essens Willen. Man möchte einen netten Abend verbringen, mit dem anderen kommunizieren. Das Essen ist ein Teil des Gesamtkunstwerks eines schönen Abends. Die Gesellschaft ist der andere Teil. Beim Abend mit dem Menütheater kommt als dritter Teil noch die Show hinzu, die ich jedem wärmstens empfehlen kann!

Irgendwann einmal träumte ich…

…von einem Narren, von einem Harlekin, von einem Schelm, von einem Clown, von einer roten Nase!

Irgendwann einmal blickte ich in den Spiegel und sah eine rote Nase!
Ich habe eine rote Nase?

Jeden Morgen, wenn ich aufwache, habe ich Angst.
Schreckliche Angst!
Jeden Morgen blicke ich in den Spiegel.
Jeden Morgen dieselbe schreckliche
Angst vor meinem Spiegelbild.

Jeden Morgen dieselbe schreckliche Angst
wegen meiner roten Nase!
Jeden Morgen habe ich Angst.
Angst, dass ich sie nicht mehr sehe…

…meine ROTE NASE!

Kapitel 5: Dein Körper ist dein treuester Freund. Verändere ihn nur, indem du dich veränderst!

Home Office 17 25% Wochenende ...100% Achtsamkeit!
Home Office 18 Palmensonntag! Alles hinnehmen? Nein, nicht aufgeben!
Home Office 19 GanzkörperKONDOM schützt auch vor AngstVirus!
Home Office 20 Mountain E-bike...fit durch die Coronakrise!

In der ersten Phase des Lockdowns wurden sämtliche Geschäfte bis auf den Lebensmittelbereich geschlossen. Die ersten, die öffnen durften, waren einerseits die McDonalds Filialen, was an Skurrilität kaum zu überbieten ist, andererseits die Altstoffsammelzentren, welche in der ersten Aprilwoche ihren Betrieb wieder aufnahmen. Ich war in der Zeit in Wels zugegen aufgrund eines größeren Einkaufs. Plötzlich sah ich Polizisten mit Mundschutz und Blaulicht. Im ersten Moment kam mir das Kinderspiel Räuber und Gendarm in den Sinn. Dort hatte immer der Räuber die Maske auf. Dass ich sowas mal in einer Person sehen würde, hätte ich mir nicht gedacht. Sie waren abgestellt aufgrund des Staus vor dem Altstoffsammelzentrum. Die Leute hatten Zeit ihren Hausrat zu entrümpeln.

> *Was du ENTSORGST, bereitet dir keine SORGEN mehr.*
> *(Hannes Angerer)*

Ich fand das steil. Denn irgendwie stimmt das auch für die geistige Ebene. So kannst du bei dir zu Hause einmal schauen, wie viel Kleinkram herumliegt, den du nicht brauchst, aber ständig mitschleppst. Ich rede hier nicht von Dingen, die man beruflich verwendet oder einem privat viel bedeuten. Gemeint sind jene Sachen, die man einmal im Jahr im Zuge des Frühjahrsputzes umstellt. Du kannst deine eigenen 4 Wände als Spiegel deiner Seele betrachten. Wie viel Geistiges schleppst du mit? Um was machst du dir ständig Sorgen? Wovon handeln deine Gedanken-Karusselle? Worüber kannst oder traust du dich nicht zu sprechen? Entsorge deinen geistigen Müll und er wird dir keine Kraft mehr rauben. Dann sollte auch der Frühjahrsputz weniger Zeit beanspruchen.

Spannend war für mich mein erster Einkauf mit Maske. Grundsätzlich bin ich es ja gewohnt, mit Maske zu spielen. Aber jetzt in der Öffentlichkeit als Privatmensch damit einzukaufen, das war neu. Aber auch praktisch, denn mit der Maske erkennt dich kaum einer. So nutzte ich im Video diese Tatsache, um ein paar Kisten Bier einzukaufen. Es ist egal, kennt dich ja keiner – dachte ich mir. So erkannte mich doch glatt jemand trotz Maske und sprach mich an. Ich stand da mit 6 Kisten Bier im Einkaufswagen und errötete vor Scham. Was soll dieser denn von mir denken? Gut, mein rotes Gesicht konnte er dank Maske nicht bemerken. Und eine Ausrede hatte ich auch schnell parat: „Ich kaufe für meine Nachbarn ein, denn die sind alle alt." Also zumindest sehen sie so aus – Altausseer. Ich bin ja ein Jungausseer und gehe für sie einkaufen. Wie edel von mir. Statt dem „Biokisterl" gab's von mir das „Bierkisterl". So konnte ich mich aus der Affäre ziehen und sah zu, schnell nach Hause zu kommen und das Bier in der Garage auszuladen. Soll ja keiner sehen!

Schuld und Scham sind eine der prägendsten Erfahrungen der Menschen.

Über Schuld werde ich später noch ausführlicher sprechen. Ähnlich intensiv und einschneidend kann die Scham sein, wobei sie viele Facetten hat. Sie offenbart sich bereits in dem bekannten Ausspruch „Was sollen denn die Nachbarn sagen?" Wir alle kennen das Gefühl. Aber was ist Scham überhaupt?

Wir alle haben ein Bild von uns, eine gewisse Vorstellung wie wir sind. Dieses wird häufig als Ego bezeichnet. Und mit diesem Ego gehen wir durch die Welt. Irgendwann kommen wir drauf, dass wir dem nicht entsprechen. Nach außen spielt man den Lustigen, den Ordentlichen,.... Ich möchte gut dastehen und den perfekten Hannes spielen. Bekomme ich im Außen eine negative Bestätigung, so schäme ich mich. Wenn ich von mir ausgehe, so lande ich bei der Scham fast immer in der Kindheit. Uns wurde eingetrichtert, ordentlich auszusehen. „An den Fingernägeln und den geputzten Schuhe erkennst du den Charakter", „So kannst du nicht aus dem Haus gehen" waren häufige Aussprüche. Die Eltern hatten Scham und versuchten dies bei den Kindern zu kompensieren, wobei das Gefühl natürlich weitergegeben wird.

In der Bibel wird Scham in der Geschichte um Adam und Eva behandelt. Sie haben erkannt, dass sie nackt waren und bedeckten ihre Geschlechtsteile. Das war der Beginn des „sich Schämens". Aber auch der Beginn der Egostruktur. Das Aufbauen des Bildes über dich. Das bin ich – das bin ich nicht.

Wir kommen nackt auf die Welt und verlassen sie nackt.

Wir kommen nackt und ohne Scham auf die Welt. Das „Schämen" beginnt sich erst im Laufe der Jahre zu entwickeln. Es ist der Zeitpunkt, wo das Kind nicht mehr nackt herumlaufen möchte. Kleidung als Symbol für Dinge, die wir gerne bedecken, für die wir uns schämen. So kannst du dich selber einmal fragen, für was du dich schämst? Welche Seiten verdeckst du lieber? Was traust du dich nicht zu zeigen? Es könnte das unangenehme Gespräch sein, bei dem man jemanden zurückweisen muss. Was wird der oder die von mir denken? Es könnte der Jobwechsel sein, weil du mit dem alten unzufrieden bist, die Firma aber im Ort angesehen ist. Es könnten unangenehme Gefühle wie Neid, Wut oder Hass sein. Vielleicht ist man jemandem etwas neidig? Es könnte aber auch die sexuelle Vorliebe sein, die ich gerne ausprobieren würde, mich aber meinem Partner nicht offenbaren möchte.

Generell ist das Thema Sexualität sehr mit Scham behaftet und hat im „Dorf" schon für manchen Wirbel gesorgt: mit 16 schwanger, eine lesbische Tochter, die Geliebte des Ehegatten, das Kind des Postboten, Sex im hohen Alter,… für was sollst du dich schämen? Dass du so bist wie du bist? Für deine Wünsche, Träume, Ziele,…? Wir brauchen uns nicht für unser Äußeres zu schämen, genauso wenig wie für unser Inneres. Wir gehen sowieso wieder nackt von dieser Welt. Ich hoffe für jeden, sich nackt total zu akzeptieren. Das ist Göttlichkeit. Nicht umsonst ist der Mensch im Fünfstern in Da Vincis Studie nackt dargestellt. Solltest du dich beim nächsten Mal für etwas schämen, so halte inne und lass das Gefühl da sein. Spüre es und versuche zu erforschen, wo in deinem Leben es schon mal eine Rolle gespielt hat? Um was geht es? Warum schäme ich mich?

Betrachten wir Scham vom Gefühl her, so ist es eine Mischung aus allen 4 Grundgefühlen. Ich habe Angst, weil mich die Nachbarn (oder andere Menschen) so sehen könnten. Ich kann eine Wut empfinden, weil ich etwas nicht lebe, was ich aber gerne würde. Das könnte dich in die Ohnmacht bringen, wie viele Menschen vor uns. Und solange ich nicht in meiner ganzen Kraft bin, werde ich traurig sein und die Freude nicht leben können (das ist natürlich ein schrittweiser Prozess). Mit Scham beginne ich mich zu verändern. Ich lüge mich selber an und versuche, einem Bild zu entsprechen. Man passt sich an und geht in ein Muster. An dieser Stelle ein kleines Beispiel aus meiner Coronazeit:

> Ich hatte ja die volle Freude mit meinen Videos. Mein inneres Kind wollte spielen. Ich verspüre einen Impuls, stelle mich vor die Kamera und gehe in die völlige Spontanität. Oft weiß ich gar nicht, was ich sagen werde. Nach dem Hochladen auf YouTube kann es passieren, dass ich mir denke: „Was hast du da bloß wieder gemacht/gesagt"…oder ich bekam bei meinen Maskenvideos wütende Smileys. Da kam Scham und Ärger hoch. Mir war klar, wenn mich dieser Wutsmiley aufregt, dann habe ich bei mir was zu tun.

Ja, so ist das Leben. Mir machte es Freude und trotzdem habe ich mich geschämt. Sie darf da sein, die Scham. Ich setze mich hin und spüre das Gefühl. Therapeutisch arbeite ich ähnlich wie mit den Ängsten. Ich versuche zu erspüren, woher es kommt und gebe gegebenenfalls die Scham an betroffene Personen, denen ich das Gefühl abgenommen habe, wieder zurück. Anschließend atme ich verlorengegangene Qualitäten ein. Solche Situationen dienen meiner Meinung nach dazu, damit diese Wunde hochkommt. Wir sollen wieder zum vollständigen Schöpferwesen werden. Darum bin ich dankbar für jedes Wutsmiley. Denn so passiert die Heilung auf sanftem Wege. Wir müssen uns nicht mehr die Köpfe einschlagen. Das wurde auf die Internetforen verlegt, wo sich Menschen wegen Belanglosigkeiten sprichwörtlich an die Gurgel gehen. Dich von Scham zu befreien wird dir helfen, deine Masken abzulegen und zu dem zu werden, der du im Inneren bist. Dann gibt es nichts mehr, was du verhüllen musst.

Vom Vermummungsverbot zur Vermummungspflicht. Es ist schon paradox. Gingst du früher in eine Bank mit Maske, so wurde die

Polizei gerufen. Gehst du heute ohne Maske hinein, ebenso. Wo führt das noch hin? Ich denke, die nächste Stufe wäre das Bebrillungsgebot, wie im Video beschrieben. Jeder und jede muss eine Brille tragen. Warum? Na, auch Blicke können töten! Durch die Maske sind wir ja gezwungen, den Menschen in die Augen zu blicken, also quasi in ihre Seele. Wer weiß, was da alles drin schlummert.

Betrachten wir Scham in Bezug auf Sexualität, so landen wir sehr schnell bei der Kirche. Zumindest zu meiner Zeit hatte sie noch so viel Macht, um die Menschen klein zu halten und ihnen in vielerlei Hinsicht ein „schlechtes Gewissen" einzureden. Aussprüche wie „wir armen Sünder" oder „ich bin nicht würdig", die ständig runtergebetet werden, machen etwas mit einem. Hinzu kommt, dass dieser Spruch auch noch in die Thymusdrüse geklopft wird, welche der Zugang zum Herzen ist (siehe EFT Klopftechnik). Das hält dich klein. Man fühlt sich schlecht. Mentaltrainer werden mir an dieser Stelle recht geben. Der Mensch steht nicht aufrecht da und macht sich groß, sondern unterwirft sich einer imaginären Obrigkeit. Früher hatte die Kirche ein Monopol auf Spiritualität. Das hat sich in heutiger Zeit geändert. Immer weniger Menschen sind mit dem, was in der Kirche passiert, zufrieden und treten aus. Befrage jemanden, der in der Kirche war, um was es in der Predigt ging? Die wenigsten passen auf, was der Pfarrer sagt und sitzen aufgrund gesellschaftlicher Konventionen die Zeit ab. Was mich betrifft, so bin ich schon vor Jahren ausgetreten. Zumindest aus der weltlichen Kirche. Ich bin Teil der Kirche des Herzens. Es ist die Kirche, die ein Jesus, ein Buddha oder ein Krishna gepredigt haben. An dieser Stelle sei noch erwähnt, dass ich nichts persönlich gegen die Kirche habe. Ein jeder soll seinen Glauben leben, egal in welcher Gemeinschaft oder an welchem Ort. Meinen Glauben lebe ich in der Natur aus. Für mich gibt es nichts Schöneres als das, was Mutter Erde hervorbringt: Blumen, Tiere, ein Sonnenuntergang, ... Interessant ist in dem Zusammenhang eine Aussage von Jesus:

> *Das Reich Gottes ist inwendig in Euch und überall um Dich herum; Nicht in Gebäuden aus Holz und Stein.*
>
> *(Jesus)*

Meine Kirche ist die Natur. So haben schon die Druiden in den Bäumen oder auf Waldplätzen gepredigt. Ähnlich war es bei den Indianern oder den Aborigines. Auch Jesus hielt seine Reden auf Naturplätzen ab. Wo gehen wir hin, um Kraft zu tanken? Sicherlich nicht in die U-Bahn-Station oder in ein Betongebäude. Wir gehen in die Natur, sei es in den Wald, auf einen Berg oder an einen See. Kraftplätze finden wir ausschließlich dort und intuitiv wissen wir das auch. Warum werden dann Gebäude errichtet? Gehe ich von mir aus, so spüre ich ein gewisses „Eingepfercht-Sein". Der Blick ist nur nach vorne gerichtet. Was ist vorne? Jesus am Kreuz. Der Fokus liegt am leidvollen Weg. Aber das wurde von ihm nicht gepredigt. Jesus hat uns gezeigt, dass er nach drei Tagen auferstanden ist. Christentum ist Auferstehung, das ewige Leben. Jesus hat uns diesen leidvollen Weg abgenommen bzw. aufgezeigt, dass wir für die Auferstehung nicht leiden müssen. Er hat uns die Sorgen abgenommen.

Wer von euch kann mit all seiner Sorge sein Leben auch nur um eine kleine Zeitspanne verlängern? (Jesus)

Wenn man die Lehren Jesu wirklich leben kann, und ich traue mich nicht zu behaupten, dass ich das immer zu 100% verwirkliche, so braucht man sich keine Sorgen zu machen. Denn du bist das ewige Leben. Dir kann gar nichts geschehen. Dann hast du keine Angst. Du bist aber auch nicht mehr manipulierbar. Du fängst an zu leben, im Hier und Jetzt, im Augenblick. Du kannst das Leben genießen. Dann gehst du mit Schicksalsschlägen anders um. Jeder Tod hat seine Tränen, keine Frage. Aber mir ist bewusst, dass der Mensch nicht „tot" ist in dem Sinn, wie wir uns das immer vorgestellt haben. Ich versuche immer das ewige Leben zu sehen. Er oder sie ist nicht gegangen, sondern in einer anderen Form wiedergeboren.

Wie ist die Kirche mit den Lehren und Schriften über Jesus umgegangen? Betrachten wir die Bibel, so wurden bewusst gewisse Schriften nicht ins Neue Testament aufgenommen: Das Evangelium von Maria Magdalena, das Evangelium von Judas, das Thomas Evangelium, die Nag Hammadi Rollen,… Es kam zu Übersetzungsfehlern oder zu bewussten Eingriffen im Laufe der kirchlichen Entwicklung. So ist die Rolle der Frau nach wie vor eine sehr stiefmütterliche. Fürs Messdienern oder Kirche-putzen sind sie überspitzt ausgedrückt gerade gut genug. Generell hat man das Gefühl, es geht oft ums Sehen und Gesehen werden. „Warst du am Sonntag eh in der Kirche?", musste ich mir oft anhören. Auch Scheinheiligkeit ist ein Thema. Dabei war es nie die Intention von Jesus, dass die Menschen bei der Ausübung ihres Glaubens bloß körperlich anwesend sind.

> *Wenn ihr betet, sollt ihr nicht plappern wie die Heiden, die meinen, sie werden nur erhört, wenn sie viele Worte machen. (Jesus)*

Das Rezitieren von Gebeten ohne auch nur irgendwas dabei zu spüren? Gut, es kann ein Mantra sein und dir helfen, zu dir zu kommen. Doch das viele Beten war aus meiner Sicht nicht der Kern seiner spirituellen Lehre.

> *Du aber geh in deine Kammer, wenn du betest und schließ die Tür zu; dann bete zu deinem Vater, der im Verborgenen ist. (Jesus)*

Ziel ist nicht, beim Beten gesehen zu werden. Dich nicht hinzuwerfen vor lauter Ehrfurcht und zu erschaudern, wie manche es betreiben. Der Glaube spielt sich in einem selbst ab. Und dort gehört er auch hin. Ich möchte das gemeinsame Beten nicht schlecht reden, doch spüre in dich, was mit dir passiert, während du betest.

Ähnlich sehe ich es beim Spenden. Mache ich das öffentlich oder spende ich im Geheimen?

> *Wenn du Almosen gibst, so lass deine linke Hand nicht wissen, was deine rechte tut. (Jesus)*

Wenn ich beim Menütheater eine Benefizveranstaltung mache, dann bezeichne ich das als Werbung. Es ist völlig in Ordnung. Ich schreibe es von der Steuer ab. Doch wenn ich wirklich von Herzen aus gebe, dann soll das nicht mit Prahlerei einhergehen. Ich mache das für mich: Eine Kupfermucke kaufen, jemandem 2 Euro geben,... Dieses Geben passiert von Herzen und absolut ohne Bedingung. Ich verlange keine Gegenleistung und erzähle es niemandem. Das ist Spenden. Jesus war ja auch gegen das Anhäufen von Reichtümern.

> *Ihr sollt euch nicht Schätze sammeln auf Erden, wo sie*
> *die Motten und der Rost fressen. (Jesus)*

Dieser Spruch steht für sich alleine. Wie schon erwähnt, habe ich nichts persönlich gegen die Kirche. Mir geht es auch nicht ums Geld der Kirchensteuer. Aber das zu leben was ich predige, soll im Vordergrund stehen. Meine ersten spirituellen Gehversuche machte ich in der Kirche. Lange blieb ich dann noch dabei, denn die Kunstwerke und schönen Gebäude sollten erhalten werden, meinte ich zumindest. Mir gefallen die Bilder von Michelangelo, die Fresken oder die vielen Kirchen in ihrer künstlerischen Ausgestaltung. Es sind von Menschen geschaffene Kunstwerke. Aber in meinem Leben wurde ich oft geprüft, ob ich das lebe, was ich glaube. Und so kam es, dass ich aus der weltlichen Kirche ausgetreten bin.

Die Kirche des Herzens? Aus meiner Sicht die Einsicht, dass wir alle miteinander verbunden sind. Das wir alle der einen Quelle entstammen. Es ist die Essenz, was wir alle sind, nämlich göttliche Wesen. Jeder Einzelne. Würden wir alle diese Essenz, dieses innere Licht in uns finden, würde es nichts „Böses" mehr geben. Ich nenne das jetzt einmal so. Man würde niemanden mehr etwas „Schlechtes" wünschen. Man könnte sich über das Glück jedes Einzelnen freuen. Ich habe mich mit vielen Erleuchteten auseinandergesetzt. Allen ist ihnen gleich, dass sie das „Auge um Auge" Prinzip ablehnen. Jesus sprach am Kreuz:

> *Vergebt ihnen, denn sie wissen nicht, was sie tun. (Jesus)*

In dem Moment seines Todes hat er ihnen bereits vergeben. Bei der Kirche des Herzens geht es nicht nur darum, es zu wissen, sondern die Weisheiten zu verstehen, zu verinnerlichen und zu leben. Nicht nur dann, wenn es einem gut geht. Es geht darum, alle Verurteilungen los zu lassen. Daher kämpfe ich auch nicht gegen den Krieg, sondern setze mich für den Frieden ein. Sonst würde ich ja wieder den Fokus auf Krieg legen und ihn nähren. Daher erachte ich den Weg der friedlichen Demonstration, wo man „für" etwas ist, als positiv, so wie es uns Gandhi vorgezeigt hat. Für ein schöneres Umfeld, für ein friedlicheres Miteinander, für eine bessere Welt – das ist die Kirche des Herzens.

Wenn wir schon beim Tod sind, so möchte ich ein Thema behandeln, welches in unserer westlichen Welt noch sehr wenig Beachtung findet, nämlich die Wiedergeburt. Ich bitte dich, die nächsten Zeilen einmal vorurteilsfrei zu lesen und auf dich wirken zu lassen, falls du noch nie Kontakt mit dieser These hattest. Spüre in dich hinein und fühle, wie diese Gedanken auf dich wirken? Könnte es eine Wahrheit für dich sein? Du kannst natürlich immer wieder zu deinem alten Gedankenmuster zurückkehren.

Sprechen wir im Christentum von Tod, so ist es etwas Endgültiges. Früher gab es die These des Fegefeuers. Das heißt du kamst, je nachdem wie du dein Leben geführt hast, in den Himmel, oder in die Hölle. Führt man den Gedanken überspitzt zu Ende, so hast du als Mensch (oder als Seele) genau eine Chance, um ein gutes Leben zu führen. Du hast bloß ein Leben lang Zeit, dich zu probieren und dich im Spiel des Lebens zu beweisen. Doch unter welchen Umständen betrittst du die Bühne des Lebens? Wirst du in ein gutes Umfeld mit inspirierten Menschen hineingeboren? Kommst du in einem Kriegsgebiet auf die Welt? Wer bestimmt das? Wie ist es, wenn du mit einer Behinderung auf die Welt kommst? Dann wärst du doppelt bestraft? Gibt es so etwas wie Bestrafung überhaupt? Dieser Gedankengang macht für mich absolut keinen Sinn.

Betrachten wir die Natur, so erkennen wir, dass sie stets in Zyklen „denkt": Ebbe-Flut, Jahreszeiten, Vollmond-Neumond, Zyklus der Frau,... Mathematisch betrachtet werden zyklische Prozesse in den sogenannten trigonometrischen Funktionen beschrieben. Die Sinusfunktion pendelt nach oben genauso wie nach unten aus. In unserer klassischen Denkweise entspräche das Leben einem Null-Eins Prozess. Es gibt auf der Zeitachse genau einen Ausschlag nach oben, wo du lebst, der Rest ist Null.

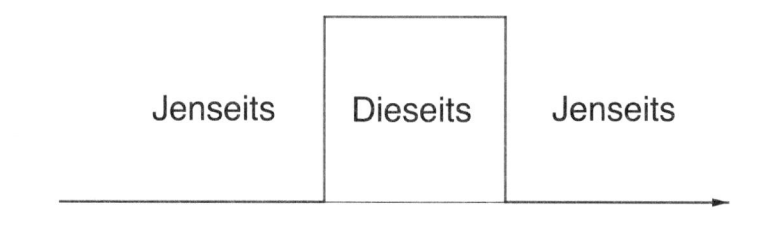

Jenseits   Dieseits   Jenseits

In meiner Welt einer Natur, die nach perfekten Gesetzmäßigkeiten ausgerichtet ist, wo alles seinen Sinn hat, macht eben das keinen Sinn! Der obere Ausschlag wäre das Leben hier auf Erden (Diesseits), der untere die Zeit dazwischen (Jenseits), wo sich die Seele auf das „neue Leben" vorbereitet.

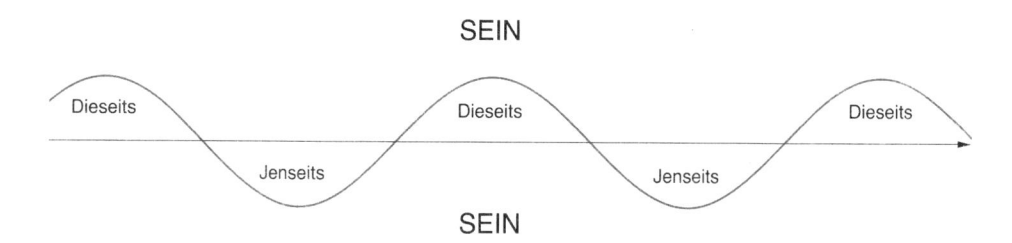

SEIN

Diesseits Diesseits Diesseits
Jenseits Jenseits

SEIN

Im Grunde genommen waren sich alle spirituellen Lehrer beim Thema Wiedergeburt einig. Krishna sprach von tausenden Leben. Im Buddhismus ist Reinkarnation sowieso eine Selbstverständlichkeit. Auch in der Bibel finden wir Hinweise:

Denn was der Mensch sät, das wird er ernten. (Jesus)

Für mich ist die Lehre der Wiedergeburt ein Grundsatz in meinem Glauben. Damit sind viele Phänomene erklärbar. Kinder, die mit einer Beeinträchtigung auf die Welt kommen. Menschen, bei denen man das Gefühl hat, diese schon ewig zu kennen. Talente oder Fähigkeiten, die wir mitbringen. Aber auch Ängste, die wir uns im Laufe des Lebens aufladen. Für mein Verständnis werden wir wiedergeboren, bis wir erleuchtet sind und zur Quelle zurückkehren. Sinn und Zweck des ganzen Spiels ist es, Erfahrungen zu machen, um sich selbst zu erkennen. Wir haben uns von Gott entfernt, wir wurden getrennt von ihm, damit wir wieder zu ihm zurückkehren können. Der Schatz liegt in den Erfahrungen, die wir machen. Neal Donald Walsh beschreibt dieses Spiel in seinem Buch „Gespräche mit Gott" sehr schön. Da treffen sich zwei Seelen und sprechen miteinander. Die eine sagt, sie wisse nicht, wie sich Vergebung anfühlt. Da sagt die andere zu ihr: „Ich werde dir behilflich sein." So oder ähnlich kann man sich dieses Spiel vorstellen. Wir nehmen alle unsere Rollen ein, damit wir anderen helfen, Erfahrungen zu machen um sich selbst zu erkennen. Laut Hinduismus sammeln wir in unseren zahlreichen Leben Karma an, welches dann im nächsten Leben Auswirkungen hat. Es kann eine Vision sein, mit der wir geboren werden. Das können Ängste aber auch Fähigkeiten sein. Es kann ein Mensch sein, mit dem wir auf Kriegsfuß sind im Moment des „ersten" Kennenlernens. Manchmal wird Karma als Bestrafung gesehen, was ich verneine. Man kann auch positives Karma kreieren, das heißt dann Dharma. Es geht eindeutig darum, was man aussendet. Dies wird deutlich in der Aussage von Jesus, als er meinte: „Was du säst, wirst du ernten". Wenn du auf deinen Acker Hafersamen säst, wirst du im nächsten Jahr auch Hafer ernten. Ein Gedanke, der uns in der materiellen Welt selbstverständlich erscheint. Warum nicht auch auf geistiger Ebene? Wenn du Liebe säst, wirst du Liebe ernten. Wenn du Hass säst, wirst du Hass ernten. Das muss zeitlich nicht sofort geschehen. Wie auch beim Feld passiert dies mit einer gewissen Verzögerung. Insofern bekommt jeder das, was er aussendet.

Ursache – Zeit – Wirkung

Eine Frage, die manchmal bei Menschen auftaucht, ist die nach der Gerechtigkeit. Gibt es sie, auch wenn die Person im Leben nicht verurteilt wurde? Ich denke, aus geistiger Sicht findet bezüglich unserer Taten keine Wertung statt. Dennoch laden wir uns selbst Karma auf, wenn wir „schlechte" Taten vollbringen. Wer teilt aber ein in gut oder schlecht? Es sind wir selber. Ein jeder hat ein Gewissen, das aktiv wird, wenn man schlecht handelt oder über jemanden schlecht redet.

Gewissen ist die Summe der Erfahrungen, die man gemacht und daraus gelernt hat.

Nehmen wir als Beispiel her, dass du jemanden bestiehlst. In dem Moment bekommst du ein ungutes Gefühl. Scheinbar hast du in einem (oder mehreren) deiner Vorleben schon mal die Erfahrung gemacht, bestohlen worden zu sein. Vermutlich auch die Erfahrung zu stehlen. Man muss immer beide Seiten der Medaille betrachten. Die meisten leben gerne in der Opferrolle. Wir sind aber nie nur das Eine, also Opfer, wir sind auch Täter.

Das Prinzip des Karmas wird im hermetischen Gesetz von Ursache und Wirkung behandelt.

> *Jede Ursache hat eine Wirkung, jede Wirkung ihre Ursache. (Hermes Trismegistos)*

Wenn du eine Wirkung erfährst, so hat diese eine Ursache. Das kann in diesem oder einem anderen Leben passiert sein. Eine Ursache ist eine Tat oder eine Entscheidung, die man trifft oder eben nicht trifft.

> Als meine Künstlergruppe crashte, war dies eine Wirkung. Die Ursache ist bereits zwei oder drei Jahre zuvor passiert. Indem ich nicht(!) auf die Unstimmigkeiten im Team reagierte, setzte ich eine Ursache, die letzten Endes einen Ausgleich suchte und im Crash endete.

Wichtig für das Prinzip des Karmas ist das Verständnis, dass die Ursache auch über Leben hinweg wirkt. Die Reinkarnationstherapie befasst sich genau mit den Ursachen, die in Vorleben geschehen sind. Indem ich eine neue Ursache setze, bekomme ich eine andere Wirkung. Der erste Punkt der Manifestation sind die Gedanken. Danach ist es wichtig, in die Schöpferkraft zu gehen und aktiv zu werden bzw. eine neue Ursache zu setzen. Nicht aus Trotz heraus, sondern aus dem Wunsch, etwas Schöneres zu erhalten und dankbar zu sein, für die scheinbar „negative" Erfahrung. Im erwachten Zustand lässt du das Leben sich leben und setzt keine Ursachen mehr. Das wäre vielleicht unser aller Ziel.

Gibt es nun Gerechtigkeit? Laut Karma ja, wenn auch der Begriff Gerechtigkeit anders verwendet wird. Man könnte ihn eher als Ausgleich bezeichnen. Wir werden aufgefordert, auf unseren Müll hinzusehen. Betrachten wir die Wirkungen in unserer Welt, sei es Corona, seien es Kriege, so ernten wir nur, was wir säen. Wir erkennen den Müll, den wir in den letzten Jahrtausenden angehäuft haben, bei dem wir alle(!) beteiligt waren (Streit, Missgunst, Kriege, Versklavungen, Verletzungen im sexuellen Bereich, Umweltverschmutzung, …) Jeder Einzelne ist nun aufgefordert, seinen eigenen Müll zu entsorgen. Die Zuspitzung in den letzten Jahren ist ja nur das Sichtbarmachen des geistigen Mülls, der sich nun materialisiert. Gleichzeitig sehen wir, wie schnell sich das Schöne manifestiert, wenn wir einmal zu Stillstand gezwungen werden, wie jetzt in Corona. Vielleicht sollte der Mensch öfter still werden, um seine geistigen Ansammlungen zu entsorgen. Das ist das „Karmaprinzip". Wenn ich mein inneres Licht finden will, muss ich zuerst meinen Müll wegbaggern, nicht wegschieben, wie es manche gerne machen. Richtig wegbaggern und entsorgen. Mit Entsorgen ist gemeint: Ansehen, heilen, transformieren, Qualitäten, die sich dadurch verborgen haben, zurückholen. Jeder bei sich!

Entsorgen führt zum Ende deiner Sorgen.
(Hannes Angerer)

Ich finde die „Fridays-for-future" Bewegung sehr steil. Die Jugend macht auf sich aufmerksam, sie erkennt, dass wir alle nur einen Planeten haben. Wenn Greta Thunberg aber sagt, ihr habt diese Welt zerstört, dann ist das eine falsche Aussage. Denn auch sie war wahrscheinlich in mehreren Vorleben daran beteiligt, dass die Welt so ist, wie sie ist. Wir waren nicht nur Opfer, wir waren auch Täter! Das wir etwas ändern müssen, da bin ich bei ihr. Den Ist-Zustand erkennen, sich den Wirkungen bewusst werden und neue Ursachen setzen. Das ist Balsam für die geistige Gesundheit und lässt die Sonne in dir scheinen. Scheinbar wäre es nicht so schwer, doch sehnen sich manche nach der „alten Normalität?"

Apropos Sonne. Eines der für mich wichtigsten Prinzipien der körperlichen Gesundheit ist, genügend Sonne zu tanken. Der Körper bildet dadurch Vitamin D, was er für die Immunabwehr benötigt. Daher finde ich wichtig, dass die Menschen in die Natur gehen, tief durchatmen und Licht aufnehmen. Dabei braucht man auch keine Maske. Eine weitere Säule ist die körperliche Betätigung. Wie schon erwähnt laufe ich gerne oder fahre mit meinem Mountain E-Bike. Dies habe ich mir noch im Herbst gegönnt. Aufgrund der astrologischen Konstellation hatte ich im Gefühl, das noch zu kaufen, weil ich mir das vielleicht im Frühling nicht mehr leisten möchte. Wie Recht ich hatte! Das es ein Virus wird und es zu einem Lockdown kommt, war mir aber nicht bewusst. Obwohl mein Mayakalender-Lehrer schon vor 15 Jahren voraussagte, dass der nächste Krieg nicht mit Waffen, sondern mit Viren geführt wird. Computer-Viren und/oder „menschliche Viren". Interessant ist hierzu auch die Impfthematik rund um Bill Gates! Vielleicht ist Windows ein Fenster in die neue

Zeit? Als letzte Säule sei noch die gesunde Ernährung erwähnt. Frisches Obst, Gemüse und ein ausgeglichenes Mahl. Das freut den Körper. Und das ganze natürlich mit Freude!

Kapitel 6: Warum und Wieso? Bist du do äh da?

Home Office 21 Für (nicht)RAUCHER & die, die beides werden wollen!
Home Office 22 Sonnenbad im Maskenland ...WHO? ... WeltHalunkenOrganisation...
Home Office 23 KINDER für DICH und alle Kinder der Welt!... und die Frage warum und wieso? Poet 2
Home Office 24 Ratsch´nwei... äh ...bua! FreiWillige Spenden erbeten!

Vor kurzem musste ich in meiner Heimatstadt Wels eine komische Situation erleben. Ich ging so durch die Innenstadt, die mit Kopfsteinpflaster ausgelegt ist. Dabei sah ich einen Mitarbeiter des Magistrats bei seiner Arbeit. Mit einer Zange ausgestattet, musste dieser die Zigarettenstummel vom Boden aufheben und in einen fahrbaren Mülleimer geben. Wieder einmal wurde mir bewusst, wie verdreckt doch der Boden von diesen Stummeln ist. Diese säumen den ganzen Stadtplatz und dieser fleißige Arbeiter hat nichts anderes zu tun, als den Dreck von unbewussten Menschen wegzuputzen…und wenn er nicht gestorben ist, dann macht er das noch heute…Scherz beiseite. Leider hat dieser Satz doch eine wahrheitsgemäße Aussage. Letztendlich fängt der arme Kerl wieder von vorne an, wenn er hinten fertig geworden ist. Wie einfach wäre es denn, die Stummel in die vorhergesehenen Aschenbecher zu werfen, die den gesamten Stadtplatz säumen. Wieviel Mühe müssten wir uns wegen dieser paar wenigen Schritte machen? So einfach wäre es auch beim geistigen Müll. Ein paar Minuten des Tages würden genügen, um sich bewusst zu werden, was den Tag lang so passiert ist. Es geht schließlich um unsere Gesundheit. Ist es uns der Mühe wert?

Apropos Zigaretten. Haben Sie gewusst, dass Rauchen tödlich ist? Nein? Dann gehören Sie auch so wie ich zu den Nichtrauchern und bekommen die neuartigen Packungen nicht zu Gesicht. Dort steht nämlich, dass sie davon sterben können. Das ist schon eigenartig. Ich würde die umgekehrte Frage stellen: Wovon kann man nicht sterben? Das hat sich von der Raucherlobby vermutlich noch niemand überlegt. Genauso wie den Satz „Hören Sie auf". Dazu müsste ich ja mit dem Rauchen erst einmal anfangen, wie im Video gezeigt.

Betrachten wir Rauchen von einem höheren Standpunkt, so fällt es unter das Thema Sucht. Das hat viele Facetten, doch steckt in Sucht eigentlich das Wort „Suchen" drin. Doch wonach suchen wir ein Leben lang? Was treibt uns an? Hoffentlich nicht die Vorfreude auf die Pension. Dann muss ich dir leider mitteilen, dass du das Leben verpasst. Aber zurück zum Thema. Ich denke, wir sind alle auf der Suche.

Jeder sucht sein inneres Licht. (Hannes Angerer)

Man könnte es auch anders formulieren. Jeder sucht danach, geliebt zu werden. Meiner Meinung nach ist jede Sucht eine Ersatzhandlung für Selbstliebe. Sucht kann verschiedene Ausprägungen annehmen: Alkohol, Drogen, Kaufsucht, Sexsucht,… Wenn du deiner Sucht nachgehst, so verspürst du einen kurzen Glücksmoment. Diesen Glücksmoment willst du mit der Ersatzhandlung wiederholen. Dieses Gefühl, nach dem wir suchen, wäre unser „normaler" Zustand. Man könnte dazu Glückseligkeit sagen. In modernen spirituellen Kreisen wird dieser Zustand als „Flow" bezeichnet. Extremsportler oder auch Künstler beschreiben dieses Gefühl mit „im Hier und Jetzt zu sein". Bei ersterem zwingt die Konfrontation mit dem Tod sie dazu. Auch das kann zur Sucht werden. Ein Künstler geht völlig in dem auf, was er tut. Der Extremkletterer wird zum Berg, der Künstler zu seinem Stück. Sie sind! Eigentlich sollst du dieses Gefühl verspüren, wenn du mit einem guten Freund beim Kaffee sitzt. Ich sollte präsent sein und mit ihm ein Gespräch führen. Nicht daran denken, was morgen ist oder parallel dazu mit dem Handy spielen. Das ist spirituelle Meisterschaft.

Oft spielt bei Süchten auch die Betäubung eine Rolle. Wir wollen gewisse Gefühle/Emotionen nicht spüren und holen uns ein Ersatzgefühl. Für mich sind viele Alkoholkranke eigentlich depressiv. Es sind so viele gestaute Gefühle in einem, die einzeln nicht mehr wahrnehmbar sind. Man spürt in sich nur mehr einen Brei, den man am besten verdrängen möchte, weil man ihn nicht aushält. Ich würde in dem Fall zwar auch zur Stille raten, um sich den Gefühlen einzeln zu stellen. Doch wenn das für den Klienten nicht bewältigbar ist, so kann man den umgekehrten Weg beschreiten. In die Bewegung gehen und laut werden. Dabei darf der Klient alles rauslassen und seinen Emotionen mit all seiner Lautstärke nachgehen. „Urschrei" lehnt sich daran an. Bekannt wurde es durch Osho mit seinen „dynamischen Meditationen". Der Klient schüttelt und bewegt sich bis zur Erschöpfung. Erst dann ist ein Moment der Leere und Stille da, in dem „Fühlen" wieder möglich ist. Ziel sollte sein, die Grundgefühle einzeln „durchzufühlen".

Wie man vorhin erahnen konnte, finde ich die Aufschrift und die Bilder auf den Packungen schrecklich. Ich denke, ein jeder ist mündig genug zu wissen, dass Rauchen schädlich ist. Mit den Aufdrucken wird das nicht besser. Im Gegenteil. Aus kinesiologischer Sicht ist das ein Super-Gau. Spüre in dich selbst hinein, wie du dich fühlst, wenn du so ein Bild auf dich wirken lässt. In diesem Gefühl sollst du nun die Zigarette „genießen"? Wir alle wissen, wie wohltuend Farben, schöne Bilder und Gerüche auf unseren Zustand sind. Wieso sollte das nicht auch umgekehrt wirken? Niemand dekoriert seine Wohnung absichtlich hässlich. Auch unbewusste Botschaften wirken, mehr als wir glauben. Es gibt die Technik der Affirmation, die man sich auf Band spricht und leise im Hintergrund laufen lässt. Obwohl wir sie nicht bewusst wahrnehmen, nimmt sie unser System auf und integriert sie. So gesehen sind auch die Hinweise auf der Autobahn zum Anschnallen aufgrund der vielen Verkehrstoten nicht ratsam. Es zieht mich energetisch hinunter. Zum leidenden Jesus am Kreuz, der jede Kirche schmückt, sage ich jetzt nichts mehr dazu. Umgib dich daher mit schönen Dingen, die dich groß machen und bei denen du Freude hast, sie anzusehen. Sei es in der Wohnung oder am Arbeitsplatz.

Eine weitere Geste, die für viele zum Alltag gehört, ist das Segnungszeichen in der Kirche. Die meisten vollziehen sie mit der schlagenden Hand. Von mir aus gesehen wäre das von links nach rechts (als Rechtshänder). Hättest du ein Schwert in der Hand, so würde man den Gegner damit treffen, was dich schwächt. Die gebende Hand führt von rechts nach links und endet mit der rechten Hand beim Herzen. Dies stärkt die Person, was man mittels Kinesiologie austesten kann.

So paradox das klingen mag, es ist die Angst vor der eigenen Kraft, die uns daran hindert, in die Selbstliebe zu gehen. Wir haben Angst davor, was in uns steckt. Viele Channelings handeln davon und stellen immer wieder fest, „wenn ihr wüsstet, wie groß ihr seid". Oft werden wir behindert von unseren Ängsten, unseren Mustern und Verhaltensweisen. Und dazu gehört eben auch die Sucht. Bin ich abhängig von etwas, dann werde ich von der Sucht bestimmt. Sie prägt meinen Tagesablauf. Ich bin nicht frei, was aber die Grundvoraussetzung für Glückseligkeit ist. Freiheit, ein Thema nach dem jede Seele strebt. Nicht umsonst sind die meisten Revolutionen im Namen der Freiheit passiert. Bestimmt die Sucht mich, bin ich unfrei. Rauche ich eine, weil ich es möchte, so habe ich die Wahl darüber. Man kann sich die Frage stellen, ob es auch „ohne" geht? Viele würden es mit „Ja" beantworten und wissen gleichzeitig, dass sie sich anlügen. Einfach mal austesten und eine „Fastenwoche" von deiner Sucht einlegen. Erst dann wird dir klar, wie fremdbestimmt du bist. Dennoch vertrete ich keine radikale Linie. Meiner Meinung nach sind wir hier, um ein genussreiches Leben zu führen.

Bestimmt die Sucht dich und möchtest dich davon lösen, kannst du einmal in dieses „ich brauche" Gefühl gehen, wenn du die Sucht abstellst. Es könnte sein, dass die Sucht dich „glücklich" oder „ruhig" macht. Dann warte und fühle, was hochkommt. Es könnte zum Beispiel Traurigkeit aufkommen, die angeschaut werden möchte. Oft sind es andere Gefühle, die wir verdrängt haben. Und manchmal stecken auch „Verstorbene" dahinter.

Bei so manchem Raucher raucht jemand mit.
(Hannes Angerer)

Hier betreten wir ein Feld, das noch sehr tabuisiert ist, meistens aus Angst. Es betrifft die erdgebundenen Seelen. Wenn eine Person stirbt, so heißt das nicht automatisch, dass die Seele ins Licht geht. Die Leistungen der Kirche, die Menschen vollzustopfen mit Angst vor dem Fegefeuer, haben ihre Spuren hinterlassen. Und so bleiben

Verstorbene oft hier „bei uns". Zum Teil ist es denen gar nicht bewusst. In der Trauerfeier beten wir für die Seele, damit sie ins Licht gehen kann. Aus allerlei Gründen kann es passieren, dass sie nach der Beerdigung mit „nach Hause" geht. Ich möchte hier niemanden Angst machen. Aus meiner Sicht brauchen wir uns nicht davor zu fürchten. Leider hat uns so mancher Horrorfilm in Angst und Schrecken vor diesem Thema versetzt. Manchmal hängen diese Seelen bei ihren Hinterbliebenen. Es kann sein, dass sie Energie ziehen, manchmal machen sie sich auch physisch bemerkbar. Aber letztendlich sollte man ihnen helfen. Irgendetwas wurde nicht zu Ende gebracht. Es gibt genügend „Medien" (hellsichtige Personen), die sich damit beschäftigen und die dir in dem Fall helfen können, sollte es bei dir einmal spuken oder seltsame Dinge vor sich gehen. Und so kann es sein, dass bei deiner Zigarette noch jemand „anderer" mitraucht, der Zeit seines Lebens gern geraucht hat, wie etwa der Großvater.

Betrachten wir die Ahnenlinie, so haben wir oft dieselben „Themen" abzuarbeiten. War dein Vater schwach gegenüber Frauen, so wirst du es vermutlich als Sohn auch sein. Wir übernehmen die Baustellen der Eltern bzw. arbeiten daran weiter. Den aktuellen Meinungen zufolge löst du alles, was du aufarbeitest, für die gesamte Ahnenlinie auf. Das geht nach vorne bei deinen Kindern, genauso wie nach hinten, für die Seelen deiner „Vorfahren" (es kann auch sein, dass du bereits in deiner Ahnenlinie mitgewirkt hast). So überlege dir, wer bei deiner Sucht noch teilnimmt. Du kommst auch über das Gefühl dorthin. Nehmen wir zum Beispiel Traurigkeit her. Der Großvater könnte traurig gewesen sein, weil eines seiner Kinder gestorben ist. Die Trauer wurde nie bewältigt. Wenn bei dir jetzt in Bezug auf Rauchen Traurigkeit hochkommt, dann könnte es das Gefühl des Großvaters sein, dass du gerade auslebst. Hier gilt das Gesetz von „Gleiches zieht Gleiches an". Wenn du ängstlich bist, kommt eine ängstliche Seele zu dir usw. Auf meiner Homepage www.kugih.at (unter „Zugefallen") findet sich ein Bild, wo ich diese These untermauere. Man sieht, wie jemand raucht und in dessen Rauch erkennt man ein Bild einer verstorbenen Seele.

Ich erwähnte bereits, dass ich seit vielen Jahren therapeutisch tätig bin. Unbewusst arbeite ich ja bereits seit meiner Clown-Zeit mit den Menschen. In alten Kulturen war der Narr derjenige, der Gefühle bewegt und dadurch die Menschen geheilt hat. Erst später, in den 2000er Jahren begann ich mit einer Vielzahl von spirituellen Ausbildungen. Da wurde mir bewusst, welche „Arbeit" ich nebenbei immer mitgemacht habe. Eigentlich könnte ich mich als spiritueller Heiler bezeichnen. Darf ich aber nicht, weil das in Österreich verboten ist. Du darfst dich als Energetiker bezeichnen. Daher ist dieses Gewerbe weit verbreitet. Oft stecken hinter Krankheiten nicht gelebte Gefühle, die wir verdrängt haben, sei es in diesem Leben, oder in einem anderen. Seien wir uns ehrlich, wo dürfen wir unseren Gefühlen freien Lauf lassen? Wo dürfen wir rauslassen, was uns „ankotzt"? Es ist gesellschaftlich nicht erwünscht, Gefühle zu zeigen. Aussagen wie „Ein Indianer kennt keinen Schmerz" haben tiefe Spuren bei uns Männern hinterlassen. Sie fressen ihre Gefühle in sich hinein, bis das Fass überläuft. Aber auch Frauen sind geprägt vom Anpassungszwang und der Unterwürfigkeit gegenüber dem Mann. Kein Wunder, dass wir alle innerlich „voll" sind. Daher arbeite ich mit Emotionen und versuche meine Klienten in das Gefühl zu bringen. Er oder sie soll es selber lösen! Dabei kommt der Klient in die Selbsttätigkeit und übernimmt Selbstverantwortung für sich und sein Leben. Dies steht bei mir an oberster Stelle. Nicht jemanden in Abhängigkeit zu bringen, sondern in die Freiheit! Das Credo der neuen Zeit.

Körper – Seele – Geist

Wie viele bereits wissen, bestehen wir nicht nur aus unserem Körper. Ich gehe noch einen Schritt weiter und behaupte, der Körper geschieht mir. Ich leihe ihn mir aus für diese eine Reise und gebe ihn anschließend zurück an Mutter Erde. Er ist mein Messinstrument, um mich auf meinen Seelenweg zu begeben. Schlussendlich bin ich ein Geistwesen. Das heißt aber nicht, dass ich bei Krankheiten nur geistig arbeite. Natürlich kann ich auch meinen Körper heilen. Letztendlich geht es aber um meinen geistigen Weg.

Die Seele ist für mich der individuelle Teil des Geistes. Der göttliche Funke in uns ist der Geist. Mit dem Geist sind wir mit Allem verbunden. Hier auf Erden besitzen wir eine Individualität, die durch die Seele „verkörpert" wird. Sie ist das Verbindungsglied zwischen Diesseits und Jenseits. Sie ist es, die alle Inkarnationen durchmacht und die Erfahrungen gespeichert hat.

Ich sehe mich als Puzzlestein Gottes. (Hannes Angerer)

Ich bin ein göttliches Kind und habe somit alle Eigenschaften vererbt, also bin ich göttlich, aber eben nicht Gott. Wenn ich mir die Erde (oder das Universum) vorstelle, so sehe ich ein riesiges Puzzle. Menschen (Tiere, Pflanzen, Mineralien,...) sind individuelle Puzzlesteine, wobei jeder seine Bestimmung finden sollte, damit das Puzzle vollkommen wird. Dann sind wir im Nichts und das Bild ist vollkommen. Nach dieser Vollkommenheit suchen wir. In der Materie habe ich eine individuelle Aufgabe. Die Seele ist also der Teil, der den Tod überdauert und sich auf die nächste Inkarnation vorbereitet. Die Erfahrungen aus den letzten Leben nimmt sie mit und fertigt sich dadurch einen neuen Weg zusammen. Dabei wird der Körper vom Geist und der Seele durchdrungen. Der Körper ist also in der Seele (und nicht umgekehrt). Es ist die Seele, dich sich abgetrennt hat von der Quelle, um wieder in die Göttlichkeit zu finden. Sie ist es, die in die Auferstehung gehen will. Wir müssen nicht sterben um aufzuerstehen. Jesus hat uns gezeigt, dass wir die Erleuchtung (oder das innere Licht) hier auf Erden finden. So oder ähnlich wird es in vielen Schriften beschrieben. Oft wird er als Seelenweg bezeichnet. Den Weg, den die Seele für dich in diesem Leben vorgesehen hat. Hast du dich schon einmal gefragt, warum dein Leben so verlaufen ist? Hätte es nicht anders kommen können? Wie viele „Zufälle" haben dich auf neue Wege gebracht. Gibt es überhaupt so etwas wie Zufälle?

Ein Zufall ist etwas, das dir zufällt.
(Ein noch unbekanntes kosmisches Gesetz)

Vielleicht steckt gar kein Zufall dahinter, sondern dein individueller Plan. Es könnte ein kurzer Impuls sein, der bei dir auf fruchtbaren Boden fällt. Es könnte eine andere Person sein, die dir Hinweise gibt. Viele Schauspieler/Models wurden von der Straße aus engagiert. Irgendein Agent hat sie zufällig entdeckt. Zufall?

So wie ich das sehe, bekommen wir andauernd Hinweise von unserer Seele. Ignorieren wir diese, so verstärken sie sich und zeigen sich auf der körperlichen Ebene. Wenn etwas zwickt oder weh tut, kannst du nicht mehr davor weglaufen. Man kann höchstens Schmerztabletten nehmen und den Schmerz betäuben. So bin ich grundsätzlich kein Gegner von solchen Hilfsmitteln, wende sie aber bei mir äußerst selten an. Schließlich sollen wir nicht leiden. Man kann sich parallel dazu schon überlegen, warum etwas weh tut. Für mich war der Unfall mit den gebrochenen Rippen ein wichtiger Hinweis, etwas ändern zu müssen. So kann es nicht mehr weitergehen. Das wurde mir aufgezeigt. Daher arbeite ich neben der körperlichen auch immer auf der geistigen Ebene. Dadurch schaffst du Heilung auf allen drei Ebenen.

Die Seele ist also das Bindeglied zwischen Geist und Körper. Zwischen Seele und Körper entsteht der Verstand und das Ego. Darum hat (so glaube ich) Jesus gesagt, der Schatz liegt im Verstand. Denn damit kannst du zwischen der körperlichen und der seelischen Ebene wechseln. Geh in die Stille, rät dir eine jede Religion, dann kannst du hören, was deine Seele dir mitteilen will. Dann erkennst du, ob du auf dem „richtigen" Weg bist.

Es gibt nur einen richtigen Weg, DEINEN!
(Hannes Angerer)

Es ist dein Leben. Es ist deine Individualität, die dich zur absolut perfekten Schöpfung macht. Nur du musst damit leben. Du musst dich vor niemanden rechtfertigen, außer dir. Daher scheue dich nicht davor, notwendige Veränderungen oder Kurskorrekturen durchzuführen. Das Leben kennt unzählig viele Wege, es hält unendlich viele Möglichkeiten für dich parat. Es liegt an dir, die Entscheidung zu treffen. Hab den Mut dazu! Das ist Geistheilung für mich. Den Menschen wieder auf seinen Weg bringen.

Ich erwähnte bereits die körperliche Ebene, die ich als nicht unwichtig erachte. Wir sollen auf unseren Körper schauen und ihn gut behandeln. Er ist unser Werkzeug, unser Messinstrument. Hat dies im Zuge der Coronakrise irgendjemand erwähnt? Hat irgendjemand der Entscheidungsträger gesagt, wir sollen uns gesund ernähren? Hat jemand erwähnt, wie wichtig Vitamin D für die

Immunabwehr ist? Obwohl wissenschaftlich vielfach bewiesen, wird diese Tatsache gerne unter den Teppich gekehrt. Dabei wäre es so einfach. Gehe in die Sonne. Ich meine nicht, lasse dich grillen. Warum haben wir im Winter Grippe und nicht im Sommer? Warum machte den „Ischglern" das Virus weniger aus? Könnte es an der Sonne liegen? Könnte die körperliche Bewegung eine Rolle spielen? Bewegst du dich, bewegst du auch deinen Emotionalkörper und Gefühle werden „bewegt". Hinzu kommt, dass dir beim Sport heiß wird und du ein kurzes „künstliches Fieber" erzeugst, ähnlich wie es beim Saunieren der Fall ist. Ernährst du dich bewusst, so lebst du vermutlich auch bewusster und hörst besser auf dein Messinstrument. Das ist, was ich als Gesundheit bezeichne.

Gesundheit = Gleichgewicht - sei der Seiltänzer deines Lebens. (Hannes Angerer)

Wie sehr die seelische Ebene auf den Körper einwirkt, musste ich bereits früh und auf tragische Weise miterleben. Dazu muss ich aber weit ausholen. Es ist die Geschichte, wie ich zum Thema Tod gekommen bin und weshalb ich begann, mich damit intensiv auseinanderzusetzen.

Ich weiß noch meine erste bewusste Begegnung war der Tod meiner Katze. Im Alter von fünf Jahren sagte mein Vater damals ganz trocken: „Die hat der Jäger erschossen." Dann wurde nicht mehr darüber gesprochen. Niemand erklärte mir irgendetwas und ich musste mit der Traurigkeit alleine fertig werden. Da bekommst du als Kind schon eine tiefe Wunde mit. Die zweite Begegnung war der Tod einer Schulkollegin in der Volksschule durch einen Autounfall. Dies beschäftigt mich energetisch noch immer! Die dritte Begegnung war der Tod vom Großvater. Auch da wurde wenig darüber gesprochen. Meine vierte Begegnung prägte und veränderte mich auf eine Weise, die ich damals nicht mal erahnen konnte. Ich werde die Geschichte nur in Ansätzen erzählen, da ich niemanden von damals zu sehr konfrontieren möchte:

> Meine Schwester kam 1982 durch das „Verschulden" ihres Ex-Freundes ums Leben. Er war psychisch krank und wir ahnten, dass eine Gefahr von ihm ausging. Ich hatte als kleiner Bruder natürlich einen Beschützerinstinkt und brachte meine Schwester überall hin,

wenn sie wo hinfahren musste. Damals ging ich in Karate und wusste mich zu verteidigen. Meine gesamte Familie und ich hatten Angst um sie. Das ging mehrere Monate lang. Zum Unglück kam es dann an ihrem Arbeitsplatz, in der Schule, wo ich keine Chance hatte, ihr zu helfen.

Es passierte am Vormittag. Zu dieser Zeit war ich in Linz bei der Arbeit. Sie riefen mich zwar dort an, aber just in dem Moment, wo der Portier Bescheid bekommen hat, war ich schon am Weg zu meiner Freundin, wo ich den Nachmittag verbrachte. Als ich nach Hause kam, wunderte ich mich über die vielen Autos vor meinem Elternhaus. Natürlich hatte ich eine Vorahnung, aber doch die Hoffnung, dass nicht viel passiert ist. Ich ging ins Haus und meine Familie erzählte mir, dass meine Schwester gewaltsam ums Leben gekommen ist. Ich weiß nur noch, dass ich nach oben in mein Zimmer ging und weinen musste. In meiner Verzweiflung habe ich auch auf Gott und die Welt geflucht. „Wieso Herrgott hast du mir nicht die Chance gegeben, ihr zu helfen?", „Wieso hat das so kommen müssen?" Man kann sich vorstellen, wie wütend man zu so einem Zeitpunkt auf Gott ist. Eine Mischung aus Wut, Zorn und immenser Traurigkeit überkommt dich da.

Die nächsten Tage waren natürlich absolut heftig. Über das Geschehene wurde in den Medien bis nach Norddeutschland hinaus berichtet. Zahlreiche Journalisten belagerten unser Haus und waren beim Begräbnis anwesend. Wir fanden Bilder von uns am Grab in Zeitungen und Hochglanzmagazinen. Meine Mutter mussten wir zum Grab weisen. Wir waren wie gelähmt und fassungslos.

Das Bild einer Mutter mit dem toten Kind im Arm veranlasste mich später, ein Gedicht zu schreiben, um selber mit dem Schmerz fertig zu werden. Denn sie hat es leider nicht geschafft, dieses Ereignis zu verarbeiten:

Meine Mutter hatte zu dieser Zeit Krebs und war schon seit längerem in ärztlicher Behandlung. Die Werte besserten sich und es sah danach aus, dass sie den Krebs besiegen würde. Dann kam der Tod meiner Schwester und der Kummer brachte die Krankheit wieder zurück. Sie verstarb ein halbes Jahr nach dem Tod ihrer Tochter.

Wie man sich vorstellen kann, war das für alle Beteiligten eine Art emotionaler Super-Gau. Auf solche tragischen Ereignisse kannst du

dich in keiner Weise vorbereiten. Damals wurden diese Themen auch noch anders behandelt, als heute. Man sprach nur wenig darüber. Jeder musste mit seiner Trauer selber fertig werden. Die Menschen sprechen sich das Beileid aus. Aus meiner Sicht wird das Leid dadurch noch verstärkt. „Ich leide mit dir mit." Nicht umsonst hört man heutzutage oft bei Beerdigungen, dass von Beileidsbekundungen abgesehen werden soll. Besser würde ich finden, das Mitgefühl oder die Anteilnahme auszudrücken. Noch heftiger finde ich aber den Spruch, „Jetzt musst du stark sein". Auch heute noch höre ich Menschen, die so etwas sagen. Ich bin der gegensätzlichen Meinung. Ich glaube, gerade in solchen Momenten müssen wir „schwach" sein. Oder anders ausgedrückt, in die Verletzlichkeit gehen. Die Traurigkeit zulassen.

Jeder Tod hat seine Tränen!

Und jede Träne soll auch vergossen werden. Traurigkeit ist sicherlich eine der intensivsten emotionalen Erfahrungen. Selbst heute bin ich noch traurig, wenn ich an meine Schwester denke. Aber aus einem anderen Blickwinkel, weil ich weiß, dass ich mit ihr auf der geistigen Ebene verbunden bin. Was macht dieses Gefühl mit dir? Traurigkeit bringt dich in die Tiefe. Sie lässt dich hinterfragen, was nach dem Tod kommt. Sie bringt dich dazu, das Leben aus einem anderen Blickwinkel zu betrachten. Was wäre, wenn heute mein letzter Tag auf Erden ist? Wie würde ich ihn verbringen? Was würde ich noch erleben wollen? Mit wem möchte ich noch gerne sprechen? Und letztendlich bringt sie dir Demut. Eine wichtige Eigenschaft. Demut vor dem Leben und Dankbarkeit für alles Schöne, was in deinem Leben ist. Es könnte in jedem Moment vorbei sein. Am Ende stehen wieder Leichtigkeit und Freude im Vordergrund. Man kann das Leben genießen, aber aus einem anderen Gesichtspunkt heraus. Die anfängliche Traurigkeit vergeht und führt zu Akzeptanz dessen, was ist.

> *Wir haben oft das Gefühl, dass das Leiden uns verschlingt oder niemals enden wird, aber wenn wir uns klarmachen, dass auch das Leiden vergänglich ist, können wir es leichter durchstehen und vielleicht sogar erkennen, was wir daraus zu lernen vermögen, wir können einen Sinn darin finden, damit wir großmütiger und nicht verbittert daraus hervorgehen. Die Tiefe des Leidens kann zu einem Hochgefühl der Freude führen.*
> *(Dalai Lama)*

Warum alles so kommen musste, weiß ich nicht. Ich kann heute die Situation annehmen, so wie sie passiert ist. Es war der Weg der Seele meiner Schwester und deren Partner. Vermutlich wurde eine karmische Schuld erlöst. Ich weiß es nicht und ich möchte das Geschehene nicht karmisch rechtfertigen. Was passiert ist, war menschlich gesehen absolut falsch. Und es geschehen solche heftigen Ereignisse ja ständig. Wir Menschen tun uns unbeschreibliche Dinge an, Tag für Tag. Um das ging es in einem Gedicht (am Ende dieses Kapitels), welches ich 1985 geschrieben habe. Was tun wir den Kindern dieser Welt an? Denn wir sind alle Kinder Gottes.

Ich habe vorhin bereits davon gesprochen, dass ich bei diesem Geschehen eigentlich keine Chance hatte, zu helfen. Dadurch kam in mir eine Schuld hoch, die mich dazu brachte, in die Retterrolle zu schlüpfen. Das sind Menschen, die anderen Menschen helfen wollen. Sie nehmen ihnen Dinge ab, damit diese ein leichteres Leben haben. Nun gut, das machen bereits die Kinder. Sie übernehmen Dinge von den Eltern, wie Schuld oder Scham. So war es bei mir auch. Spinnt man das weiter, entsteht ein Muster. Bei mir entstand das Muster, stark zu sein. Ich darf keine Schwäche zeigen und muss meiner Familie helfen. So hielt ich die Reporter ab oder stützte meine Mutter beim Grab. Ein Retter nimmt die Last von den Schultern und gibt gleichzeitig Energie. „Wie kann ich anderen helfen, damit deren Leben wieder zur Normalität wird?" Es heißt aber nicht, dass man das nicht tun soll. Wichtig ist, aus welcher Intention man das macht. Man baut ja ein Retterego auf. Du glaubst selber, dass du stark bist und keine Gefühle zeigen brauchst, weil du das tust. Wichtig ist, sich selber zu erlauben, schwach zu sein. Heute wird gottseidank immer mehr geraten, sich Hilfe zu holen, mit jemanden zu sprechen oder eine Therapie zu machen. Aus diesem Muster bin ich letzten Endes erst herausgekommen, als ich mich mit meinem Ego beschäftigt habe. Mir wurde bewusst, welche Rolle ich spielte und ging dadurch in die Selbstverantwortung. In der Selbstverantwortung liegt die Lösung darin, anderen zu helfen in dem man nach gemeinsamen Lösungen sucht. Die Herausforderungen werden gemeinsam gelöst und nicht bloß einfach abgenommen. Bei Trauerarbeit kann dies ein gemeinsames Ritual sein. Es können Tränen sein, die beide vergießen, wo nicht jemand den Beschützer übernimmt, sondern beide auf gleicher Ebene Trauerarbeit leisten. Heute würde ich dasselbe wieder tun. Aber nicht aus der Intention der Schuld heraus (ich muss das tun, weil ich mich schuldig fühle), sondern einfach, weil ich es tue. So paradox das klingt. Erst durch das Zulassen der Schwäche wirst du stark.

Das dritte Gefühl, welches zu dieser Zeit hochgekommen ist, war einerseits die immense Wut auf den Täter, andererseits die Wut auf sich selbst, weil man das Geschehen nicht verhindern konnte. Wut gehört, wie vorhin schon erwähnt, zu den vier Grundgefühlen. Sie ist dir dann hilfreich, wenn du etwas ändern sollst. Die Kraft, die in dem Gefühl steckt, kannst du für die Veränderung nutzen, die gerade ansteht. Das könnte zum Beispiel die Wut am Arbeitsplatz sein, die dich dazu bringt, nach einem anderen Job zu suchen. Sie kann dich dazu veranlassen, endlich ein notwendiges Gespräch zu führen. Das sind die positiven Aspekte dieses Grundgefühls. Die negativen Seiten wären, wenn du die Wut in dich hineinfrisst, an jemand anderen auslässt oder wenn es zu einer Gefühlsverlagerung kommt (eigentlich sollte ich wütend sein und mich verändern, bin aber traurig oder ängstlich). Wir hatten damals die Wut in all ihren Facetten kennengelernt, denn der emotionale Ritt ging noch weiter:

> Es kam natürlich zum Gerichtsprozess, bei dem wir anwesend waren. Natürlich hat man eine immense Wut auf den Täter. In solchen Momenten bekommt man selber Gedanken, ihn zu töten und wenn ich mich recht erinnere, gab es sogar Pläne in mir. Ich denke, niemand würde uns für die Gedanken verurteilen. Hinzu kommt, dass er zwar verurteilt wurde, aber nach einem Jahr wieder „auf

freiem Fuß" lebte. Er kam in ein Heim für psychisch Kranke, wobei er die Möglichkeit für Ausgang hatte.

Ich möchte diese Geschichte nicht breittreten und hier auch keine Diskussion über unser Strafrecht führen. Aber diese Information ließ natürlich die Emotionen wieder hochkochen. Würde man den Impulsen nachgehen, kommt Hass und Rache auf den Täter hoch (Opfer-Täter-Retter-Spiel). Letztendlich ist es nur die Projektion der eigenen Wut auf jemand anderen. Indem ich dir dasselbe antue, ist die Schuld ausgeglichen? Ist das wirklich so? Würde meine Schwester zurückkommen, wenn ich dem Täter dasselbe angetan hätte? Im Dramadreieck würde ich dann die Rolle des Täters übernehmen und Schuld auf mich laden. Was bringt einem das?

Ich sehe es aus karmischer Sicht so. Ein Täter muss sich seiner Tat stellen, in diesem Leben oder in einem anderen. Denn was du säst, wirst du ernten. Ein Mensch, der seinem Hass nachgeht und einen anderen Menschen verletzt, muss mit dieser Schuld leben, ein Leben lang. Ähnlich ist es ja in Situationen, wo bei Verkehrsunfällen Menschen zu Tode gekommen sind. Beschuldigte gaben an, es sei das Schlimmste, damit leben zu müssen und ihnen wäre es lieber gewesen, selber gestorben zu sein. Insofern bin ich heute froh, dass ich damals dem Gefühl der Rache nicht nachgegangen bin.

Rache ist die Angst, sich der eigenen Traurigkeit zu stellen.
(Hannes Angerer)

Mit Rache schließt du dein System und glaubst, die Traurigkeit überwinden zu können, die Abkürzung zu nehmen. Aber letztlich bringt sie nur weiteren Schmerz und weiteres Leid auf die Welt. Es gibt Berichte von Versöhnungskommissionen in Ruanda nach dem Genozid von 1994. Mütter von ermordeten Kindern hatten den Tätern vergeben. Sie erkannten, dass Rache nur noch weiteres Leid erzeugt. Gestern war es ihr Sohn. Morgen ist es der Sohn von einer anderen Mutter, die auch wieder leidet. Gewalt erzeugt weitere Gewalt. Nur Vergebung durchbricht diesen Kreislauf. Diese Mütter setzten sich dadurch für ein neues und friedlicheres Miteinander ein, für die Kinder der nächsten Generation. Sie sollten in eine schöne und friedliche Welt hineingeboren werden. Letztlich werden auch wir irgendwann wiedergeboren. Welche Welt möchte wir vorfinden?

Wenn ich diese Berichte lese, bekommen ich Gänsehaut. Für mich ist das die größte menschliche Leistung, die man vollbringen kann: Vergebung!

Im Hawaiianischen gibt es das Vergebungsritual HOOPONOPONO. Es ist wert, sich damit auseinanderzusetzen! Ich wende es selbst an.

Vergebung. Gib und dir wird gegeben. Vergebung ist immer auch sich selbst zu vergeben. (Hannes Angerer)

Die Wut hat mich damals in mein Retterego hineingebracht. Ich wollte helfen, die Tränen der Welt wegzuwischen und die Kinder wieder zum Lachen bringen. Dadurch bin ich zum Kindertheater gekommen. Ich begann, den Clown Henniboi zu spielen. Die Kinder zum Lachen bringen und sie zum Nachdenken anzuregen. Dadurch kam auch mein inneres Kind zur Heilung. Erst Jahre später konnte ich aus dem Retterego aussteigen, als mir bewusst wurde, dass auch ich schwach sein darf. Die Wut vergeht, wenn du ihr in der Stille einen Raum gibst. Du schaust, was sie mit dir macht. Was steckt dahinter? Wo bringt sie dich hin? Was sollst du verändern? Bei mir war es das Kindertheater sowie die Auseinandersetzung mit dem Tod. Das hat damals angefangen. Dann gebe ich die Wut nach oben ins göttliche Bewusstsein zurück. Ist es noch nicht möglich, in die Stille zu gehen, weil die Wut noch so stark oder weil sie mit anderen Gefühlen vermischt ist, so gehe ich laufen. Laufen ist für mich Gebet, Meditation und Heilung in der Natur.

Heute bin ich der Meinung, vollständig vergeben zu haben. Natürlich bin ich traurig, dass gewisse Personen nicht mehr auf Erden sind. Ich wünsche ihnen von Herzen nur das Beste und anerkenne, dass es ein Seelenweg war. Mir ist bewusst, dass auch ich das „Täter-Opfer-Retter-Spiel" in meinen vielen Vorleben gespielt habe. Wir alle waren Täter, wir alle waren Opfer und natürlich auch Retter. Wir sollen aus dem Dramadreieck aussteigen und das niedere Drama hinter uns lassen. Vom Retter-Opfer-Täter-Spiel zum Coach-Problemlöser-Verhandler. Dann können wir uns in den Anderen hineinversetzen. Wir verstehen die Beweggründe und lassen jeden in seiner Verantwortung. Wir erkennen aber auch unsere eigenen Bedürfnisse und gehen in die Selbstverantwortung. Die Verantwortung für meinen

Weg. Er ist deshalb so, weil ich es wollte. Ich habe mir diesen Weg ausgesucht und die dazugehörigen Probleme. Ich habe aber auch die Werkzeuge, um alles zu lösen was mir im Weg ist. Heile dich selbst und du heilst die Welt. Dann ist ein schönes Miteinander möglich und die Kinder dieser Welt finden ein friedliches und schönes Miteinander vor.

Am Ende dieses Kapitel das bereits erwähnte Gedicht aus dem Jahr 1985. Damals nannte ich es Kristallkugel. Auf meiner aktuellen CD benannte ich es nun Kristallkugelkinder, für die Kristallkinder dieser Zeit.

Kristallkugel

*I hob in mei Kristallkugel g`schaut
und hab dabei meinen Augen net traut.
Da warn die Kinder der Welt
auf an riesigen Blumenfeld.
Weiße, Schwarze und Eskimos
ließen einander nimmer los.
Hab`n g`sunga und haben miteinand g`spüt,
hab`n ganz einfach miteinand gfüht.*

*Kinder tat`n sich versteh`n.
Nur die Erwachsenen lassen`s net gschehn.
Die Kristallkugel is z`sprunga,
koa Kind hat mehr g`sunga.
Warum und Wieso?
Bliebn san nur Splitter.
Und jeder einzelne schmeckt so bitter.
I frag warum und wieso?*

*I hab in die Scherben g`schaut
und hab dabei meinen Augen net traut.
Do warn die Kinder der Welt,
an Buam haben beide Füaß gfehlt,
ans is an Hunger gstorbn,
a Muata mit`n toten Kind im Arm.
Spülzeug, des was tuat in´d Luft gehn. (1985)
(Kinder miaßn a Maskn trogn 2020)
Kinder miaßn Gewehr bei Fuaß stehn. (1985)
(werden geimpft, ohne zu frogn 2020)*

Kinder tat`n sich versteh`n.
Nur die Erwachsenen lassen`s net gschehn.
Die Kristallkugel is z`sprunga,
koa Kind hat mehr g`sunga.
Warum und Wieso?
Bliebn san nur Splitter,
und jeder einzelne schmeckt so bitter.
I frag warum und wieso?

I hab die Kugel zsamklebt,
i wollt so gern, dass jedes Kind lebt.
Doch jetzt schauts aus wia die Welt,
jedes Land a eigenes Feld,
getrennt durch tiefe Spalt`n,
a Kinderg`sicht, voller Falt`n.
Eingeteilt nach Macht und Rassen!
Eingeteilt in verschiedene Klassen!

Kinder tat`n sich versteh`n,
nur die Erwachsenen lassen`s net gschehn.
Die Kristallkugel is z`sprunga,
koa Kind hat mehr g`sunga.
Warum und Wieso?
Bliebn san nur Splitter,
und jeder einzelne schmeckt so bitter.
I frag di! Warum und Wieso?

Kapitel 7: OM ... am Anfang war das Wort ... und dann die Baumärkte?

Home Office 25 Wer suchet der findet! ..die faulen Eier!
Home Office 26 Open is' dein Herz? Na, wichtiger die Baumärkte!
Home Office 27 Das Gelbe vom Ei...ich will euch aber nicht IMPFEN!
Home Office 28 LACH YOGA ! OM, mehr sog I net! Für Körper, Seele, Geist! Cornavirusresistent!

Im letzten Kapitel erwähnte ich bereits Themen, die mit Leid zu tun hatten. In der Zeit des Lockdowns fiel auch das Osterfest hinein, welches wir eingeschränkt feiern durften. Die Kirche wiederholt in dieser Zeit den Leidensweg von Jesus immer wieder aufs Neue. Ich sehe den Fokus auf das Leid ja sehr kritisch. Der leidende Jesus im Vordergrund. Meistens sind in der Kirche die Wände gespickt mit Bildern der Stationen des Kreuzweges. In meiner Vorstellung von Jesus und seinen Lehren wurde dies falsch interpretiert. Jesus ist auferstanden nach drei Tagen. Er will uns einerseits zeigen, dass es ein Leben nach dem Tod gibt, andererseits hat er uns von dem Leiden erlöst. Aber nicht in dem Sinn, dass jemand anderer im Außen uns das wegmacht, sondern dass wir nicht leiden müssen, wenn wir denn nicht wollen. Es geht im Leben nicht darum, Buße zu tun. Nicht derjenige, der am meisten leidet, wird die größten Früchte im Himmel bekommen. Wir können ein schönes Leben führen und müssen im Leid nicht ausharren. Es darf leicht gehen. Aber wie kommt nun das Leid auf die Welt?

...denn nicht mein Wille, sondern dein Wille soll geschehen (Jesus)

Diesen bekannten Ausspruch finden wir abgewandelt im Vater Unser und ich denke, die meisten von uns haben diesen Satz schon tausendfach ausgesprochen, ohne darüber nachzudenken. Jesus hat diesen Satz am Vorabend seiner Kreuzigung im Garten Gethsemane gesagt, als er mit Gott sprach. Er bat darum, den Kelch an ihm vorüber gehen zu lassen. Er wusste aber, dass der Wille des Herrn größer ist. Dein Wille geschehe. Aber wie ist das zu deuten?

Ich bin der Meinung, dass wir alle göttliche Wesen sind. Daher widerstrebt mir die klassische Interpretation der Führungsperson im Außen: „Gott entscheide du für mich, weil ich zu blöd fürs Leben bin bzw. keine Verantwortung übernehmen will." Ich denke wir haben alle einen göttlichen Kern in uns, der ab und an zum Vorschein kommt. Dies ist der göttliche Wille. Er ist frei vom Egowillen, der sich klein fühlt und nur die Trennung kennt: „Ich muss zusehen, größer als andere zu wirken." Folgen wir dem Egowillen in uns, so erzeugen wir Leid. Handeln wir nach unserem göttlichen Willen, so erheben wir uns daraus. Das heißt, wenn ich darum bitte, dass dein Wille geschehen soll, dann stelle ich mir vor, wie sich mein göttliches Inneres offenbart und wirksam wird. Wie würde Gott handeln? Was würde jemand tun, der nur Liebe kennt? (Liebe zu anderen UND Liebe zu sich selbst) Welche Handlung bringt Vorteile für alle Beteiligten? Das ist der göttliche Wille. Ich habe nicht die Intention, andere klein zu machen, sondern sie in die Eigenständigkeit und Selbsttätigkeit zu führen, in ihre eigene Größe.

Gott arbeitet mit dir, aber nicht für dich!
(Walter Russell)

Das heißt, ich muss sehr wohl ins Tun gehen. Herr, dein Wille geschehe darf keine Ausrede sein. Meinen Hintern muss ich schon hochkriegen. Aber wenn ich etwas Neues mache, dann lege ich diese neue Idee in Gottes Hände. Ich verfolge das Ziel, setze Handlungen und lasse es aber gleichzeitig los. Der göttliche Wille soll geschehen. Und wenn es denn sein darf, dann wird sich was bewegen und es kommt etwas zurück. Aber meistens anders, als man glaubt oder in anderen Facetten. Mein Schicksal bestimmt nicht Gott, sondern ich selbst. Ich bin meines eigenen Glückes Schmied. Manche wenden sich ab von Gott und werden verbittert, weil sie glauben, Gott hätte sie gestraft. Kein Wunder, hat uns die Kirche diese Idee jahrhundertelang eingetrichtert. Bestrafung in dem Sinne gibt es nicht. Es ist das Ego, welches Leid erzeugt, indem es uns glauben lässt, wir seien getrennt vom Rest der Welt unterwegs und dementsprechend handeln wir. Aus dieser Vorstellung bewegen wir uns gerade heraus und in das Wassermannzeitalter hinein, indem es unter anderem um Gemeinschaft sowie Spiritualität (Luftepoche) gehen wird.

Die Zentrierung auf das Leid widerspiegelt sich in der christlichen Symbolik. Jesus wird ja am Kreuz abgebildet. Dieses symbolisiert die Verbindung zwischen Himmel und Erde. Nach links und rechts sehen wir die Ausdehnung in der materiellen Welt. Er wird aber nicht am gleichschenkeligen Kreuz dargestellt, sondern am lateinischen, wo der Schenkel nach unten länger ist. Würden wir dieses Kreuz umhüllen, so hätte man eine Ellipse. Perfekt wäre der Mensch im Kreis, so wie er in der Vitruvianischen Studie dargestellt ist. Aus meiner Sicht kein Zufall. Das gleichschenkelige Kreuz war schon in alten Kulturen ein Heilzeichen. So finden wird etwa auf Ötzi ein tätowiertes, gleichschenkeliges Kreuz. Jesus aber wird leidend am lateinischen Kreuz gezeigt. Die Ellipse bzw. das Ei ist noch nicht vollkommen. Du sollst nicht herumeiern im Leben, sondern rund werden.

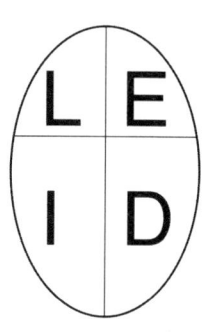

```
   L | E
   -----
   I | D
```

Im Wort LEID steckt aber auch das EI drinnen. Hier vollzieht sich eine Metamorphose. Zum einen sollst du die Schale zerbrechen bzw. sich aus ihr herausbewegen. Wir alle kommen vom gemütlichsten Ort der Welt, dem Mutterleib, wo einem alles gegeben wird, was man braucht. Und doch bewegen wir uns aus ihm hinaus. Das ist die erste Essenz. Du musst die Schale des Leids zerbrechen. Der Panzer den du aufbaust, um dich zu schützen, soll von innen heraus (und nicht von außen) zerbrochen werden.

Die zweite Essenz betrifft das Eiweiß. Die Farbe Weiß ergibt sich durch die Mischung aller Grundfarben. Was befindet sich in der

Mitte? Der Dotter mit seiner Farbe Gelb, der Sonne. Er strahlt von innen heraus. In diesen Zustand sollst du dich bewegen. Strahle von innen heraus, dann bist du als Seele die Sonne. Dann ist alles weiß und von Licht durchflutet und es gibt kein Leid mehr. Dies beinhaltet auch der Spruch, der mir 2012 von der geistigen Welt in einer Meditation gegeben wurde.

Nur das Christuslicht wirft keinen Schatten!
(Hannes Angerer)

Lässt du dich bescheinen, so erzeugst du einen Schatten. Wenn du von innen heraus strahlst, wirfst du keinen Schatten. Daher bevorzuge ich die Bilder von Jesus dargestellt mit der Sonne im Herzen. So sehe ich ihn. Er hat das Christuslicht in sich gefunden und strahlt von innen heraus.

Jede Leiderfahrung beinhaltet auch etwas Neues. Du kannst neue Qualitäten erkennen, dich selber neu entdecken. Problematisch ist es immer, wenn du darin hängen bleibst. Für mich ist jedes Leid nur eine Erfahrung. Genauso wie ein freudvolles Erlebnis. Bist du im GLEICHgewicht, so kannst du beides GLEICH nehmen. Du nimmst alles an, was Gott dir gibt, du bist mit allem zufrieden (im Frieden). Das Ei symbolisiert dieses Neue, das du in dein Leben integrieren kannst. Gehst du nicht in den Kampf, so widerstrebst du dem Ganzen nicht mehr und wirst durchlässig. Es heißt nicht, sich alles gefallen lassen zu müssen. Aber man hört auf, alles persönlich zu nehmen und die Menschen, die einen verletzen, trotzdem von Herzen anzunehmen. Erst in dem Zustand, wenn der Panzer aufgebrochen wurde, kannst du von innen heraus strahlen.

Älter werden ist nichts für Weicheier. Älter werden ist was für mutige Seifenblasen. (Hannes Angerer)

Dazu gehört die Transformation des Leids und vor allem der Angst, verletzt werden zu können. Du sollst dich nicht verstecken. Jesus hat gesagt, du sollst dein Licht nicht unter deinen Scheffel stellen. Zeige dich und deine Qualitäten und gehe damit hinaus in die Welt. Dann bist du eine mutige Seifenblase und hast keine Angst vor einer neuen Leiderfahrung. Wenn wir schon beim Leid sind, so möchte ich mit dem Ei noch eine kleine Wortspielerei machen.

$$\begin{array}{c|c} W_{ut} & T_{rauer} \\ \hline F_{reude} & A_{ngst} \end{array}$$

Ich erwähnte bereits die 4 Grundgefühle. Wenn du sie mischt, so wirst du krank. Wut und Traurigkeit führen zu Depression, Traurigkeit und Angst zu Isolation. War da was mit Corona?? Freude und Angst führen zu Leichtsinn, Wut und Freude zu Schadenfreude. Wut und Angst machen hysterisch, Freude und Traurigkeit sentimental. Wer sich hier näher informieren möchte, kann bei Clinton Callahan nachlesen. Das Vermischen von 3 oder 4 Gefühlen führt schnell zum Zusammenbruch. Ziel sollte sein, die Gefühle einzeln wahrzunehmen und die Essenz daraus zu gewinnen. Manchmal verbergen sich hinter Emotionen versteckte Bedürfnisse. Die Angst vorm Verlassen-Werden kann das Bedürfnis nach Nähe sein. Wenn ein Freund den Termin für den Kaffee verabsäumt, kann die Wut dich dazu bringen, endlich deine Grenzen zu setzen. Traurigkeit bringt dich in die Verletzlichkeit und Stille und nährt dein Bedürfnis nach dir selbst. Freude erfüllt deine Sehnsucht nach einem genussvollen Leben, für das wir hier sind. Wenn du das Gefühl zulässt, dann geschieht Heilung.

> Kurz nachdem es in meinen Jugendjahren mit meiner ersten Liebe aus war, fühlte ich großen Schmerz. Ich war immer schon ein sehr emotionaler Mensch. Wie man sich vorstellen kann, tat es weh. Ich hatte damals große Eifersucht. Letztlich war es auch nur eine

Mischung von Gefühlen. Angst, die Freundin zu verlieren. Wut auf ihren neuen Freund. Ich begab mich voll in das Gefühl. Später kam Traurigkeit hinzu, als mir bewusst wurde, dass es wirklich aus ist. Dann passierte Heilung und Loslassen.

Heute weiß ich, dass in der Zeit meines größten Schmerzes bereits die Heilung einsetzte. Schreien oder Weinen unterstützen diesen Heilungsprozess natürlich. Wichtig ist, wie man darauf reagiert. Ich hätte mit meiner Wut dem neuen Freund begegnen und zum Täter werden können. Ich hätte zu Trinken anfangen und in den Verdrängungsmodus gehen können (=Opferhaltung). Im Rettermodus würde man auch in die Verdrängung gehen und vielleicht versuchen, jemand anderem zu helfen/trösten. Durch eine unbewusste Behandlung des Leids (Täter-Retter-Opfer-Rolle) würde man wieder neues Leid erzeugen. Intuitiv war ich damals schon am Gefühle-Ausleben und ich konnte mich heilen. Sei dir der einzelnen Grundgefühle bewusst und schaue, was sie dir bringen. Gefühle sind nicht unsere Feinde, sie sind unsere besten Freunde. Wir sind hier aufgrund von gefühlvollen Erfahrungen. Sie bereichern das Leben und erfüllen dich jeden Tag aufs Neue mit Kraft und Energie. Stehe dazu, lebe sie, aber identifizier dich nicht damit. Du bist nicht die Angst/Wut/Traurigkeit/Freude. Es ist nur eine Erfahrung, aber sehr erfüllend. Die österreichische Austropop-Band STS hat dies sehr schön in einem Lied besungen:

Und i wer' kalt und immer kälter
I wer' abgebrüht und älter
Aber das will i net, und das muss i jetzt klär'n
I möcht lachen, tanzen, singen und rear'n
Angst und Schmerzen soll'n mi wieder würg'n
Und die Liebe möcht i bis in die Zehenspitzen spür'n

Eine weitere Wortspielerei im Ei betrifft die leidvollen Erfahrungen des Kollektivs in der Gesellschaft. Die Menschheit ist gestört wegen Gier, Geiz und Geld.

Nun sieh hinein. Auch in Gier und Geiz steckt das EI drin. Aber was beschäftigt uns denn die ganze Zeit? Das liebe Geld. Hier versteckt sich kein Ei, denn das ist nur die Projektionsfläche von Gier und Geiz. Je mehr Geld ich habe, desto mehr bin ich wert? Was viel kostet, muss auch wertvoller sein? Laut Mayakalender befinden wir uns seit ca. 5000 Jahren in einem Zyklus, der vom römischen Dichter Juvenal später als Brot- und Zirkusspiele bezeichnet wird. Den Start in diesen Zyklus könnte man symbolisch im Turmbau zu Babel erkennen. Der Mensch möchte sich künstlich bzw. materiell über Gott erheben. Ich glaube, die Zeit der großen Sportveranstaltungen geht schön langsam zu Ende. Das Herr-Sklave-Prinzip mit der Idee: Ich bin mehr wert als Du. Wie erkenne ich das? Durch ein größeres Auto, teureres Haus,… dieses Spiel, sich gegenseitig ständig übertreffen zu wollen. Hat der Nachbar einen Porsche, muss ich mir einen größeren kaufen. Leiste ich mir einen Swimmingpool, muss der Nachbar mitziehen. Das heißt jetzt nicht, dass man sich nichts leisten oder gönnen soll. Letztlich geht es ja wieder um die Intention. Kaufe ich mir einen Pool, weil ich darin die Zeit mit meinen Kindern genießen will oder um den Nachbarn zu übertrumpfen? Aus dieser Minderwertigkeit sollten wir uns jetzt hinausbewegen. Geld und Statussymbole spiegeln uns diese Minderwertigkeit. Wie kann man das transformieren? Ich mache aus dem lieben GELD den Spruch:

G.E.L.D. … Gottes Engel Lieben Dich! (Hannes Angerer)

Wenn dir das bewusst ist, dann erhebst du dich von Gier und Geiz. Du weißt, du bist geliebt von höchster Stelle. Du bist dir bewusst, dass du in jedem Augenblick deines Lebens all das bekommen wirst, was du brauchst. Seien es materielle Dinge, aber auch spirituelle Weisheiten. Dann kannst du sorgenfrei leben und kommst in die

Glückseligkeit. Das ist der Zustand, bei dem du mit allem zufrieden bist, was in deinem Leben ist. Es heißt nicht, alles hinzunehmen, aber du gehst nicht mehr in den Widerstand gegen das, was ist. Dann kommst du in die Akzeptanz und kannst weitergehen.

In der Glückseligkeit bist du mit allem zufrieden.

Das Geizthema wurde uns als Gesellschaft kurz nach Ostern aufgezeigt. In der Osterwoche kam die Ankündigung, dass die Baumärkte am Dienstag wieder öffnen dürfen. Irgendwie ahnte ich es bereits und drehte noch am Montag, dem Feiertag, mein Video. Am nächsten Tag war dann die Hölle los. Neben dem Verkehrschaos mussten sich die Leute elendslange anstellen, um überhaupt hineinzukommen. Zuallererst war der Rindenmulch ausverkauft. „Es muss ja in meinem Garten alles perfekt aussehen." Hier sehen wir wieder das Spiel, wer ist der Erste! Sieger-Verlierer, Herr-Sklave. Hinzu kommt das Geizthema, welches uns Sprüche wie „Geiz ist Geil" oder „Willhaben" ja bereits zeigen. Ist Geiz wirklich gesund? Ich kaufe mir etwas, was ich nicht brauche, nur damit ich es habe! Oder die Sonderangebote. Auch hier werden oft Dinge gekauft, die man eigentlich nicht braucht. Natürlich kommt auch ein gewisser Herdentrieb zur Geltung.

Heute ist Stau, fahren wir hin! (Hannes Angerer)

Es kommt die Angst hinzu. Die Angst, etwas zu verpassen. Die Angst, ein Schrauben den ich brauche, um das Regal fertig zu stellen, 3 Tage später nicht mehr zu bekommen. Und dann begibt man sich freiwillig in die Warteschlange. Ein paar Tage später war der Andrang eh schon wieder vorbei und die Schrauben noch nicht leer gekauft. Aber egal, lieber eine Stunde Schlange, als die Aussicht, etwas versäumen zu können.

Ich kann mich noch an die Debatte über die Öffnung erinnern. Baumärkte durften öffnen, andere wieder nicht. Es gab dann die 400-Quadratmeter-Regelung, die keiner nachvollziehen konnte. Hier geht es natürlich um Gerechtigkeit. Dieses Thema spielt generell eine große Rolle in unserer Gesellschaft. Wie ist unser Geld verteilt? Die Gerechtigkeit kam auch bei den Hamsterkäufen zum Vorschein: „Ich muss noch einkaufen." Die „Das Hemd ist mir näher als der Rock-

Mentalität" verhindert den Blick auf das Gesamte. Ich gehe mit den Ellbogen durch die Welt. Gerechtigkeit ist für mich Ausgleich. Alles ist im Gleichgewicht. Ich schaue, dass auch der Andere was hat. Das ist, was Jesus mit dem Brot-Teilen meinte. Wenn wir teilen und auf uns alle schauen, wird immer genug da sein.

Was den Ausgleich betrifft, so bin ich der Meinung, dass ein jeder in sich selbst sein Gleichgewicht finden sollte. Sei es wie schon angesprochen den Ausgleich zwischen männlich und weiblich. Aber auch den Ausgleich zwischen innen und außen. Beide Extreme machen krank. Um in meinen Körper zu kommen, hilft mir Yoga. Du spürst jeden Körperteil, wendest aber auch Atemtechniken an, um in die Stille zu gelangen. Zumindest sollte der Geist ruhen, was mir selbst nicht immer gelingt. In einem meiner Videos spielte ich einen indischen Guru, der verschiedene Yoga-Stellungen vorzeigte. Manche waren irritiert, da ich die ganze Thematik etwas auf die Schippe genommen hatte. Natürlich kommt da der Narr in mir zum Vorschein, der übertreibt, um den Menschen den Spiegel vorzuhalten. Die ganze Thematik um Yoga oder generell Spiritualität hat in den letzten Jahren manch seltsame Blüte hervorgebracht. Natürlich kann man das Ganze übertreiben, wenn man sich zu stark damit identifiziert. Hier kommen wir zu einem Thema, das vermutlich jeden Menschen betrifft (mich eingeschlossen), der sich mit Geistigem auseinandersetzt. Unser spirituelles Ego.

Es gibt unterschiedliche Ausgestaltungen von Ego. Das klassische würde behaupten, ich bin besser als du, weil ich mehr Geld besitze, ein schöneres Auto fahre oder eine jüngere Frau habe. Die Unterscheidung folgt hauptsächlich materiellen Dingen. Aber auch Fähigkeiten, die du vielleicht besser kannst, können dich zu Überheblichkeit verleiten. In meinem Bereich ist das Künstlerego breit vertreten. Der Artist, Schauspieler oder Musiker bleibt in seiner Rolle hängen und identifiziert sich damit. Er kann nicht mehr unterscheiden zwischen der privaten Rolle und der Identität, die auf der Bühne aufgebaut wird. Viele großartige Künstler sind leider daran zerbrochen. Ähnlich erging es vielen spirituellen Gurus, die in eine Abhängigkeit gerieten. Sie wurden abhängig vom Publikum, das sie bewundert oder ihnen zujubelt. Die Fangruppe nährte sie mit Licht, mit dem der Schein des Egos aufrechterhalten werden konnte. Darum habe ich in dem Video den Guru so dermaßen übertrieben dargestellt, um zu zeigen, dass auch der Guru nur eine Rolle ist. Aus meiner Sicht sind das Künstlerego und das spirituelle Ego sehr ähnlich, wobei Letzteres noch einen Schritt weiter geht und sich besser tarnt. Denn es behauptet niemals, dass es besser sei, als jemand anderer. Übertrieben ausgedrückt sagt der spirituell überhebliche Mensch: „Ich bin göttlicher als Du!" Das spirituelle Ego schafft Abhängige. Der spirituelle Lehrer führt dich in die Eigenständigkeit.

Die Schwierigkeit besteht darin, das zu erkennen. Natürlich würde niemand diese Worte so aussprechen. Und selbstverständlich hat man seine Freude mit spirituellen Praktiken, die einem guttun und auf seinem Weg weiterbringen. Das spirituelle Ego will vor allem belehren. Es möchte, dass du dasselbe ausprobierst, weil es mir gutgetan hat. Man will Bestätigung erhalten für seinen eigenen Weg, um sich so erhabener zu fühlen. „Ich habe dich geheilt." Das spirituelle Ego kommt meist ungefragt. Wenn jemand ein Problem hat, ist es sofort zur Stelle. Hallo liebes Retterego! Und wenn es zurückgewiesen wird, gibt man dem anderen die Schuld, dass er oder sie in dieser misslichen Lage ist. „Ich hätte ja die Lösung für dich, aber wenn du dir nicht helfen lassen willst, bist du selber schuld an deiner Lage!" So oder ähnliche Gedanken kommen hoch. Warum ich das weiß? Natürlich bin auch ich durch diese Phase gegangen. Heute versuche ich, Ratschläge nur denen zu geben, die mich danach fragen. Ich kann dir schon meine Meinung sagen, aber ich muss es nicht. Und es spricht auch nichts dagegen, von deinen Erfahrungen mit spirituellen Praktiken zu erzählen. Die Intention ist wichtig. Warum erzähle ich dir davon?

An dieser Stelle könnte man auch fragen, warum ich dieses Buch schreibe. Eine genaue Antwort habe ich eigentlich nicht, denn die Idee war plötzlich da. Und bis zu diesem Kapitel wusste ich noch gar nicht, ob es in Druck gehen würde. Natürlich freut es mich, wenn Menschen berührt oder davon inspiriert werden und vielleicht die eine oder andere Sache in ihrem Leben verändern. So ein Buch zu schreiben ist eine ähnliche Gratwanderung, wie auf die Bühne zu gehen. In dem Moment bist du der Künstler, du spielst die Rolle. Und wenn ich von der Bühne gehe sage ich oft im Freudentaumel zu meinen Künstlerkollegen: „Wow, woan wir heute sauguad." Man könnte meinen, hier sei das Künstlerego aktiv. Mir ist aber sehr bewusst, dass ich nicht der Künstler bin. Das andere Extrem wäre, teilnahmslos von der Bühne zu gehen und zu sagen: „Ja, Job war ok. Hast eh gut gemacht." Ich denke, in dem Moment darf man den „Erfolg" oder die gute Leistung auf der Bühne mit Pauken und Trompeten feiern, sich richtig ins Gefühl reinhängen und sich aus voller Inbrunst freuen. Warum nicht? Dafür sind wir hier auf Erden. Und heute Abend spiele ich die Rolle des Künstlers. Wenn ich nach Hause fahre, steige ich wieder aus der Rolle raus. Am nächsten Tag schlüpfe ich in die Rolle des Ehemanns und koche meiner Frau ein gutes Mittagessen und ich freue mich, dass sie sich über das gute Essen freut. Am übernächsten Tag mache ich eine spirituelle Heilsitzung und gehe wieder in eine andere Rolle. Aus der Mitte heraus steige ich ein, aber auch wieder aus. Vielleicht kann meine jahrzehntelange Erfahrung auf der Bühne dem ein oder anderen helfen, mit seinem spirituellen Ego umzugehen. Machst du mit jemandem eine Therapiesitzung, gibst ihm Weisheiten mit oder bist einfach nur ein guter Freund, dann koste diese Rolle aus. Freue dich daran, dass du etwas weitergeben kannst. Aber setze keine Erwartung. Was das Gegenüber damit macht, liegt in seiner Verantwortung. Mach dich nicht abhängig von Lobeshymnen. Gerade bei persönlichen Dingen kann es jahrelang dauern, bis man Ergebnisse sieht oder ein Mensch dann endlich die Veränderung wagt. Vielleicht wirst du dafür auch nicht gefeiert. Ich frage mal umgekehrt. Wie viel hast du schon bekommen, wo du dich niemals bedankt hast?

Auch ich habe viele Weisheiten gratis (aber nicht umsonst!) bekommen. Vermutlich stammt das eine oder andere Zitat gar nicht von mir. Wenn ich künstlerisch tätig bin oder etwas Neues schaffe, dann mache ich das immer mit Gott. Auch wenn ich manche Zitate als Hannes Angerer tituliere, so bin ich mir bewusst, dass alles der einen Quelle entstammt. Alles kommt von Gott. Mir wurde in meinem Künstlerleben schon die eine oder andere Idee „gestohlen". Und auch ich habe mir viele Dinge von anderen Künstlern abgesehen oder eine Idee weiterentwickelt. Die gesamte Menschheit steckt in einem großen Entwicklungszyklus, wo wir uns ständig gegenseitig befruchten. Wenn dir bewusst ist, dass du ständig neue Ideen kreieren kannst, dann wird dir das egal werden. Dann mache ich halt was Neues. So erging es mir in meinem Corona-Lockdown. Wenn ich schon nicht auf der Bühne künstlerisch tätig sein darf, dann mache ich es halt auf YouTube, oder ich schreibe ein Buch und nehme eine CD auf.

> *Das Bewusstsein ist ein Feld von Möglichkeiten, aus dem wir schöpfen können. (Quantenphysik)*

Noch ein paar Gedanken zu Spiritualität. Wenn man mit diesem Thema zum ersten Mal in Berührung kommt und sie begeistert aufnimmt, möchte man diese Erfahrung unbedingt weitergeben. Ich glaube das ist ganz normal. Mir erging es ja auch nicht anders. Das war bei mir noch in den beginnenden 2000er Jahren. Damals war diese Thematik für mich noch ein Randthema, das man sich unter vorgehaltener Hand erzählte. Ich bin ein Mensch, der alles am liebsten gleich hinausposaunen würde. Und so wurde ich in meinem Dorf von einigen schräg angesehen, als ich begonnen habe, in meinem Haus spirituelle Ausbildungen anzubieten. Heute halte ich mich mit meiner Meinung auch nicht zurück, aber meistens nur bei Menschen, die danach fragen.

> *Einige Samen aber fielen auf fruchtbaren Boden, und der Bauer erntete dreißig, sechzig, ja hundert Mal so viel, wie er gesät hatte. (Jesus)*

Jesus will in dem Gleichnis eigentlich nur sagen, dass du dir überlegen sollst, wo du deine Energie hineingibst. Erzählst du von Engeln und Reinkarnation am Dorfstammtisch? Willst du die Menschen unbedingt davon überzeugen? Macht das überhaupt Sinn? Ich denke nicht. Ein jeder Mensch hat unterschiedliche Bewusstseinsstufen und das meine ich jetzt nicht wertend. Ich bin vermutlich inkarniert, um mich damit zu beschäftigen. Der Nächste hat eine andere Aufgabe. Es wäre für denjenigen vielleicht sogar verschwendete Zeit und Energie, sich zusätzlich noch mit geistigen Dingen auseinanderzusetzen. Wieder ein anderer hat sich das Materielle zum Fokus gelegt.

In meines Vaters Hause sind viele Wohnungen. (Jesus)

So sind wir 8 Milliarden Menschen alle auf einem unterschiedlichen Weg nach Hause. Jeder geht seinen eigenen Weg und wer bin ich zu entscheiden, ob es ein Umweg ist, den jemand macht oder ob der Umweg nicht zu einem schönen Aussichtspunkt führt. So kann man jeden einzelnen Tag als Gleichnis für ein ganzes Leben oder den gesamten Reinkarnationszyklus sehen. Ich fahre zu einem Auftritt, um danach wieder nach Hause zu kommen. Am nächsten Tag erzähle ich meiner Frau davon und wir beide freuen uns an den Erlebnissen und Erzählungen. Sie erzählt mir, wie ihr Tag in der Arbeit war und was sich Schönes oder auch Unschönes ereignet hat. Auch sie fährt zur Arbeit, trifft sich mit Freunden, um dann wieder heimzukommen.

Wir fahren fort oder gehen auf eine Reise, um wieder nach Hause zu kommen und allen meine Abenteuer zu erzählen. (Hannes Angerer)

Ähnlich sehe ich das Leben. Die Seele inkarniert hier auf Erden im Diesseits, um im Jenseits etwas erzählen zu können. Sie möchte auf ganz individuelle Weise Erfahrungen sammeln. Daher gehen wir bei der Geburt auch durch den sogenannten „Schleier des Vergessens". Wir lassen die Erfahrungen aus unseren zahlreichen Vorleben hinter uns, um uns völlig auf das neue Leben einlassen zu können. Ist denn nicht jeder Morgen wieder eine neue Chance? Wie heißt es im Volksmund so schön: „Jetzt schlaf erst einmal darüber."

Meine Kinder

Schlaft meine Kinder, meine Kinder schlaft ein,
es war ein wunderschöner Tag.
Es ist wunderschön mit euch zusammen zu sein.
Schließt die Äuglein, ich drehe ab das Licht.
Doch die Türen zu euren Zimmern schließe ich nicht.

Ich will euch hören bei Tag und bei Nacht.
Egal ob ihr weint oder aus ganzem Herzen lacht.
Ich will für euch da sein mein ganzes Leben.
Ich hab genug bekommen, endlich kann ich etwas geben.

Ihr seit das Zentrum in meinem Herzen.
Wenn ihr weint, so spür auch ich die Schmerzen.
Und wenn ihr lacht, so spür auch ich das Glück.
Und es kommt tausendfach eure Liebe zurück.

Ihr seit noch Kinder, doch wie schnell wird es gehn,
dann werdet ihr an meiner Stelle stehn.
Vielleicht stehst du dann vor der Tür, so wie ich.
Vielleicht denkst du dann ein bißchen auch an mich.

Schlaft meine Kinder, meine Kinder schlaft ein,
es war ein wunderschöner Tag.
Es ist wunderschön mit euch zusammen zu sein.
Schließt eure Äuglein, ich drehe ab das Licht.
Doch die Türen zu euren Zimmern schließe ich nicht.

Hannes Angerer

Kapitel 8: Ich bin ein Verschönerungstheoretiker!

Home Office 29 Sozial Disc DANCING mit 2 m Anstand! STAYING ALIVE!
Home Office 30 Vollgas bei diesen Benzinpreisen! Autofahrnfahrnfahrn jedes SCHLECHTE hat auch GUTES!
Home Office 31 ..der KÜNSTLER TOD, in 20m^2 Ehrengrab der Republik beigesetzt!
Home Office 32 I leb'!...in deinem Herz hast Sorgn, host Angst vor morgen...dann geh` auße...Poet 3

Wie habe ich mich gefreut über die Aussage unseres Gesundheitsministers, als er von „Social Disc-Dancing" sprach. Ich habe mir meine alte Bee-Gees CD geholt und gleich zu „Stayin' Alive" getanzt. Da kamen Erinnerungen hoch. Wir hatten in der Jugendzeit in der Disco getanzt und mit den Mädchen geschmust, das wäre heute alles eine hochgefährliche Angelegenheit. Dann kam die Ernüchterung. Es hieß nämlich „Social-Distancing", also Abstand halten. Halte Abstand zu deinem Gegenüber, denn er könnte eine potentielle Gefahr darstellen. Grundsätzlich ist es für mich völlig in Ordnung, wenn jemand einen Abstand halten will. Doch bin ich der Meinung, dass es gegen unsere Natur geht. Wir sind soziale Wesen, brauchen Nähe zu unseren Mitmenschen und vor allem auch körperliche Nähe. Gerade für Kinder ist das wichtig. Sie müssen sich gegenseitig spüren um so den Körper zu entdecken. Dazu gehört auch, dass sie einmal raufen und rangeln. Erst dadurch lernen sie die Grenzen ihrer eigenen Körperlichkeit kennen. So lernen sie auch, was gefährlich ist und was nicht. Wenn Erwachsene Abstand halten, weil sie das wollen, ist es völlig in Ordnung. Aber das was zurzeit veranstaltet wird, geht meiner Meinung nach viel zu weit. Hier wird Kindern eingetrichtert, Abstand zu halten zu ihren Klassenkameraden. Sie müssen Bilder zeichnen, wo sie in 2m Distanz mit dem besten Freund spielen. Sie dürfen nicht mehr turnen und singen, was meiner Meinung nach die wichtigsten Fächer sind. Ja geht's denn noch? Denkt doch ein jeder einmal an die eigene

Kindheit zurück. Wie gerne haben wir miteinander gespielt und uns gegenseitig berührt. Dann wird ihnen eingeredet, sie müssen Abstand halten, um ihre Großeltern nicht anzustecken. Im Umkehrschluss bedeutet es, wenn Oma und Opa krank werden, bist du schuld. Ich bin selber Großvater und würde meinem Enkel niemals die Schuld geben. Ich möchte sie gerne sehen und bin mir der Risiken bewusst. Ich muss auf mich schauen. Ich trage das Risiko. Ich bin eigenverantwortlich. Nicht der Enkel mit 4 Jahren trägt die Verantwortung. Wir alle sind mündige Bürger. Wenn ich Angst habe, muss ich zu Hause bleiben. Die älteren Menschen müssen sich selbst schützen und nicht die Verantwortung auf kleine Kinder übertragen. Eigenverantwortung ist generell ein heißes Thema in unserer Gesellschaft. Immer muss jemand anderer schuld sein. Wenn ich mit dem Mountainbike im Wald einen Unfall baue und mich verletze, ist dann der Waldbesitzer schuld? Oder vielleicht sogar der Wald?

Wenn wir nicht bald mit diesem Unsinn aufhören und die Kinder weiterhin Masken tragen lassen und auf Distanz halten, werden wir an dieser Generation einen irreparablen Schaden anrichten. Diesen Schaden sehen wir erst in ein paar Jahren. Warum werden die alternativen Stimmen nicht gehört? Warum werden denn nicht andere Wege diskutiert. Das sind Vorschläge von ebenso anerkannten Wissenschaftlern und Virologen. Sie sagen, es hat doch Vorteile, wenn Kinder gerade jetzt im Sommer erkranken. Denn sie verarbeiten die Krankheit im Vorbeigehen fast symptomlos. Dafür sind sie dann immun und können keine Spreader mehr sein. Den Weg zur Herdenimmunität im Sommer habe ich bereits skizziert. Wir sind aufgrund der ausreichenden Vitamin-D-Kapazität viel widerstandsfähiger gegenüber Immunerkrankungen, was die Zahlen bestätigen. Eine Impfung verhindert die Herdenimmunität, die meiner Meinung nach die Antwort Gottes (der Natur) auf eine Pandemie oder Epidemie ist.

Vielleicht noch ein kurzer Gedanke zu den Kindern. Die spirituelle Frage stellt sich, wenn ich gegen das Maskentragen bei Kindern bzw. impfen bin, nehme ich ihnen dadurch eine gewollte Erfahrung ab? Projiziere ich dabei nicht einfach nur meine Angst auf das Kind oder benütze ich aus Bequemlichkeit dies nur als Ausrede? Diese Antwort sollte jeder in seinem Herzen finden. Für mich sind zwei spirituelle Ausreden sehr egogefährdet. Die eine ist: „Das ist Karma!" Die zweite: „Ja, der oder die will halt diese Erfahrungen machen." Hier soll man die Antwort wieder in sich finden. Denn auch der persönliche Wunsch der Kinder muss respektiert werden!

Wir werden auseinandergebracht, um wieder zueinander zu finden. Zumindest hoffe ich das. Beziehungsweise sollten wir alle mündig werden und selber hinterfragen, ob wir das wollen. Möchte ich meine Nachbarn nur mehr als Zaungäste sehen? Möchte ich liebe Freunde nicht mehr mit der Hand begrüßen dürfen? Ich erlebe gerade beim Begrüßen die Unsicherheiten der Menschen: „Wie tun wir denn jetzt?" Keiner weiß mehr, ob man sich die Hand noch geben darf oder ob eine Umarmung erlaubt ist. Für mich ist alles in Ordnung. Hand geben, umarmen sowie küssen. Ich habe keine Angst vor Corona, weil ich mir bewusst bin, wenn ich die Krankheit bekomme, bin ich dafür verantwortlich. Dann muss ich in mir was lösen. Es ist so, weil ich es wollte. Dann übernehme ich Verantwortung für mich, mein Leben und meinen Körper. Ging nicht schon Jesus zu den Leprakranken und wurde nicht krank? Hatte er Angst, als er zu ihnen ging? Hatte er eine Maske auf? Die Antwort überlasse ich dem mündigen Leser.

Was wir zurzeit erleben, ist wie eine Welle. Jeder spricht von der zweiten Welle. Ich erkenne eher Parallelen zum Film „die Welle". Hier wird eine Meinung suggeriert und immer wiederholt. Irgendwann werden es die Leute schon glauben, vielleicht dann bei der dritten Welle? Rationale Argumente und ein miteinander diskutieren gibt es nicht mehr. Wenn du eine andere Meinung vertrittst als jene, die von der Regierung oder der WHO vorgegeben wird, bist du ein Verschwörungstheoretiker. Warum kann ich das behaupten? Auch mir wurden Videos gelöscht, wo ich die Maßnahmen kritisierte. Als Erklärung kam von YouTube, dass ich nicht den Richtlinien der WHO bzw. der Regierung entsprach. Wir teilen ein in Gut und Böse. In Gefährder und Lebensretter. All jene, die anders denken, werden zu Sündenböcken gemacht. Hatten wir das nicht schon einmal vor 85

Jahren? Gleichschaltung der Presse, Sündenböcke, Strafen bei Nichteinhaltung von verfassungswidrigen Gesetzen, ...

Zugegeben, es ist schon ein harter Vergleich. Aber schauen wir uns die Mechanismen an. Mit was wird gearbeitet? Mit Angst. Aus wissenschaftlichen Untersuchungen wissen wir, dass unser Körper bzw. Immunsystem dadurch geschwächt wird. Es gibt nicht nur den Placebo-Effekt, sondern auch den Nocebo-Effekt. Die Wahrscheinlichkeit, dass du eine Krankheit bekommst, wenn ich behaupte, du seist krank, ist vielfach höher. In einem solchen Angstzustand wird man kleiner, unsicherer und schwächer. Das Gegenteil von dem, was ich in meinen Heilsitzungen erreichen möchte. Die Menschen werden gezielt mit Angst manipuliert bzw. MONEYpuliert.

Mit Manipulation möchte ich erreichen, dass jemand etwas tut, was ich will. Das beginnt schon im Kleinen. „Gib der Omi ein Bussi, sonst hat sie dich nicht mehr lieb." Oft wirkt dieses Verhalten dann bis ins Beziehungsleben hinein. „Wenn du mit mir nicht schläfst, suche ich mir eine andere Partnerin fürs Schäferstündchen." Wir sehen in zahlreichen Werbungen den Mechanismus der Angst. Aber auch im Alltag manipulieren wir Menschen für unseren eigenen Vorteil. Es ist Teil unseres täglichen Miteinanders. Wir sprechen vom sogenannten Ego-Prinzip.

Wenn man sich damit beschäftigt, ist man verwundert, wie schnell man in diese Falle tappt. Hören wir von hunderttausend Toten, gehen wir in einen Angstmodus, wo rationale Argumente nicht mehr zählen. Wir tun alles, um diese Toten zu vermeiden. Dass diese Studie einer „Daumen mal Pi" Berechnung zu Grunde lag, wurde später nie erwähnt, von keinem Regierungsmitglied und nur von wenigen Medien. Ich kritisiere hier nicht die Experten. Sie mussten aufgrund einer dürftigen Datenlage eine Prognose abgeben. Und als sich später abzeichnete, dass die Pandemie weit harmloser ist, was wurde da gemacht? Ich denke, ein jeder hätte das verstanden. „Wir mussten das Land kurzfristig herunterfahren, weil wir über die Gefährlichkeit nicht genau im Bilde waren." Die Menschen nicht für blöd verkaufen, sondern mit Hausverstand und Ehrlichkeit regieren, uns als Bevölkerung miteinbeziehen, was die Entscheidungsfindung betrifft. Niemand wird einem Politiker übelnehmen, wenn er behauptet, dass die Datenlage noch zu wenig hergibt oder noch zu wenig Wissensstand vorliegt. Ich denke, so könnte die Politik der Zukunft aussehen. Dann gäbe es viel weniger Politikverdrossenheit. Den Fokus mehr auf Arbeit, als auf „wie präsentiere ich etwas" legen.

In meiner Vorstellung einer idealen Politik blicke ich immer auf indigene Völker. Dort gab es einen sogenannten Rat der Weisen. Alte und junge Menschen tagten gemeinsam und entschieden über ihr Völkchen. Es war eine demokratische Entscheidung. Alles wurde öffentlich gemacht. In unseren Breitengraden herrscht das Prinzip des sogenannten Alphatieres vor. Einer allein entscheidet: Kurz, Merkel, Macron... unsere Staatenlenker. Mittlerweile ist diese Theorie in der Tierwelt schon wiederlegt. So treten Alphatiere im Wolfsrudel nur situationsbedingt autoritär auf. Und im Hirschrudel müssen mindestens 50% des Rudels in eine Richtung blicken, bevor die Herde dorthin läuft. Wäre es nicht an der Zeit, bei uns etwas zu verändern? Keine Entscheidungsfindung hinter verschlossenen Türen. Ansonsten liegt der Vorwurf der MONEYpulation im Raum, und das will doch keiner (glauben), oder?

Wie kann man nun erkennen, ob Manipulation vorliegt oder nicht? Grundsätzlich merkt man das im Gefühl. Erreiche ich, dass ich einen Menschen hinunterziehe? Oder erhöhe ich den Menschen energetisch? Ich behaupte nicht, dass es immer bewusst geschieht. Vor allem nicht im Alltag. Politiker mit ihrer NLP-Ausbildung ist so etwas selbstverständlich bewusst. Durch Angst die Menschen zu etwas bewegen. Ich werfe niemandem Boshaftigkeit vor, aber letztendlich greift auch hier das Täter-Opfer-Retter-Spiel. Menschen in Angst werden sich immer als Opfer fühlen. Damit schafft man Abhängigkeit, Herde und Diener. Das Gegenteil führt zu selbstverantwortlichen Menschen. Jemand, der Angst hat, sieht sich seine Angst an. In der Eigenverantwortung fühlst du dich besser. Du bist freier und das wirkt sich auf deinen Körper wohltuend aus. Man wird seltener krank und wenn doch, steckt man die Erkrankung leichter weg. Was war nochmal das Ziel? Das Gesundheitssystem soll nicht überlastet werden?

Noch ein Wort zur Presse, da ich mich mit der vorhergehenden Aussage doch sehr weit aus dem Fenster lehne. Grundsätzlich habe ich nichts gegen die „Mainstream-Medien". Auch ich konsumiere sie und versuche stets, eine gewisse Ausgewogenheit zu erreichen: ORF, Servus TV, ZDF,...aber auch die Interviews von einem Bhakdi, einem Haditsch oder einem Sprenger interessieren mich. Dabei fällt auf, dass über eine Sache teilweise völlig unterschiedlich berichtet wird. Mir ist natürlich bewusst, dass man viel Zeit dafür benötigt. Und vermutlich wurde mir jetzt die Zeit gegeben, um mich näher damit zu beschäftigen und meine Erkenntnisse der Welt zu teilen. Ich behaupte nicht, die Wahrheit zu kennen. Die muss jeder für sich finden. Aber seien wir uns ehrlich, die meisten Menschen sehen sich kurz die Nachrichten an oder lesen genau eine Zeitung und übernehmen dann deren „Meinung". Es wäre an und für sich auch kein Problem, wenn diese Medien ausgewogen und kritisch berichten würden. Doch gibt es das in den Mainstream Medien? Werden auch kritische Stimmen gehört? Gibt es Platz für Experten, die nicht der Regierungslinie treu sind? Hin und wieder findet man tatsächlich Hinweise. So gab es auf Ö1 das Interview von Prof. DDr. Haditsch, welcher die Regierung schwer kritisierte. Und selbst ein Dr. Allerberger, der Leiter der AGES, welcher die Regierung berät, sprach im ZIB Interview von der Sinnlosigkeit der Maskenpflicht. Wie schon erwähnt, möchte ich mich hier nicht als Experte präsentieren. Das bin ich nicht. Was ich aber haben möchte, ist ein offener Diskurs in der Medienlandschaft. Und ich fordere, dass verschiedene Stimmen gehört werden. Ansonsten sind die „Mainstream-Medien" nichts anderes als der Propagandaapparat der Regierung.

Natürlich ist es einfacher, eine vorgegaukelte Meinung kritiklos zu übernehmen. Gerade dann, wenn man beruflich und privat viel um die Ohren hat. Aber ich kann dennoch einen gewissen Herdentrieb erkennen. Mir fällt das auf bei meinen Videos, die ich täglich veröffentliche, wo ich unter anderem kritisch zu den Maßnahmen spreche. Einerseits bekomme ich Wutsmileys und Kommentare, dass ich damit aufhören soll. Dies natürlich nur von Menschen, die es eigentlich nicht betrifft. Wenn man in der Pension ist und monatlich sein Einkommen bekommt oder gar beruflich von der Krise profitiert, kann ich mir schon vorstellen, dass man kein Problem hat.

Ich stelle mir vor wie es wäre, wenn wir denen die Löhne oder Pensionen für ein halbes Jahr streichen würden? So ergeht es mir nämlich gerade. Ein halbes Jahr null Einkommen und zurzeit keine Aussicht darauf, bald wieder spielen zu dürfen. So geht es nicht nur mir, so ergeht es zahlreichen KünstlerInnen weltweit. Andererseits bekomme ich Mails von Menschen, die mir für meine Beiträge danken. Sie trauen sich nicht, ihre Meinung öffentlich zu machen aus Angst davor, beschimpft zu werden. So weit sind wir mit unserer Meinungsfreiheit gekommen. Weicht man von der Meinung ab, ist man Verschwörungstheoretiker.

Ich erinnere mich zurück an die beginnenden 2000er Jahre. Nach den Anschlägen kam es zum sogenannten „Krieg gegen den Terror". Der völkerrechtswidrige Einmarsch in den Irak (einst Babylon) mit den ungeheuren Folgen, die dort heute noch massiv zu spüren sind: Über eine Million Tote, mehrere Länder, die in sich zusammengebrochen sind, IS-Terror,... Heute ist uns klar, dass es ein riesen Fehler war. Ist Krieg nicht immer ein Fehler? Hätten wir da nicht etwas aus unserer Vergangenheit lernen sollen? Und nun erinnere ich an die damalige Berichterstattung in unseren Medien. Wurde das von irgendjemandem kritisiert? Warum gab es keinen Widerstand? Europäische Medienhäuser hätten sich zusammenschließen können und auf einer Breitseite über die wahren Folgen berichten können. Es passierte sogar das Gegenteil. Die Medien übernahmen den Begriff „Krieg gegen den Terror". Damit wurde alles legitimiert. Wir bekamen die Bilder der tollen Technik zu sehen. Marschflugkörper, Flugzeugträger und ganz viele „tolle" Flugzeuge. Von den Bildern des wahren Krieges? Keine Spur! Das Leid, welches hier angerichtet wurde, ist gar nicht in Worte zu fassen. Krieg ist immer die falsche Lösung. Steht doch in der UN-Charta, dass Angriffskriege ohne UN-Resolution illegal sind. Der Irakkrieg ein Kriegsverbrechen? Die Bush und Blair-Regierung auf der Anklagebank in Den Haag? Wohl ein zu utopischer Gedanke. Ich gehe jetzt noch einen Schritt weiter. All jene, die damals die offizielle Berichterstattung zu 9/11 ankreideten oder den Krieg kritisierten, wurden als Verschwörungstheoretiker gebrandmarkt.

Ähnlich ist es heute beim aktuellen Thema. Hören die Leute Verschwörungstheorie, sind sie hypnotisiert. Warum? Aus Angst. Dass der Begriff bis heute noch nicht definiert wurde, lassen wir außer Acht. Corona hat auch hier aufgedeckt, wie es mit der kritischen Berichterstattung aussieht. Medien, die mehr und mehr von den Regierungen oder Interessensgruppen untergraben werden, sei es durch Inserate oder durch gezieltes Druckmachen auf Journalisten. Ich sage, die Welt gehört den Mutigen! Denen, die aufstehen und unbequeme Dinge sagen. Menschen, die lästig sind, Fragen stellen und nicht lockerlassen. Jene, die Zeit ihres Lebens verurteilt wurden und deren Wert man erst später erkannte. Heute feiern wir sie für den Verdienst, den sie für die Menschheit geleistet haben und verurteilen doch gleichzeitig Menschen am laufenden Band, anstatt sich ihre Meinung anzuhören.

Der Weg wäre die goldene Mitte. (Hannes Angerer)

Was ist Wahrheit? Hast du dir schon einmal die Frage gestellt? Es gibt immer mehrere Wahrheiten. Jede Geschichte, die ich als Mensch spinne, findet sofort Unterstützung in verschiedensten Theorien. Wenn ich sage, Corona ist gefährlich, werde ich genug Unterstützer finden, genauso, wie wenn ich behaupte, es sei ungefährlich. Was der Mensch dann finden sollte, ist seine Wahrheit. Und hier komme ich auf die goldene Mitte zurück. Die Wahrheit ist in der Mitte, es ist das Gleichgewicht. Wenn ich mich auf die Suche nach der Wahrheit begebe, komme ich immer zu mir zurück. Ich informiere mich über Corona und bekomme Angst. Jetzt müsste ich mich fragen, warum ich Angst habe? Dann spüre ich in mich hinein. Woher kommt sie. Im besten Fall löst man sie gleich auf. Solange man Angst verspürt, kann man sich nämlich kein wertneutrales Urteil bilden. Ähnlich ergeht es mir. Ich verspüre bei dem Thema Wut, da ich gezwungenermaßen arbeitslos gemacht wurde. Dann sehe ich mir an, wo die Wut herrührt und löse sie auf. Solange ich in der Wut bin, werde ich auf Politiker oder sonst jemanden schimpfen. Es könnten auch Existenzängste mitspielen. Ich muss mich immer fragen, welche Emotion mich erwischt, wenn ich mir den und den Beitrag ansehe. Erst in dem Moment, wo dich nichts mehr aufregt, kannst du dich wertneutral positionieren. Es heißt nicht, dass man keine Emotionen mehr hat oder für nichts mehr brennt. Ich empfinde nach wie vor Emotionen bei den drastischen Einschränkungen, verwende diese aber für mich, um zum Beispiel kreativ zu werden.

Ziel sollte sein, dass nicht die Emotionen deinen Standpunkt kontrollieren!

Bilde dir deine eigene Meinung. Höre dir unterschiedliche Sichtweisen an. Und dann komm zu einem Standpunkt. Und wenn du zu einer anderen Meinung kommst als ich, ist es völlig in Ordnung. Ich höre dir zu. Ich respektiere deine Meinung. Ich werde dich niemals als dumm oder hirnlos bezeichnen, wie eines unserer Regierungsmitglieder kürzlich zu Meinungsabweichern sagte. Ich würde niemals Mörder zu dir sagen, so wie unser Ärztekammerpräsident in einer Talkshow einen Arzt beschimpfte, der eine andere Meinung vertrat. Solche Menschen müsste man eigentlich sagen, dass sie am falschen Platz sind. Sie sind verantwortlich für ein ganzes Volk und haben vielleicht viel Wissen, aber keine Weisheit. Wenn du anderer Meinung bist, dann setzen wir uns zusammen. Ich höre dir zu und du mir. Das Spiel von Ying und Yang. Geben und Nehmen. Dann würde die Welt um ein Vielfaches friedvoller sein.

Wenn Du sprichst, wiederholst Du nur, was Du eh schon weißt. Wenn Du aber zuhörst, kannst Du unter Umständen etwas Neues lernen. (Dalai Lama)

Bist du in deiner Mitte, können dich Emotionen nicht mehr kontrollieren. Wie schnell es zur Entgleisung kommen kann, sehen wir täglich im Straßenverkehr, wie etwa beim Drängeln.

Ich hoffe nicht zu oft so drastisch reagiert zu haben, sodass sich jemand bedrängt gefühlt hat. Mir ist es selber mehrmals so ergangen, dass Menschen mit Wut auf mein Fahrverhalten, oder was auch immer, begegnet sind. Denn eigentlich schätze ich mich als Mensch, der berufsbedingt 40.000 km im Jahr zurücklegt, als eher zügigen Fahrer ein. Eine Geschichte wird mir aber auf jeden Fall in Erinnerung bleiben:

> Ich war mit meiner Familie am Weg nach Hause. In einer 70er-Zone, wo ich sicherlich nicht langsamer gefahren bin, ist mir auf einmal ein Klein-LKW sehr dicht aufgefahren. Ich schätze mal, es war,

wenn überhaupt, ein Meter. Als Reaktion gab ich ihm ein kurzes Bremslicht, um ihn darauf hinzuweisen, dass er mich im Fall des Falles rammen würde. Natürlich spürte ich bereits die aggressive Energie des Fahrers anhand seines Fahrstils. Bei einer Sperrlinie riss er plötzlich sein Fahrzeug nach links und setzte zum Überholen an. Er blieb aber auf meiner Höhe und zeigte mir ein ca. 30 cm langes Messer. Wir waren regelrecht schockiert. Er ließ sich daraufhin nach hinten fallen, weil ein Gegenverkehr gekommen ist. Dann bog ich nach Krenglbach ab und der LKW fuhr hinter mir nach. Ich dachte mir nur, wenn ich jetzt in meine Straße biege, stehe ich an, denn es ist eine Sackgasse. Mir kam gottseidank die rettende Idee. Ich bog ab Richtung Fußballplatz, weiter Richtung Zentrum und habe genau vor der Polizeistation eingeparkt. Der LKW-Fahrer war immer noch hinter mir und hat vermutlich nicht sofort kapiert, wo wir eigentlich sind, denn auch er blieb stehen. Dann bin ich entschlossen ausgestiegen, zu ihm hin und habe mit lauter Stimme gefragt, was los ist und was er möchte? Er war ganz baff, weil er vermutlich das Polizeischild gesehen hat. Zuerst stritt er das Messer noch ab. Aber dann gab er zu, dass es sein Brotmesser war. An die genauen Worte kann ich mich nicht mehr erinnern, aber ich versuchte die Situation zu deeskalieren, was auch gelang. Wir konnten wieder halbwegs normal miteinander reden und er ist dann gefahren. Ich billige auch zu, dass meine Bremslichtaktion nicht OK war. Wir sind dann nach Hause gefahren, wobei ich und meine Familie immer noch im Schock waren. Zu Hause habe ich mir sofort die Thematik angeschaut. Was spiegelte er mir? Natürlich war es Wut vermischt mit Angst. Ich kam auf eine Situation, die mir als junger Mann passierte. Damals wurde ich mit einem Messer bedroht, wobei ich flüchtete. Vom Gefühl her wiederholte sich diese Situation, wobei ich dieses Mal nicht davonlief. Ich stellte mich dem Gegenüber, zeigte Haltung und reagierte danach deeskalierend. Dadurch ging ich gestärkt aus der Situation raus.

Das Interessante daran ist, dass ich diese Person zufällig eine Woche später noch einmal getroffen habe. Er lieferte gesunde Produkte aus. Im Einkaufszentrum traf ich den Mann in einem Geschäft für Naturprodukte wieder. Wir sprachen miteinander und er entschuldigte sich für sein Verhalten. Es kam zu einem lässigen Gespräch, wobei wir in Ruhe und Frieden auseinandergingen.

Müsste ich der Geschichte einen Titel geben, so würde ich sie als „Das ist Heilung" titulieren. Grundsätzlich ist nichts Besonderes passiert. Ich habe die Thematik bei mir angesehen und danach konnten wir uns als ganz normale Menschen treffen. Jeder Mensch hat solche Beispiele und man ist oft ein Leben lang auf Menschen böse. Wie viel Energie kann vergeudet werden? In welche Rage und Wut kann man sich einreden? Wie schnell kann sich eine Situation drehen, wenn man deeskalierend reagiert. Hätte ich die Person abgehängt, wäre mir diese Situation ein Leben lang negativ in Erinnerung: „Da ist mir im Straßenverkehr jemand mit dem Messer nachgefahren." Wenn ich heute an die Geschichte zurückdenke, habe ich ein gutes Gefühl. Gerade im Straßenverkehr passieren so viele Wutgeschichten. Der eine zeigt den Stinkefinger, der andere bleibt stehen usw. Vor allem in der jetzigen Zeitqualität mit ihren Umbrüchen (siehe Kapitel 13), wo alles Verborgene zum Vorschein gebracht wird, ist es umso wichtiger, deeskalierend zu reagieren und bei sich in Heilung zu gehen.

Diese Fähigkeit brauchte ich dann auch für meine persönliche „Corona-Auszeit". Natürlich war es eine von „außen erzwungene" Auszeit. Wir hätten viele tolle Auftritte im Jahr 2020 gespielt. Und selbstverständlich macht mich das ganze Theater um den Virus wütend. Seit mehr als einem halben Jahr verdiene ich keinen Cent. Und der Härtefall-Fond ist auch die Härte. Mir muss jemand mal zeigen, wie man von 6000,-, wenn man sie denn überhaupt bekommt, ein halbes Jahr lebt? Wir retten die AUA mit hunderten Millionen Euro, was ich grundsätzlich ja in Ordnung finde. Doch wollten sich die gierigen Manager noch selbst die Boni auszahlen. Das sind doch Szenen wie aus einem schlechten Film? Von Künstlern wird das als selbstverständlich angesehen. „Du musst halt dein Erspartes angreifen." Die Schauspielerin Nina Proll brachte das vor kurzem in einer Diskussion auf den Punkt: „Die sagen mir, ich darf nur mehr vor halbem Publikum spielen. Dann müssen sie halt 2x auftreten. Erzählen Sie mal einem Beamten, Polizisten, Angestellten,… er muss doppelt so viel arbeiten und bekommt das gleiche Gehalt."

Ich möchte hier nicht jammern, aber dennoch Tatsachen auf den Punkt bringen. Welchen Stellenwert haben Künstler in unserer Gesellschaft? Nein, ich lebe nicht mehr bei Mama und Papa und ja, auch ich habe Rechnungen zu bezahlen und ein Privatleben wie jeder andere Mensch auch. Mein Bruder erzählte mir vor kurzem, dass jemand zu ihm sagte: „Was tut denn der Hannes schon, was braucht der denn, er ist ja eh nur Künstler, der braucht eh nichts." Dieses Bild haben leider viele in unserer Gesellschaft. Wozu sind denn die gut? Singen ein bisschen Lieder, machen etwas Klamauk oder belustigen halt ein wenig. Daher möchte ich an dieser Stelle einmal den Wert des Künstlers darlegen.

Künstler erzeugen Nahrung für die Seele!
(Hannes Angerer)

Natürlich habe ich eine spirituelle Sicht auf die Künste, aber vielleicht gerade deshalb kann ich den Wert besser einschätzen. Menschen, die Kunst machen, bewegen andere Menschen. Jemand der Musik macht, hebt das Bewusstsein seines Publikums. Bringe ich Menschen zum Lachen, erhebe ich deren Bewusstsein. Blicke ich in ein schönes Bild, strahlt mein Herz und der Anblick erhebt mein Bewusstsein. Ich spreche hier bewusst von schöner Kunst. Stell dir einfach vor wie das ist, wenn bei einer Party auf einmal die Band anfängt zu spielen. Die Menschen beginnen zu tanzen, fangen an zu lachen und sind gut drauf. Es wird das Bewusstsein angehoben und Emotionen werden bewegt. Es kann ein Theaterstück sein, bei dem tabuisierte Themen angesprochen und auf der Bühne ausgedrückt werden und so bei Menschen die entsprechenden Gefühle hervorkommen können. Dadurch kann ich erkennen, wo bei mir noch Resonanz ist und was in mir noch geheilt werden darf. Daher sage ich, Künstler sind auch Heiler, so wie das im alten Atlantis der Fall war. Auch in vielen anderen Kulturen waren Künstler hoch angesehen. Wir erkennen in unserer Gesellschaft den Wert von Seelennahrung anhand der Stellung von uns Künstlern. Ein schnelles Auto zählt für viele noch mehr als der Wert von Kreativität. Über den Wert von Kunst kann ich aufgrund tausender Auftritte ein Lied singen. Seit einigen Jahren bringe ich manchmal als vorletzte Nummer ein Gedicht und bin erstaunt darüber, wie oft ich darauf ein positives Feedback bekomme. Wir haben wirklich eine tolle Show mit herausragenden Shownummern. Aber dass ein Gedicht die Menschen so berührt, das ist für mich immer wieder schön zu sehen. Man sieht, wie viele feinfühlige Menschen es eigentlich (schon) gibt.

Kunst hat für mich mit Schönheit zu tun. (Hannes Angerer)

Wenn ich an eine Show denke, die ich zusammenstelle, dann vollziehe ich hier keine Wertung. Ich sage nicht, der eine Künstler ist besser oder die Nummer zählt mehr. Für mich ist ein Showblock ein Package, wobei ich Akrobatik als genauso wichtig wie Gesang oder Klamauk erachte. Alles hat denselben Wert. Erst die Mischung macht die Show beim Menütheater so einzigartig. Lachen, staunen und singen. Alles, was die Menschen berührt. Aber auch ich musste das erst lernen. In meiner alten Gruppe war das Konkurrenzdenken noch vorherrschend. Das lasse ich jetzt nicht mehr zu und der Erfolg sowie das harmonische Miteinander bestärken mich in meinem Weg. Ich denke, hier könnte man als Unternehmen viel lernen. Sieht man in Firmen nicht oft Konkurrenzdenken? Die Putzfrau oder derjenige, der nur an der Bohrmaschine arbeitet, zählt weniger. Aber ist das wirklich so? Sollte man denjenigen, der damit zufrieden ist, eine monotone Arbeit zu erledigen nicht genauso dankbar sein, wie jemandem, der neue Produkte entwirft? Funktioniert eine Firma nicht deshalb so gut, weil es eine Ausgewogenheit von unterschiedlichen Charakteren mit unterschiedlichen Fähigkeiten gibt? Der eine ist kreativ, aber im Detail ungenau. Dies übernimmt jemand anderer. Passen die Toleranzen? Stimmt die Werkstoffauswahl? Wurde alles, was wir brauchen, bestellt? Erst das Zusammenspiel von vielen, mit ihren jeweiligen Stärken, macht einen Betrieb erfolgreich. Wir sehen das bei den zahlreichen Firmenfeiern, die wir spielen. Chefs, die ihre Mitarbeiter in ihrer Individualität schätzen und mit deren Stärken arbeiten. Die nicht nur den produktiven Wert kennen, sondern auch den persönlichen und Menschen einen Platz geben, wo sie durch ihre Arbeit bestärkt werden. Wenn das Ziel nicht ist, den Menschen auszubeuten, sondern ihn in die Selbstständigkeit zu führen und gerecht zu entlohnen. Wenn ich möchte, dass es meinen Mitarbeitern gut geht und ich darauf höre, was er oder sie zu sagen hat. So ein Mitarbeiter wird nicht nur seltener krank, sondern auch produktiver sein und selbstständiger arbeiten. Ihm wird das Wohl der

Firma am Herzen liegen. Er wird eigenständig auf Fehlentwicklungen hinweisen. Er wird nicht die „ist mir eh wurscht - soll ein anderer machen" Mentalität haben, sondern gemeinsam für ein gutes Produkt arbeiten. So ein Chef wird weniger kontrollieren müssen, weil das von alleine passiert.

Kümmere dich nicht um deine Kunden. Kümmere dich um deine Mitarbeiter, weil die kümmern sich um deine Kunden!

Ich sehe das in meinem „Betrieb". Wenn wir in Eile sind, weil vielleicht ein Stau war, helfen alle zusammen. Dann verlegt etwa der Sänger die Kabel für die Boxen, damit die Technik schneller aufgebaut wird und wir früher mit dem Soundcheck starten können. Andere helfen beim Hineintragen des Equipments. Das muss ich nicht befehlen, das passiert von allein. Alle haben das eine Ziel im Kopf, nämlich eine gute Show zu spielen. Und das schafft man nur im Team. Jeder freut sich über einen guten Auftritt, den ein anderer gehabt hat und ist niemandem etwas neidig. Man profitiert ja letztlich auch selbst. Gehe ich auf die Bühne, wo bereits gute Stimmung herrscht aufgrund der tollen Nummer vor mir, kann ich darauf aufbauen. Auch den Techniker behandle ich wie einen Künstler, ohne dessen gute Arbeit die Show nicht reibungslos laufen würde. Es gibt bei mir nur einen Star, nämlich die Gruppe.

Das größte Kapital sind deine Mitarbeiter.
(Richard Branson)

Es gibt bereits Familienbetriebe, Brauereien in Bayern oder Hotels in Tirol, die sich verstärkt an den Bedürfnissen ihrer Mitarbeiter orientieren und die Arbeitszeiten anpassen. Die haben nicht ständig offen und die Arbeitszeit wird familienfreundlich gestaltet, sodass die Mitarbeiter glücklich sind, dort zu arbeiten. Den Gast wird's freuen. Seien wir uns ehrlich, ein unfreundlicher Kellner wird dir ewig in Erinnerung bleiben und davon kann ich ein Lied trällern. Das gilt auch für andere Bereiche. Wer braucht schon einen Supermarkt, der 24 Stunden am Tag offen hat? Das will die Wirtschaft, nicht wir Menschen. Sie manipuliert uns Menschen, denn das brauchen wir nicht. Wenn ich weiß, der Supermarkt hat nur bis 18 Uhr offen, werde ich meine Einkäufe bis dahin erledigen.

Die Wirtschaft muss dem Menschen dienen - nicht umgekehrt. (Ludwig Erhard)

Ich sage, wir Kunden hätten hier die Macht, einzugreifen. Es gibt keine 10-mal, wo ich Samstag nachmittags noch einkaufen war. Das mache ich aus Solidarität mit den dortigen Mitarbeitern und ich denke hier immer an meine Zeit im „Konsum" zurück. Es ging in den 90ern schon los, die Arbeitszeiten ständig verlängern zu müssen. Mir ging das damals schon gegen den Strich.

In meinem Betrieb ist mir außerdem Vertrauen und Transparenz sehr wichtig. Meine Künstler haben mein vollstes Vertrauen. Wird dieses missbraucht, bin ich (mittlerweile) sehr konsequent.

Für mich ist Vertrauen ein Geben und Zurückgeben!
(Hannes Angerer)

Ich schreibe bewusst nicht Geben und Nehmen. Denn beim Nehmen erwarte ich etwas. „Nur unter der Bedingung, dass du mein Vertrauen erwiderst, werde ich dir vertrauen." Man kann das unterschwellige Misstrauen in dem Satz bereits heraushören. Ich nehme nichts von jemanden. Mein Gegenüber muss das Vertrauen freiwillig zurückgeben, also von sich aus. Der Künstler bekommt von mir Geld, dafür gibt er mir freiwillig und aus dem Herzen seine künstlerische Darbietung. In dem Grundvertrauen widerspiegelt sich die Ehrlichkeit, die ich immer einfließen lasse. Ich sage zu meinen Künstlern stets, ihr sollt ehrlich spielen. Das heißt, wenn sogenannte Fehler passieren, diese nicht zu verstecken, sondern damit spielerisch umzugehen und ehrlich dazustehen.

> Unserem Jongleur passierte vor Jahren einmal ein Fehler auf der Bühne. Beim Jonglieren mit den Bällen fiel ihm ein Ball auf den Boden, also ein klassischer Patzer. Er erinnerte sich an meine Worte und versuchte in dem Moment erst gar nicht, diesen Fehler zu verstecken. Er hätte mit vermutlich hochrotem Kopf pausieren, den Ball holen und von neuem beginnen müssen. In dem Moment kam ihm zu Gute, dass er immer barfuß auf der Bühne spielt. Er blickte auf den Ball mit ernster Miene, ging zu ihm hin, nahm den Ball mit den Zehen und schupfte, während er die ganze Zeit über mit den anderen Bällen weiterjonglierte, den verlorengegangenen Ball wieder zu den anderen zurück. Es war die totale Überraschung und

alle im Publikum glaubten, das gehöre zur Show. Im Übrigen wurde dieser Patzer Teil seiner Show.

Es ist eine Geschichte, wie man aus vermeintlichen Fehlern etwas Neues und Schönes gestalten kann. Das war ja das Prinzip meines Clown-Seins. Ich spielte damals immer mit Fehlern und die Kinder deckten mich auf. Sie hatten das Gefühl, gescheiter zu sein als ich. Wenn dann ein Zaubertrick aber funktionierte, waren sie hellauf begeistert. Ich gebe hier zu, in Betrieben kann so nicht gearbeitet werden. Aber wo gehobelt wird, fallen Späne und je früher ein Mitarbeiter auf Fehler aufmerksam macht, desto weniger Schaden wird angerichtet. Ein gesunder Umgang mit Fehlern ist in jedem Unternehmen essentiell.

Man kann das auch auf das Leben ummünzen. Was hast du dir in deinem Leben noch nicht getraut, aus Angst davor, zu scheitern? Welche Bedürfnisse stecken in dir, die aus Angst oder Scham hintanstehen müssen. Zu Scheitern ist in unserem deutschsprachigen Raum leider sehr verpönt. Ist jemand mit einem Unternehmen einmal pleite gegangen, kann ihm das ewig nachhängen. Ich denke wir sind hier, um etwas auszuprobieren. Nicht den einfachen Weg gehen. Ist der Weg des geringsten Widerstands wirklich der Schönste? Betrachte ich mein Leben, so kann ich mit Fug und Recht behaupten, den schwierigsten Weg gegangen zu sein. Aber es sind nicht die äußeren Widerstände, die du meistern musst, es sind die inneren. Deine Grenzen steckt niemand anderer als du selbst. Nun gut, manche bezeichnen mich als „Kasperl" oder lachen über mich. Aber macht das mein Leben schlechter? Soll ich deshalb weniger glücklich sein? Ist mein Leben dazu da, diese Kritiker zufriedenzustellen, die vermutlich nur aus Neid so über mich sprechen? Was kümmert es dich, was andere über dich sagen. Du wirst nie alle zufriedenstellen können. Also schau, dass du das machst, was dein innerster Wunsch ist. Schau, dass du zufrieden bist mit dir. Nur so kannst du Vorbild für andere sein. Nicht für die Neider, sondern jene, die sich inspirieren lassen, die positiv denken und sich über das Glück anderer freuen können.

Folgendes Gedicht ist aus dem Jahr 1985 und der offizielle Start meines künstlerischen Wirkens – der Aufbruch in ein neues Leben!

I Leb

I sitz`auf ana Wies`n
und es waht a leichte Bris`n.
Der Wind, er streicht ma durch de Hoar
und mir wird auf amoi kloar,
I LEB`

Ich atme deine Luft,
i riach den Blumenduft.
I siag de Vögl über mir fliag`n,
nachn Süd`n werdn`s
jezt wohl ziagn.

I greif in d`Wiesn mit de Händ,
und gspür, was für a
Kraft durch so an Grashalm rennt.
Es is unhamlich schön, du glaubst,
es könnt` net besser geh`n.

Doch in deinem Herz tragst Sorgen,
du hast Angst, Angst vor morg`n.
Du gehst in d` Schui,
hast d`Hausaufgabn net g`macht,
du hast im letzten Monat
den Umsatz in dein Gschäft net brocht.

Du hast kane Freund und weit zweng Geld,
du bist kloa und schwach und warst so gern da Held.
Die Freundin hat di verlass`n, du bist allane,
du hoffst auf an Lichtstrahl, auf a Chance a klane.
Doch de kommt net, du möchst sterb`n,
du möchst renna, renna in dei` eigenes Verderb`n.

Doch dann, dann gehst ausse, allane auf die Wiesn am Berg.
Du sitzt di nieder, auf amoi bist du nimmer der Zwerg.
Da Wind waht, du atmest de guate Luft,
de Vög`l fliag`n, du riachst in Blumenduft.
Du nimmst an Grashalm und der tuat da was geb`n.
Du gspürst das durch di renna,
es ist wunderschön zu leb`n.

Kapitel 9: Du bist die Würze deines erLebens!

Home Office 33 Kittchen Imposibile 3 Rindsgulasch aus dem ThermoNix Ger(ü)ichte zum selber (l)machen
Home Office 34 HAARscharf daneben ist noch nicht vorbei! Ohne Frisööör ist das Corona"leben" schwer!
Home Office 35 Wegen dem CoronaWahn bloß nicht die Nerven.. weg werfen!..hier die gesunde ErFINDung!
Home Office 36 (G)WUTrede?! Danke, danke, DANKE! Von 100 auf 0 in 1 sec.!...der letzte applAUS ?!

Der Ausspruch mit Geben und freiwilliges Zurückgeben, wie ich ihn vorhin erwähnte, würde natürlich auch in Beziehungen gelten. Ich gebe dir Liebe, ohne zu wissen, ob sie erwidert wird. Es geht darum, nicht nur dem Gegenüber zu vertrauen, sondern dem Leben im Allgemeinen. Mit meiner Liebe riskiere ich etwas. Ich riskiere, enttäuscht zu werden. Ich riskiere das Scheitern. Aber ist das nicht im Leben immer so? Wenn ich einen neuen Job annehme, weiß ich noch gar nicht, wie er mir gefallen wird. Kaufe ich mir ein Auto, weiß ich nicht, ob es ein „Montagsgerät" ist. Wird mir der Urlaubsort gefallen? Komme ich heil an mein Ziel? Wir sind ständig gefordert, Vertrauen ins Leben zu geben, jeden einzelnen Tag. Daran sind wir gewöhnt. In Beziehungen tun wir uns oft schwer. „Nur unter der Bedingung, dass du mich auch liebst, werde ich dich lieben." Das wäre dann schon fast die Drohung. Man erlebt es ja ständig. Zwei Menschen, die jahrelang (manchmal jahrzehntelang) miteinander ihre Lebenszeit verbracht haben und nach der Trennung kaum mehr ein Wort miteinander sprechen können. Wie kann es sein, dass ein Mensch, den ich liebe, von einem auf den anderen Tag zum Hassobjekt wird? War es dann wirklich Liebe? Zugegeben, die Schmerzen oder die Enttäuschung, die in Liebesbeziehungen entstehen können, sind nicht kleinzureden. Und wer sie schon einmal in ihrer Tiefe erlebt hat, der spürt noch die Schmerzen im Bauch. Genau da, wo auch die Schmetterlinge gewesen sind.

Liebe geht durch den Magen.

Rein energetisch gesehen schlägt sich die Liebe auch im körperlichen Bereich nieder und würde man den Schmerz wegdrücken, kann er sich in diesen Bereichen manifestieren. Der Spruch kommt ja aus dem Volksmund. Oft meint man damit aber nur, „meine Frau muss gut kochen können." Dann wäre sie eine gute Frau. Man sieht, wie lange sich alte Bilder in unserer Gesellschaft halten. Ich nähere mich dem Spruch auf eine andere Weise. Essen ist etwas Sinnliches! Wie viel Zeit nehmen wir uns dafür? Man sieht, dass heutzutage immer weniger Menschen kochen können, sei es Mann oder Frau. Es müssen beide arbeiten, damit alles bezahlt werden kann. Man muss schaffen! Dabei bleibt die Zeit für Sinnliches auf der Strecke. Man weicht auf Dosenfutter aus oder lässt sich was liefern.

Wieviel Platz geben wir dem Sinnlichen in der Beziehung? Ich möchte hier nicht die „gute alte Zeit" zelebrieren. In dem Fall war das Thema Lust noch stark mit Scham behaftet. Wie lange nehmen wir uns Zeit, mit dem Partner die Sexualität zu genießen? Sind es die 5 Minuten vor dem Einschlafen, nachdem man sich die Birne mit belanglosen Inhalten vor dem Fernseher zugedröhnt hat? Oder nimmt man sich die Zeit füreinander, wobei es viele Formen gibt, wie man sinnliche Stunden miteinander verbringt.

Die Küche oder das Esszimmer sehe ich hier als Sinnbild dafür. Denn dort passiert ganz viel Austausch. Man isst gemeinsam, trinkt einen Kaffee und bespricht, was sich so getan hat beim anderen. Das Sinnliche spiegelt sich in der Liebe zum Kochen wider. Genieße ich es, Neues zu probieren oder neue Geschmäcker zu kreieren? Koche ich mit Liebe oder ist es der Ort, wo bloß das Dosengulasch aufgewärmt wird? Im Video zu „Kittchen Imposibile 3" habe ich mein selbst gemachtes Gulasch mit Fertigem aus der Dose gemischt. Natürlich war das ein Schmäh. Aber ich zeigte auch, wie man die Fertigmischung gut würzt. Hier wären wir beim nächsten Spiegelbild. Die Würze des Lebens! Was will ich ins Leben hineinbringen? Was bereichert es? Wodurch schaffe ich Abwechslung? Die Zwiebel bringt mich zum Weinen, der Pfeffer die Schärfe, der Zucker die Süße,... Im Video habe ich außerdem ein Lorbeerblatt von meinem

Baum genommen und ins Gulasch gegeben. Hier spielt der nächste Aspekt hinein.

An ihren Früchten werdet ihr sie erkennen! (Jesus)

Was erntest du in deinem Leben? Was wir gesät haben, erkennen wir oft erst durch die Ernte. In einem anderen Kapitel wurde das geistige Gesetz von Ursache und Wirkung angesprochen, was aus meiner Sicht sehr verwandt ist mit dem Ausspruch von Jesus. Säst du Liebe, wirst du Liebe ernten usw. Jesus sprach in dem Kontext von den sogenannten „falschen" Propheten. Du erkennst, ob jemand gute Arbeit leistet anhand seiner Arbeit, und nicht an dem, wie er sich verkauft. Nehmen wir einen Bauarbeiter her. Arbeitet er genau? Trödelt er nicht, sondern bemüht sich, die Arbeit zügig durchzuführen? Macht ihm die Arbeit Spaß und verrichtet er sie mit Liebe? An seinen Früchten werdet ihr ihn erkennen!

Und diese Früchte darf man auch annehmen. Wie wäre das bei einem Bauarbeiter. Sieht er am Abend stolz auf seine Baustelle und freut sich über die geleistete Arbeit? Oder kippt er sich 5 Bier hinter die Binde? Man sollte auch seine eigenen Früchte anerkennen. Das tun nämlich die wenigsten Menschen. Wie oft höre ich, „ach, das hättest du ja auch gekonnt." Ich sage oft aus Spaß, „ach, waren wir heute gut." Ich meine das nicht überheblich, denn ich würdige auch die Leistung von anderen Menschen. Mir geht es nicht um Vergleich oder Wettbewerb. Aber ich schaue darauf was ich mache und anerkenne meine Leistung und somit auch mich selbst.

In welchem Kontext verwenden wir den Begriff Bauarbeiter? Ich behaupte, vom beruflichen Standpunkt ist dieser relativ weit unten angesiedelt. Aber welch tolle Arbeit wird von ihnen verrichtet? Sie bauen ein Haus, wo Menschen ihr ganzes Leben verbringen. Ein Gebäude, das Geschichte schreiben wird. Wo unzählige Erlebnisse passieren, Kinder hineingeboren werden und alte Menschen „Auf Wiedersehen" sagen. Ein Gebäude, das Generationen überdauern wird und ihnen ein wohlfühlendes Zuhause gibt. Wie sieht es beim Straßenarbeiter aus? Er baut Straßen, die von Millionen Menschen benützt werden und bereitet ihnen somit einen Weg. Wie sieht es bei dir in deinem Beruf aus? Hast du dich schon einmal gefragt, welche

Früchte du erntest? Wo steckt dein Herzblut und worin siehst du dich bestätigt. Ab jetzt darfst du dich jeden Tag vor den Spiegel stellen und dir sagen „ich war heute saugut!"

Aber Achtung! Sagst du zu dir, heute war ich besser als der oder der... bist du im Vergleichen. Dann kommen wir wieder zurück zum Wettbewerb. Das „Ich gewinne – du verlierst Prinzip". Ich bin besser als du. Beobachte dich selbst und steig in dem Fall wieder einen Schritt zurück. Wir waren dieses Verhalten tausende Jahre gewohnt, also mach dir nichts draus, falls du hineinrutschst. Im neuen Zeitalter geht es nicht mehr darum, besser zu sein als jemand anderer. Du sollst einzigartig werden. Du sollst so sein, wie du gemeint bist und darfst deine scheinbaren Fehler und Schwächen anerkennen bzw. akzeptieren.

Ein weiterer Aspekt, der das Thema Küche beinhaltet, waren die Gerüchte. Ich spiele gern mit Worten und habe das „ü" in Klammer gesetzt: „Geri(ü)chte zum Selber(l)machen." Wenn wir schon beim gemeinsamen Austausch sind, so darfst du dich fragen, über was gesprochen wird? Sind es hauptsächlich die Gerüchte im Dorf? Was hat die Nachbarin wieder gemacht? Wer ist schwanger? Es heißt nicht, dass ich so etwas nicht tue. Ich traue mich zu behaupten, dass viele Beziehungen in der Oberflächlichkeit hängen bleiben. Es müssen nicht immer tiefsinnige Themen sein. Aber ich brauche keine Gespräche wo mir jemand erzählt, wie schlecht es den Anderen geht oder was er für einen Blödsinn gemacht hat. Wenn ich mit meiner Frau über so etwas spreche, dann versuchen wir, etwas zu lernen. Das Gespräch soll dich erhöhen. Wir lästern dann nicht über jemanden, sondern versuchen zu erkennen, an welchen Themen er oder sie gerade arbeitet. Ich weiß wie es ist, wenn im Dorf über dich gesprochen wird. Grundsätzlich habe ich kein Problem damit. Aber es gab leider auch viele Unwahrheiten, die sich Leute erzählten. Als Künstler stehst du natürlich im Rampenlicht. Meine Schicksalsschläge taten ihr Übriges. Das Thema der Gerüchte im Dorf ist aber nicht neu. Bereits bei den alten Griechen wurde das behandelt. Von Sokrates sind die 3 Siebe überliefert.

Ist es Wahr? Ist es Gut? Ist es Notwendig? (Sokrates)

Wenn du mir etwas erzählst, so prüfe, ob es auch wirklich wahr ist. Hat es dir die dritte Cousine der zweiten Schwägerin erzählt? Ist das Gerücht bereits dreimal über den Stammtisch gelaufen? Erst wenn du dir sicher bist, dass es wahr ist, so erzähle es mir. Wenn du dir über den Wahrheitsgehalt nicht sicher bist, so kannst du dich fragen, ob es etwas Gutes ist? Nicht nur gut für dich bzw. zum eigenen Vorteil gereicht. Ist es etwas Gutes im Allgemeinen? Wenn denn schon die ersten 2 Siebe nicht funktionieren, so kannst du dich fragen, ob es notwendig ist? Und wenn es weder wahr, noch gut oder notwendig ist, dann behalte es für dich und belaste niemanden damit.

Aus dieser Thematik habe ich vor längerer Zeit ein Gedicht geschrieben. Es handelt von der schwangeren Nachbarin und dem Gerücht darüber, wer denn der Vater ist.

Die schwangere Nachbarin

He Nachbar, hast das ah schon ghört?
Wieso der Nachbar mit seiner Tocher blehrt.
I hobs erfohrn von meiner Frau,
sie hat wenn gfrogt, sie ist do schlau.

Do hots ses dann auch außer kriagt.
Man sagt, dass die Tochter sogar in Vater anliagt.
Aber jetzt is er eh drauf kemma,
auf des unanständige benehma.

Schwanger ist's die Nachbarin.
Gö, die woar doch do amoi in Wien.
I hätt mei Tochter do nie obe gschickt,
war doch kloar, dass do koan gscheiten kriegt.

Und 2 Wochen später hat mans gwußt,
dass sie's gmocht hot, aus reiner Lust.
A Türk ist da Vater oder a ehemoliger Jugoslab,
die Tochter bringt die Mutter auf jeden Fall ins Grab.

Na dass die des mochn kann,
de schaut koana do mehr an.
A guate Partie häts mochn kina,
wann des Weib tat net so spinna.

9 Monat hom de Leut so gred,
doch jetzt, jetzt schaun se alle blöd.
Des Kind ist nämlich net schwarz, net amoi braun,
des taut wie unserans drein schaun.

Und dann nu zum Überdruß,
kommt für die Leut koa schöner Schluß.
Denn jetzt, jetzt heiratens a nu gschwind,
die Nachbarstochter und der Vater von dem Kind.

A Doktor ist's, a Jurist.
Wißts eh, so aner der was aus dem Büchl liest.
Urlaub mochns jetzt in an schönem Land,
und de Leut sogn, des ist ja allerhand.

Da Nachbar zu mir uma blehrt,
he Nachbar, hast das ah schon ghert.
I hobs jo eh scho owai gsagt,
deshalb hab ich mi auch nie beklagt.

Na was hat de für a Partie gmocht?
Ist kloar, dass jetzt an jeden auslacht.
Zuerst fangts mitn Kind,
und dann wird gheirat nu ganz gschwind.

I wünsch erna alles guate, damit ma mi versteht.
Aber dass mi zur Hochzeit eingladen hom net?
I drah mi um und schliaß mi ei,
herst muaß den des owai so sein?
Wanns zuerst denkatn und dann tatns redn – würd's so
fü Blödsinn gar net geben!

Über was sprecht ihr in der Beziehung? Welche Zutaten gebt ihr hinein? So kann man das Gulasch als Sinnbild für Beziehung sehen. Ist es bloß die Dosenmischung? Oder lasst ihr euch Zeit und kocht das Gulasch im offenen Topf und gebt alle Zutaten hinein. Das Fleisch als Symbol für die Kraft des Tieres, dem ersten Chakra. Die Tatkraft, die Körperlichkeit und die Erdung. Die Pflanzen stehen für die Emotionen und sind im 2. Chakra angelegt. Die Gewürze, wie etwa Salz, symbolisieren die kristalline Welt und sind dem 3. Chakra zugeordnet. Es ist das Sein, das Geistige und Mentale. Kocht ihr die ganzen Zutaten mit Liebe, so nährt ihr euer Herzchakra. Dann hättet ihr die 4 unteren Chakren, oder auch Energiezentren genannt, genährt. In diesem Zusammenhang fand ich die Einführung der „Corona Ampel" sehr witzig.

Grundsätzlich besteht eine Ampel aus drei Farben. Unsere Regierung hat sie aber mit einer vierten ergänzt: Grün – Gelb – Orange – Rot. Drehst du die Ampel um, so erhältst du die Farben der vier unteren Chakren in richtiger Reihenfolge. Ich gehe nicht davon aus, dass es bewusst passiert ist, sehe es aber dennoch als Symbol. Denn mit den Maßnahmen werden unsere vier unteren Chakren blockiert. Ich kann nicht in meine Kraft gehen, weil wir handlungsunfähig gemacht wurden und den Maßnahmen ausgeliefert sind, was mein erstes Chakra beeinträchtigt. Im zweiten

Chakra werden wir durch die Ohnmacht blockiert. Welches Gefühl hast du mit Maske? Ich sehe keine Emotionen beim Gegenüber oder darf mich dem Anderen nicht mehr nähern. Das dritte Chakra wird durch die Einschränkungen im Mentalbereich blockiert. Welches Gefühl hast du, wenn über dich bestimmt wird oder dein Job gefährdet ist? Das Herzchakra wird durch die Angst eingeschränkt. Was hören wir ständig: Auch bei grün müssen wir vorsichtig sein. Oder ich darf mein Enkel nicht mehr sehen, denn es könnte mich ja anstecken. Die unteren drei Chakren sind die Wichtigsten. Das 4. Chakra ist die Schaltstelle, welche die unteren mit den oberen verbindet. Manche arbeiten hauptsächlich an den höheren, doch wenn die drei unteren blockiert sind, kann die Energie (Kundalini) nicht fließen.

Mir ist bewusst, dass die Außenwelt nur ein Spiegel ist. Wir werden durch diese Maßnahmen in unserem Wachstum eingeschränkt, damit wir uns bewusstwerden können, wo wir uns selber einschränken. In dem Fall finde ich interessant, dass auch die Frisöre einen Monat lang schließen mussten und das medial viel darüber berichtet wurde. Beim deutschen Fußballverein BVB gab es sogar einen sogenannten „Friseur-Skandal", weil Spieler sich privat die Haare schneiden ließen. Als die Frisöre wieder öffneten, ist dort, wie schon in anderen Bereichen, die Post abgegangen. Betrachten wir das Thema Haare von der Traumdeutung her, so geht es in dem Fall um inneres Wachstum. Träumst du von Haaren, so geht es um dein natürliches Wachstum. Werden dir im Traum die Haare geschnitten, so beschneidest du selber oder jemand anderer dein Wachstum. Kommen bei dir aufgrund der vorherrschenden Problematik Gefühle hoch, dann solltest du diese bei dir selber ansehen und erlösen. Das wäre die Chance für Wachstum bei jedem Einzelnen und dadurch für die gesamte Gesellschaft.

Wenn wir schon beim Kollektiv sind, möchte ich noch einen Gedanken anführen. Insgeheim war mir bewusst, dass im Jänner 2020 etwas „Großes" geschehen wird. Das konnte man aus den Sternen sowie dem Mayakalender ableiten. Ich muss aber ehrlich gestehen, dass ich nicht an einen Virus gedacht habe. Bis jetzt waren Katastrophen regional beschränkt. Der Irakkrieg auf den arabischen

Bereich, der Tsunami von 2004 auf den indonesischen Raum. Erstmals (bzw. seit dem letzten Weltkrieg) hält ein Thema die gesamte Welt auf Trab. Jedes Land auf dieser Welt hatte seinen mehr oder weniger intensiven Lockdown und fast die gesamte Menschheit musste in Quarantäne. Ich habe eher mit einem großen Vulkanausbruch gerechnet, der neben den Opfern auch Auswirkungen auf den Flugverkehr hat, wie wir es in Island schon einmal erlebten. Von daher bin ich sehr froh über die vergleichbar „harmlosen" Auswirkungen vom Coronavirus. Denn anders als berichtet, ist es kein Killervirus und die hohen Todeszahlen resultieren aus der eigenwilligen Zählweise, wonach jeder, der Corona hatte, automatisch als Coronatote gezählt wird, wenn er verstorben ist, auch wenn die Infektion einen Monat her ist. Diese Information war übrigens im ORF Teletext zu finden. Vielleicht werden mich einige für den Ausdruck „harmlos" kritisieren. Aber vergleichen wir Corona mit dem Tsunami von 2004, dann können wir froh sein über den glimpflichen Verlauf.

Bemerkenswert war aber die Geschwindigkeit, mit der sich die Welle der Angst ausbreitete. Am 12.01.2020 fand aus astrologischer Sicht die Saturn-Pluto Konjunktion im Steinbock statt. Am selben Tag wurde von der WHO das Erbgut des neuen Virus entschlüsselt. Innerhalb von 2 Monaten hatte diese Welle den gesamten Globus erreicht. Mehr als über die echten Auswirkungen war ich überrascht von den psychologischen Effekten des Virus. Grundsätzlich sind wir jährlich mit Toten bei Grippe oder Verkehrsunfällen konfrontiert. Das hat bis dato kaum Beachtung gefunden. Die gesamte Menschheit wurde jetzt mit einem Thema konfrontiert. Und das zeigt doch sehr schön, dass wir alle Eins sind. Wir sind eine Menschheitsfamilie, die auf einem gemeinsamen Planeten lebt. Bei anderen Katastrophen konnten wir uns zurücklehnen, weil das ist zwar tragisch, passiert aber eh nur irgendwo. Auch die Klimasünden der vergangenen Jahrzehnte versuchen wir so gut als möglich zu leugnen, um ja nichts verändern zu müssen. Damit ist jetzt hoffentlich Schluss. Und vielleicht versucht Mutter Erde auch nur, uns daran zu erinnern. Es gibt keinen Weg zurück. Die „alte" Normalität, wie wir sie kannten, ist vorbei und kommt nicht wieder. Wir müssen radikal umdenken und neue Wege gehen, ansonsten wird unser Planet schwere

Schäden nehmen, die letztendlich wir selber ausbaden müssen. So führen die Grünen etwa Pfand auf Plastikflaschen ein. Ist ja gut, könnte man meinen. Warum verbieten wir nicht einfach die Produktion von Plastikflaschen? Ist das nicht ein ökologischer Wahnsinn? Ich habe nichts gegen Plastik wo es seinen Sinn hat. Aber wenn ich höre, dass wir bald mehr Plastik als Plankton im Meer haben, das muss einem doch zu denken geben. Wir gehen auf die Wirkung los, anstatt die Ursache zu beseitigen. Und es sind wir selbst, die beginnen müssen. Jeder Einzelne kann etwas bewirken.

Wenn wir schon den astrologischen Standpunkt betrachten, so treten wir jetzt in das „Luft-Element" ein. Die letzten 200 Jahre waren wir im Erdelement. Der Fokus lag auf fossile Energieträger wie Kohle oder Erdöl. Außerdem machten wir immense Fortschritte im materiellen Bereich. Die Anhäufung von materiellen Reichtümern stand im Vordergrund. Den Wechsel ins Luftelement können wir bereits sehen. Nachhaltige Stromerzeugung aus Photovoltaik, Wind oder Gezeiten halten Einzug. Auch der Baustil veränderte sich radikal. Hatten wir früher noch kleine Fenster, so bauen wir heutzutage offen und verwenden große Fensterflächen. Das ist für mich auch ein Hoffnungsschimmer. Denn wir waren bis dato mit der Manifestation des Materiellen beschäftigt. Jetzt aber hält die Spiritualität Einzug, die ja eng mit dem Element Luft verbunden ist. Auch wenn man manche Sachen in der Esoterik kritisch sehen kann, so ist die Richtung doch eindeutig erkennbar. In den letzten Jahren sind viele Bücher erschienen, die sich mit dem „Geistigen" auseinandersetzen. Menschen, die fernöstliche Praktiken wie Yoga oder Meditation praktizieren. Selbst in der Medizin hält etwa die Aromatherapie Einzug und in manchen Medizin-Seminaren wird bereits von den Chakren im Körper gelehrt. Der offene Baustil erinnert uns daran, „Mensch öffne dich." Wir sollen unser Herz öffnen!

Die nächste Revolution ist die Revolution der Herzen!
(Hannes Angerer)

Das heißt für mich, ich beende den Krieg in mir und lass mir mein Herzchakra nicht blockieren. Dabei versuche ich mich auf das Paradies und das Schöne rund um mich zu fokussieren. Ich gebe zu, es ist ein weit gedehnter Begriff. Aber wenn ich den ganzen Tag herumlaufe und mich über die Maßnahmen ärgere, kann ich niemals im Herzen leben. Auch wenn manche das nicht glauben können, aber ich informiere mich, weil ich die Videos mache und arbeite die Themen meist auf lustige Art und Weise auf. Danach lege ich den Fokus wieder auf das Schöne. Mir wurde Zeit gegeben um zu laufen, Rad zu fahren, Songs zu komponieren und ein Buch zu schreiben. Und das mache ich wirklich mit größter Freude. Ich kann jedem raten, der das nicht trennen kann, der soll sich nicht zu viel damit beschäftigen. Wenn dein ganzer Tag im Eimer ist aufgrund der negativen Berichterstattung, lass es sein. Du kannst natürlich in dich gehen und spüren, was dich aufregt. Aber für wen es ein Problem ist, der soll am besten keine Medien konsumieren.

Gesundheit ist nicht, keine Probleme zu haben.
Gesundheit ist, Probleme lösen zu können.
(Hannes Angerer)

Problem ist natürlich nur eine Benennung. Aber wir sind nicht hier, damit alles reibungslos läuft. Wir wollen Probleme lösen, um daran zu wachsen. Für mich ist Corona auch wieder ein großer Wachstumsschub. Mittlerweile habe ich eine CD veröffentlich, 150 Videos gepostet und bin am Fertigstellen dieses Buches. Ich hätte das ohne Corona niemals gemacht, denn ich wäre mit meinem Menütheater ausgelastet genug. Nun könnte ich den ganzen Tag mies drauf sein, will ich aber nicht. Ich fokussiere mich darauf, etwas Schönes in die Welt zu bringen. Mir passiert es ja auch immer wieder, dass Wut hochkommt. Wenn ich Wutsmileys auf meine Videos bekomme, warte ich zuerst, bis sich das Gefühl gesetzt hat, damit ich agieren kann und nicht reagiere, aufgrund meiner emotionalen Überlastung. Mich erwischt es dann meistens bei den Maßnahmen mit den Kindern, weil ich zu meinem eigenen verletzten Kind komme. In meiner Kindheit wurde ich (wie viele andere) ja oft gemaßregelt. Nicht nur von meinen Eltern, sondern auch vom Pfarrer oder von den Lehrern. Zu meiner Zeit wurden die Kinder noch geprügelt. Das war so und darf man auch sagen. Wir alle tragen Verletzungen aus der Kindheit, die ab und an hochkommen. Aber dann können die Wunden meines Kindes in Heilung gehen und ich kann aufhören, gegen mich oder andere Krieg zu führen. Das wäre die Revolution der Herzen.

Wenn mich jemand fragt, warum ich die Videos mache, so möchte ich Folgendes festhalten. Ich will mich positionieren und halte noch die Vorgaben der Regierung ein. Aber ich sehe die Gefahr, dass wir Menschen uns damit arrangieren und in 10 Jahren immer noch mit Maske herumlaufen und stark eingeschränkt leben. Warum wird das Ganze gerade in ein Gesetz gegossen? Der grüne Gesundheitsminister erlässt ein Gesetz, welches unsere Freiheitsrechte stark beschneidet. Das hätte im Jahr 2019 niemand für möglich gehalten. Ich habe nichts gegen unseren Gesundheitsminister, aber ich habe etwas gegen dieses Gesetz. Wie viele Gesetze wurden irgendwann einmal erlassen und sind bis heute gültig? Unser Schulgesetz stammt noch aus Maria Theresias Zeiten. Damals wollte man Untertanen für seinen Staat. Auf starke Einschränkungen folgte meistens eine gewaltsame Revolution und das möchte ich nicht. Oder glaubt ernsthaft jemand, wir können die Jugend weitere 5 Jahre einsperren? Die werden auch irgendwann rebellieren, genau wie viele andere. Ich bin aber sehr optimistisch, dass wir den Übergang relativ sanft schaffen können. Und dazu gehört für mich ein gesundes Maß an Selbsterforschung.

Neben der Astrologie und dem Mayakalender finde ich den keltischen Baumkreis sehr spannend. Jeder Mensch wird durch einen Baum symbolisiert und trägt dessen Eigenschaften. Grundsätzlich sei gesagt, dass man sich überall finden kann. Es ist auch nicht notwendig, sich damit zu beschäftigen. Rein aus dem Bauch heraus zu leben finde ich genial. Aber mir macht es Spaß, mich darin wiederzufinden und mich selber besser kennen zu lernen. Ich bin aufgrund meines Geburtstages eine Pappel. Sie wächst kerzengerade nach oben und Menschen mit diesem Baum haben die Aufgabe, den Himmel auf die Erde zu bringen. Dieselbe Symbiose aus senkrecht und waagrecht, die wir auch im Kreuz finden. Natürlich trägt ein jeder Baum beide Seiten in sich. Die Schattenseite hat sehr viel mit Leid zu tun, die lichte Seite mit Selbsterkenntnis und der Suche nach sich selbst. Die Bäume sehe ich als unsere ältesten Begleiter. Manche stehen schon 100 Jahre oder viel länger auf der

Erde. Wenn die erzählen könnten. Und das tun sie auch, vor allem untereinander. Bäume besitzen ein unterirdisches Netzwerk, in dem sie miteinander kommunizieren bzw. vor drohenden Gefahren warnen. Auch gibt es Menschen, die gerne Bäume umarmen, was ich auch hin und wieder mache. Ich sehe sie als Lebewesen mit einem eigenen Bewusstsein und vielleicht wird die Wissenschaft das auch bald nachweisen können. Wir dürfen in jedem Fall erstaunt sein über die Vielfalt und Einzigartigkeit von Bäumen.

In meiner Auszeit beschrieb ich meine eigens entwickelten „Birnbaumrindenschlapfen". Durch die spezielle Oberfläche der Rinde werden die Meridiane der Füße stimuliert, was der Gesundheit zu Gute kommt. Unser Wissen über die Meridiane im Körper stammt aus China. Es kommt also auch viel Gutes vom Osten. In meiner Therapie arbeite ich auch mit Meridianen. Ich weiß zum Beispiel Bescheid über meinen Nervenmeridian, der stark in Mitleidenschaft gezogen wurde. Dadurch hat sich im Laufe der Jahre der Zeigefinger verformt, welcher am Nervenmeridian liegt. Ich habe auch eine etwas gebeugte Haltung, weil ich mir im Laufe meines Lebens viel auf die Schultern gelegt habe. Was ich damit sagen will?

Der Körper ist Spiegel der Seele.

Schau ihn dir an, deinen Körper. Wie stehst du da? Ist die Haltung aufrecht oder gebeugt? Wie ist dein Blick? Ist der Körper steif oder dynamisch? Anhand dessen kannst du bereits eine Menge über dich herausfinden. Bist du steif im Denken, lässt also Neues nicht in deinen Kopf, wird der Körper im Laufe der Jahre auch steif werden. Es gibt eine eigene Therapieform, die sich nur mit der Haltung auseinandersetzt. Dein Körper kann nicht lügen. In meiner Ausbildung als Clown musste ich mich damit auseinandersetzen. Damit dein Körper eine gewisse Haltung einnehmen kann, muss auch die Gefühlshaltung stimmen. Fühle ich mich klein, werde ich meine Schultern einziehen. Spiele ich einen Cowboy, trete ich mit breiten Schultern auf die Bühne und bin sofort in einer anderen Haltung. Das Innere muss mit dem Äußeren übereinstimmen. Im Schauspiel spricht man von der „Lee-Strasberg Methode", die viele berühmte Schauspieler durchliefen. Man spielt nicht nur einen Charakter, man wird zu ihm. Dabei geht es vor allem um die Haltung und die dahinter liegenden Gefühle. Es verändert sich der Gesichtsausdruck, die Haltung, die Sprache und die Gestik des Schauspielers. Manche zelebrierten das so intensiv, dass sie es schwer hatten, zwischen der eigenen Identität und der Rolle zu unterscheiden. Soweit gingen wir im Clownseminar nicht, aber es ist doch ein Hinweis darauf, wie gut der Körper unser Innerstes spiegelt. Daher kann ich das mit der Haltung und den dahinterliegenden Gefühlen sehr gut wiedergeben.

Die Kunst als Heilung oder die Heilung als Kunst!
(Hannes Angerer)

Je nachdem, wie man möchte. Letztendlich heilt sich jeder Künstler auch selbst. Dahinter steckt bei mir die Pappel, die sich positioniert und dadurch versucht, auf die Sonnenseite zu kommen, um das Gleichgewicht zu sein. Die Pappel trägt das Herz im Außen. Ich möchte den Menschen Freude bringen, sie unterhalten und zum Nachdenken anregen. So kann man sich in all dem finden, wenn es denn jemand braucht. Und ich bin der Meinung, dass zurzeit viele Menschen Orientierung brauchen.

Ich sprach vorhin von Wut, die auch mich erwischt. Dazu habe ich ein persönliches „Wut-Video" aus meinem Weinkeller verfasst. Betrunkene, Kinder und Narren sagen bekanntlich die Wahrheit. Deshalb musste ich mir zuerst eine gute Flasche aufmachen, um das sagen zu können, was mich derzeit aufregt. Das Paradox des Jahres 2020. Wir kamen vom Vermummungsverbot innerhalb kürzester Zeit zum Vermummungsgebot. Wir schlossen unsere Grenzen, was niemand für möglich gehalten hätte. Es kommt zu seltsamen, regionalen Warnungen von Regierungen. Für das eine Land ist Tirol ein Risikogebiet, für das nächste nur Oberösterreich. Für das übernächste Land sind beide Regionen kein Problem. Nun gut, dann muss man halt 2 Zugtickets kaufen, um problemlos einreisen zu können. Nach welchen Kriterien entscheiden die Verantwortlichen bloß? Nach rationalen Gesichtspunkten jedenfalls nicht. Entweder eine Region ist Risikogebiet oder nicht. Unsere Regierung agiert da ja nicht besser. Wochenlang propagierten sie die Coronaampel, nur um sie eine Woche nach deren Einführung komplett zu übergehen und das gesamte Land einzuschränken. Welches Gefühl steckt wohl hinter solchen Entscheidungen? Die Antwort überlasse ich dem Leser.

Der nächste Aspekt der mich beschäftigt, ist die Impfthematik, die meiner Meinung nach seltsame Blüten treibt. Die Kinder bekommen eine gratis Influenza-Impfung verabreicht und der Ärztekammerpräsident sagt wortwörtlich, dass die Kinder nicht die älteren Leute anstecken sollen. Die Kinder sind also schuld? Geht's denn noch? Den Beipackzettel zur Impfung habe ich mir übrigens schicken lassen. Dem Impfbefürworter rate ich an der Stelle, ihn nicht zu lesen. Aber da bitte ich dich, deine eigene Wahrheit zu finden. Den Beipacktext kann und darf sich ja jeder selbst durchlesen.

Mich verwundert auch der Umgang der deutschen Bundeskanzlerin, die sagt, „wir schaffen das". Es gibt nämlich kein „Wir", weder in Österreich noch in Deutschland. Es gibt zwar verschiedene Parteien, aber nur eine Taskforce. Diese entscheidet hinter verschlossenen Türen nach welchen Kriterien auch immer. Experten, die Entscheidungen kritisieren, werden hinausgeworfen. Experten, die anderer Meinung sind, werden nicht angehört. Es geht noch weiter. Ich habe vor kurzem ein Video vom Virologen Prof. DDr. Haditsch geteilt. In diesem Interview griff er niemanden an und klärte wissenschaftlich fundiert auf. Das wurde von YouTube gelöscht. Wie bereits erwähnt, erinnere man sich an die Zeit, als es von staatlicher Stelle zur Zensur kam. Sind wir noch weit weg davon oder schon mittendrin?

Wo bleibt das „Wir"? Es agieren bloß „Ichs" mit ihren Egos. Wir sehen auch, dass Menschen einseitig der Boden unter den Füßen weggezogen wird. Manche Branchen, wie der Tourismus oder die Event- und Künstlerbranche leiden ganz besonders darunter. Wo ist da das Wir? Wann kommt die Unterstützung für Künstler, denen ein Jahr verboten wird, ihrem Beruf nachzugehen? Ein anderer Teil der Gesellschaft verdient viel mehr als vor der Krise. Ich bin ja der Meinung, dass wir es schaffen. Aber man muss sehen, dass niemand zu kurz kommt. Und es braucht endlich einen öffentlichen Diskurs über die Strenge der Maßnahmen und die tatsächliche Gefährlichkeit des Virus. Laden wir Experten mit unterschiedlichen Standpunkten an einen Tisch und hören deren Argumente. Vielleicht kommt heraus, dass Corona so gefährlich ist wie behauptet. Kann ja sein, ich bin kein Experte. Aber wäre es nicht eine gute Nachricht, wenn die Gefahr überschätzt wurde? Man hat das Gefühl, manche in der Gesellschaft freuen sich über jede Schlagzeile, die Corona als Killervirus darstellt. „Ich habe ja doch recht gehabt." Geht es jetzt um uns als Gesellschaft, oder nur darum, ob ich recht habe? Und bei unserer Regierung beschleicht mich ein ähnliches Gefühl. Ja keine andere Meinung zulassen, es könnte ja herauskommen, dass die Maßnahmen zu streng waren. Ob die Befürworter der Maßnahmen auch noch dafür sind, wenn sie ihr Erspartes zum Überleben angreifen müssten? Da bin ich mir nicht so sicher.

Ich werde in jedem Fall meinen Humor nicht verlieren und deshalb keine Wutrede halten. Ich wollte nur skizzieren, was ich sagen würde, wenn ich ein Wutvideo drehte. Aber das tue ich nicht. Stattdessen mache ich eine Dankesrede. Dabei bedanke ich mich für alles, was die Herren der Politik für mich gemacht haben. Danke, dass ich endlich Zeit habe, meinen Weinkeller auszunutzen. Danke, dass ich eine CD machen durfte. Danke für die Familie, meine Freunde, die Gesundheit und meinen bisherigen Beruf. Du wirst dich vielleicht jetzt wundern, aber es gibt so vieles, über das man dankbar sein kann. Ich persönlich finde es ja paradox, dass Wutvideos öfter geteilt werden, als Dankesreden. Offensichtlich finden sich die Menschen stärker darin oder gehen mehr in Resonanz. Ich weiß es nicht genau. Aber schau selber, wie oft Wutreden geteilt werden.

Der Wert von Dankbarkeit wurde vielen in der Coronakrise bewusst. Ich bin von den Maßnahmen betroffen und könnte wütend sein. Ich könnte aber auch aus Dankbarkeit heraus die Maßnahmen kritisieren, so wie ich es im Video gemacht habe. Der Unterschied ist das Gefühl. Spüre selber in dich hinein. Was spürst du, wenn du dankbar bist? Du änderst deinen Blickwinkel innerhalb von einer Sekunde. Du kannst wütend sein aufgrund der Maßnahmen gegen die Kinder und dich positionieren. Dann kannst du sagen, ich bin dankbar für dieses oder jenes und bist sofort in einem anderen Bewusstsein. Und das solltest du auch tun. Wenn du nämlich den ganzen Tag im Gefühl der Wut verbringst, ist das nicht nur ungesund für dich, sondern auch für dein Umfeld. Den Miesepeter mag keiner!

Mit Dankbarkeit kannst du deinen Blickwinkel und deine Stimmung sofort wechseln. Danke für das Mittagessen. Danke für den Sonnenschein heute. Danke für was auch immer… Wenn Menschen in therapeutische Behandlung kommen, weil sie depressiv oder suizidgefährdet sind, wird meistens folgende Übung gemacht. Die Teilnehmer müssen Punkte aufschreiben, für was sie dankbar sind und Punkte, die sie als schlecht in ihrem Leben empfinden. Letzteres wird überwiegen. Und an diesem Punkt setzen Therapeuten an. Nach ein paar Wochen verlängert sich die Liste der Positiv-Punkte.

Werdet euch bewusst, zu was man alles Danke sagen kann! (Hannes Angerer)

Ich habe einige Schicksalsschläge hinter mir und ich kenne viele Menschen, denen es ähnlich ging. Aber auch dazu sage ich Danke, weil ich daraus lernen durfte. Ich sage nicht danke über einen Todesfall, denn ich wünschte mir diese Menschen noch gern an meiner Seite.

So kannst du für vieles dankbar sein, eben auch für den Coronavirus. Viele sind entspannter geworden oder haben Neues begonnen. Ich war bereits am Pensionstrip. Aber die geistige Welt sagte zu mir: „Nein lieber Hannes, das war's noch nicht." Und ich sage Danke. Denn jetzt darf ich mich wieder neu erfinden. Daher schreibe ich am Ende dieses Kapitels mein kürzestes Gedicht:

DANKE!

Kapitel 10: FAIR? F.riede A.llein I.st R.uhe! Die Corona ist in DIR!

Home Office 37 SonnenKoronagruß..nur bei einer totalen Sonnenfinsternis entsteht die C(K)orona! OM
Home Office 38 fairDREHT! Jetzt.haben wir den grünen Salat! Ohne Würmer dafür mit Viren?! KOPFSALAT!
Home Office 39 Die Welt ein einziges CoronaPLUMPSKLO - RETTUNG naht - die SecurityKLOFRAU !
Home Office 40 HAARE ab, ich bin mein eigener FriiSIRE! ... mein einSCHNITT ist eine KUNSTfiigur...

„Immer wieder geht die Sonne auf" sang einst Udo Jürgens. Und alleine dafür können wir dankbar sein. Sie spendet uns Licht, Wärme, Energie und fordert tatsächlich nichts zurück. Im Yoga verwendet man den sogenannten „Sonnengruß". Den mache ich aber auf meine eigene Weise. Dabei stelle ich mich kurz nach Sonnenaufgang auf die Wiese, winke sie an und begrüße sie mit einem lauten „Grüß di Sunn". Du wirst lachen, aber die Sonne ist ein Spiegel meines inneren Lichts.

Sonnengruß – ich grüße das Licht in mir.
(Hannes Angerer)

Die Christen sagen „Grüß Gott" und meinen „ich grüße Gott in dir". Beim Yoga kann man das analog sehen. Durch die Entspannung sollst du in dich gehen und zu dir finden. Das Rosenkranzgebet ist auch als Meditation gedacht, bei dem man in sich gehen sollte. Wie kann man aber dieses innere Licht beschreiben, nach dem wir alle suchen und dem alle Religionen zu Grunde liegen? Und hier möchte ich auf den Titel des Buches eingehen, denn er beschreibt genau diese Suche: „Nur das Christuslicht wirft keinen Schatten." Auch ich bin auf der Suche nach diesem inneren Licht. Ich werde aber versuchen zu erklären, wie das meiner Meinung nach gemeint ist.

Spirituell gesehen leben wir so: Ich will etwas haben, etwa eine Zigarettenpackung. Jetzt muss ich etwas tun, damit ich das bekomme und bin dann glücklich. Das wäre das „Haben–Tun–Sein"

Prinzip. Es ist aber die verkehrte Richtung, nämlich von außen nach innen.

Sein – Tun – Haben

Ich versuche von innen nach außen zu leben. Inneres Licht heißt, ich bekomme von innen einen Impuls. Dann tue ich etwas und werde es dann haben. Der Seinszustand war aber bereits vorher da und ist nicht abhängig vom „Haben". Bekomme ich es, freue ich mich, bekomme ich es nicht, akzeptiere ich es ebenso. So hatte ich im Frühjahr den Impuls für ein Buch. Im ersten Moment war es idiotisch. Warum sollte ich ein Buch schreiben und vor allem über was? Der Impuls kam aber immer wieder. Ich hatte auch meine Zweifel in den ersten Monaten. So ein Buch schreibt sich nicht in einer Woche und ich war mir auch gar nicht sicher, ob es jemand lesen würde. Aber mir machten die vielen Stunden, in denen wir über mein Leben und meine Sichtweisen sprachen, so viel Spaß, dass mir das eigentliche Haben nicht so wichtig ist. Man kommt auch über die Intention hin. Will ich viele Bücher verkaufen? Oder möchte ich ein Buch für mich schreiben? Folge deinen inneren Impulsen und laufe nicht irgendwelchen Idealen im Außen nach. Es geht um dich und dein inneres Feuer. Die Leidenschaft zu leben. Das ist, was Jesus gemeint hat, als er sagte, ihr sollt euer inneres Feuer nicht löschen. Der brennende Dornbusch, werft Feuer auf die Erde, Gott ließ Feuer vom Himmel herabfallen, … Es sind Synonyme aus der Bibel für dein inneres Licht, das alles durchdringt und keine Anstiftung zum Krieg, wie manche es gedeutet haben.

Spalte ein Stück Holz und ich bin da, hebe einen Stein auf und Du wirst mich finden. (Jesus)

Er meinte damit, dass alles, was du um dich siehst, göttlich und von diesem Licht und der universellen Liebe durchdrungen ist. Das Paradies, es ist in dir und um dich herum. Wir alle suchen nach dem, was um uns herum ist. Welch ein Paradox. Der bekannte Autor Eckhart Tolle beschrieb sein Erleuchtungserlebnis. Dabei sah er alles im Licht. Alles war schön und er wanderte als Obdachloser zwei Jahre lang herum. Ihm war das Materielle egal. Ähnlich beschrieb es Ramana Maharshi. Alles war voller Licht, Liebe und Frieden. Sie mussten sich in das Leben wieder „zurück arbeiten", aber halt in dem neuen Bewusstsein.

Zum Thema „innerer Impuls" habe ich eine Geschichte zu erzählen, die für manche etwas schwer sein könnte. Ich möchte den Menschen versuchen zu beschreiben, wie ich es schaffte, Sinn in meinen Schicksalsschlägen zu finden und schwere Erlebnisse zu „verarbeiten". Es ist der Tod meiner ersten Ehefrau:

Ich war im Jahr 2000 in Sydney. Seit ca. drei Jahren war meine Frau in psychischer Behandlung und wir gingen gemeinsam durch die Krankheit, die man als Psychose mit anschließender Depression bezeichnen würde. Damals ist mein Neffe bei den olympischen Spielen in Australien gepaddelt und eine Familienabordnung flog dorthin. Ich nahm in gutem Gewissen an der Reise teil, weil es mit meiner Frau schon langsam wieder bergauf ging. Die Reise an sich war sehr lässig, mein Neffe erreichte den 4. Platz und wir freuten uns für ihn. Am Vortag telefonierte ich abends in australischer Zeit mit meiner Frau und war überrascht, wie gut es ihr ging. Oft ist es ja so bei Menschen, die schon abgeschlossen haben, dass sie gut drauf sind bzw. den anderen in Sicherheit wiegen.

Am nächsten Tag wollte ich am Abend anrufen, da war es vormittags in österreichischer Zeit. Es hob niemand ab. Ok, ich probierte es 20 Minuten später erneut und wieder dasselbe. Eine Stunde später kam der Anruf, dass meine Frau gestorben ist. Im Haus hat es gebrannt und die Brigitte ist tot. Das war die Information. Ich weiß noch, dass ich nicht viel reden konnte und die Verbindung abgebrochen ist. Dann habe ich aber niemanden mehr erreicht. Es war halb zwölf mittags in Österreich, ich am anderen Ende der Welt in einem Haus in Australien mit der Frage, was mit unseren Kindern ist? Sind sie auch umgekommen?

Irgendwann erreichte ich meinen Vater, der mir erzählte, dass es den Kindern gut geht, da sie in der Schule waren. Das war zumindest eine Erleichterung. Trotzdem war ich nun in Australien mit dem Tod meiner Frau konfrontiert. In dem Moment fand ich Halt bei meiner älteren Schwester und deren Familie.

Ich weiß noch, dass ich an dem Tag wieder zu rauchen begonnen habe. Ich kaufte mir Zigaretten, setzte mich in einen Park und ließ die Nachricht einmal sitzen. Man stellt sich hunderttausend Fragen und ist eigentlich noch gar nicht in der Lage, klar zu denken. Was

passiert da gerade? Bin ich in einem schlechten Film? Warum musste es so kommen? Natürlich kommen auch Schuldgefühle hoch. Wäre es nicht passiert, wenn ich zu Hause gewesen wäre. Wieso bist du überhaupt nach Sydney geflogen?
Es hat zwei bis drei Tage gedauert, bis ich wieder in Österreich war. Wir buchten kurzfristig den schnellsten Flug nach Hause. Beim Herüberfliegen schaute ich mir einen Film an, um mich eigentlich abzulenken. Aber in dem Film ging es um einen Mann, dessen Frau gestorben ist. Die Kernaussage war, dass die verstorbene Frau das Herz an eine andere weitergegeben hat, die er dann später kennen und lieben lernte. Die Essenz des Filmes lautete „nur große Seelen bekommen große Aufgaben." Ich habe mich damals nicht als große Seele gesehen, aber ich fand mich wieder bei dem Gedanken. Wie gesagt, eigentlich wollte ich mich ablenken, aber heute weiß ich, der Film ist mir zugefallen.
Nach der Ankunft in Österreich bin ich als Erstes zu meinen Kindern. Wie sich jeder denken kann war großes Drama angesagt, ich kannte das bereits ja von verschiedensten Todesfällen im engsten Umfeld. Mit meinem Rettersyndrom versuchte ich natürlich allen zu helfen und machte aus heutiger Sicht einen schweren Fehler, was immer man darunter verstehen mag. Ich ging zur Familie meiner Frau und sagte ihnen: „Macht euch keine Vorwürfe, ihr seid nicht schuld."

Aus heutiger Sicht habe ich ihnen damals die Eigenverantwortung abgenommen. Natürlich haben sie keine Schuld. Niemand ist schuld daran. Schuld ist nur eine Illusion. Es war die Entscheidung meiner damaligen Frau. Im emotionalen Chaos ging das aber unter.

Ihr letzter Kontakt war mit ihrer Familie und daher versuchte ich, ihnen die Last der Verantwortung ein wenig abzunehmen. Vermutlich etwas, das jeder machen würde. Es war aber das Startzeichen, dass ich daran schuld sein muss. Dann ging eine Lawine los, das kann sich niemand vorstellen: Gerüchte, Vorwürfe, Lügen,... Man warf mir vor, ich sei mit einer Freundin in Sydney gewesen. Die Gerüchte liefen ja nicht nur in der Familie, sondern im ganzen Dorf.
Das Begräbnis machte ich damals auf meine eigene Art. Ich konnte mich noch erinnern, dass bei meiner Schwester die Reporter vor Ort waren und Fotos machten, als wir die Erde ins Grab warfen. Eine

Situation, die ich niemandem wünsche. Zur damaligen Zeit war ich regional bekannt und in der Zeitung wurde geschrieben, dass die Frau des Clown tragisch ums Leben gekommen ist. Was gibt es „Aufgelegteres" als einen Clown, der einen Schicksalsschlag erleben muss! Ich wollte aber nicht, dass hunderte Menschen dabei sind nur um des „Schauens" willen. Daher lud ich nur die Verwandtschaft, Freunde und Bekannte ein. Es waren ca. 100 Menschen beim Begräbnis. Für alle anderen machten wir später einen Gottesdienst, wo jeder kommen konnte. Heute nennt man das Verabschiedung und wird immer häufiger zelebriert.

Mir war damals bereits klar, dass Trauerarbeit wichtig ist. Dennoch war es eine extreme Zeit. Ich wusste ja nicht weiter. Das Haus war nicht mehr bewohnbar. Wir wussten ja nicht einmal, wo wir schlafen konnten. Ein paar Tage waren wir bei der Schwester meiner Frau auf aufblasbaren Matratzen untergebracht. Es gab aber Menschen, die mich in dieser Zeit sehr unterstützen. Explizit erwähnen möchte ich den damaligen Bürgermeister und meine Nachbarn. Der Bürgermeister half mir, wo es ging und stellte mir eine Gemeindewohnung zur Verfügung. Wir sind dann aber zu den Nachbarn in den Keller gezogen, weil es gegenüber von meinem alten Haus war und ich im Hinterkopf den Wiederaufbau im Sinn hatte. Aber ich wusste natürlich nicht, ob das überhaupt möglich ist. Es prasseln so viele Dinge auf dich herein, an die du niemals denken würdest. Ich musste zur Kripo um Aussagen zu machen. Dann lief die Versicherungsgeschichte und Sachverständige begutachteten das Haus. Du musst die Beerdigung organisieren usw. Ich hätte sogar meine Frau im Krankenhaus identifizieren müssen. Das hat dann gottseidank mein Hausarzt übernommen, dem ich heute noch dafür dankbar bin.

Nach ca. 14 Tagen habe ich das erste Mal wieder mit meinen Künstlerkollegen gespielt. Ich musste ja wieder Geld verdienen. Auch wusste ich nicht, ob die Versicherung zahlen würde, wobei ich dann pleite gewesen wäre. Es war in Wels ein Situationskabarett, wo wir als Straßenkehrer auftraten und für jemanden Werbung machten, genau weiß ich es nicht mehr. Ich war mitten in meiner Rolle, als jemand zu mir kam und mir das Beileid ausdrückte, mitten im Spiel. Poah, das war eine Challenge! Wie schaffst du es, in der Balance zu bleiben und nicht loszuweinen? So ging es mir später mehrmals, dass Leute beim Auftritt zu mir kamen und mir das Mitgefühl aussprachen. Es berührt mich heute noch im Herzen und ich bin dankbar dafür.

So kann ich sagen, dass viele Dinge passiert sind, die mich heute noch tief berühren. Die Hoteliersfamilie „Dilly" aus Windischgarsten waren damals Werbepartner von mir und hatten eine Spendenaktion ins Leben gerufen. Einfach so! Viele Leute halfen mir durch diese schweren Stunden. Ich bin auch heute noch meinem alten Team dankbar, die mich unterstützen, wo es ging. Auch wenn es später zum Zerwürfnis kam werde ich das nie vergessen, was sie für mich getan haben.

Dann kam es zur Frage, was mit dem Haus passiert. Der Holzbauer Georg Mühlberger sagte mir, dass es eigentlich nicht mehr bewohnbar ist, da du den Rußgestank nicht mehr wegbringst. Es war ein Glimmbrand und das ganze Haus war verraucht. Kurz darauf begutachtete der Sachverständige der Versicherung das Gebäude und kam zum selben Schluss. Dafür bin ich meiner Versicherung heute noch dankbar. Dies gestattete mir, das Haus abzureißen und neu aufzubauen.

Die nächste Frage, die auf mich zukam war, ob ich in Krenglbach bleiben sollte? Der Platz, wo sich meine Frau das Leben nahm. Der Ort, wo die Gerüchte bereits wie ein Lauffeuer umhergingen. Ich weiß noch, dass ich um 2 Uhr in der Früh draußen stand und eine rauchte. Wie man sich vorstellen kann, habe ich zu der Zeit nicht viel geschlafen. Ich stellte mir die Frage, ob ich dableiben sollte. Es war eine sternenklare Nacht. Da flog eine Wolke daher, die für mich wie ein Engelsflügel aussah. Plötzlich kam in mir der Impuls: „Hey, du hast da was zu tun. Geh nicht weg von dem Ort." Und so beschloss ich, am selben Platz mein neues Haus aufzubauen. Die Firma stellte alle anderen Arbeiten hinten an und begann sofort mit dem Bau. Auch dafür möchte ich einfach nur Danke sagen.

Bereits damals habe ich viel gebetet und beschloss, als Abschluss meiner Trauerarbeit ein Kirchenkonzert zu machen. Es kam einfach so der Impuls hoch. Ich hatte noch einige unveröffentlichte Gedichte und Lieder, die ich dort einbauen konnte und veranstaltete ein Benefizkonzert für die Kirche. Der Titel lautete: „Mein Weg ist dein Ziel." Meine Frau ist gestorben, aber mit den Kindern werde ich weitergehen. Und so führte ich mit meiner damaligen Gruppe das Konzert auf.

Heute weiß ich, dass es für mich eine Art Trauerbewältigung war. Mehrmals kamen mir während dem Konzert die Tränen. Es ist meine Art, damit umzugehen. Nicht zurückziehen, sondern nach vorne gehen und weiterblicken. Ich bin nicht der einzige Mensch, der einen tragischen Todesfall zu beklagen hat. Viele Menschen wurden zu früh aus dem Leben gerissen. Und so nahm ich meine Traurigkeit und verwandelte sie in etwas Schönes. Generell kann ich Menschen dazu ermutigen, sich dieser Trauer zu stellen. Ich weiß, man spricht im Volksmund von der einjährigen Trauerzeit. Die ist meiner Meinung nach damit nicht vorbei. Auch beim Schreiben des Buches kamen Tränen in mir hoch und das ist gut so. Gefühle sind etwas Schönes und ich kann jedem raten, bleibt dran! Analog sehe ich es bei jedem Thema, welches dich emotional berührt. Bitte bleibt dran!

Den Titel, den ich damals im Konzert verwendete, würde ich heute nicht mehr so verwenden. Das gibt es nämlich nicht. Ich kann nicht den Weg für meine Frau gehen.

> *Jeder geht seinen eigenen Weg, aber niemand geht alleine. (Hannes Angerer)*

In einer Beziehung machen wir eine Straße, die so breit ist, dass wir beide genug Platz haben. Aber jeder muss den Weg selber beschreiten. In der Zeit der Psychose habe ich als Partner natürlich alles versucht, damit es ihr besser geht. Von Homöopathie bis zu den Schüsslersalzen suchte ich nach allem Möglichen. Heute weiß ich, sie hätte den Weg selbst suchen müssen. Niemand kann den Weg für jemand anderen gehen. Das musste ich damals auf sehr schmerzliche Weise erfahren.

Dies war der erste Teil der Geschichte. Wie man sich vorstellen kann, war es eine extreme Zeit, in der man hin und hergerissen ist. Einerseits der schwere Einschnitt mit dem Tod. Andererseits der Aufbau der neuen Existenz und das Wohlergehen unserer Kinder. Hinzu kommen noch die Schuldvorwürfe, die stets im Raum blieben. Zu der Zeit galten sie aber bloß mir. Es sollte noch eine Wendung kommen, an die ich nie und nimmer gedacht hätte.

> Ich stand also mit meiner Gruppe in der Kirche, die rappelvoll war und wartete auf den Beginn. Die letzten Besucher kamen herein und suchten nach freien Plätzen, als die Schwester meiner verstorbenen

Frau mit ihrem Freund hereinkam. Plötzlich fuhr es in mich, wie ein Blitz. Ich habe mich voll gefreut, weil sie da war. In dem Moment habe ich mich in Petra, meine jetzige Frau verliebt. Ab dem Zeitpunkt wusste ich, dass da mehr war.

Man muss sich vorstellen, dass ich Petra bereits als 16-jähriges Mädchen kannte. Wir unternahmen als Familien viel und ich wusste bereits über die Schwierigkeiten in ihrer Beziehung. Doch dachte ich nicht daran, dass mehr sein könnte.

Ich wäre niemals auf die Idee gekommen, jemanden die Freundin auszuspannen und habe das bis dato nie gemacht. Mein Gedanke damals war, dass es leider nichts werden kann, solange sich die beiden nicht trennen. Da war aber so eine Power in mir, wo ich nicht mehr zurückkonnte. Nach zwei Wochen offenbarte ich ihr meine Gefühle, wobei sie genauso für mich empfand. So wussten wir beide, dass wir zusammengehören.

Vielleicht ist es dem einen oder anderen auch so ergangen. Du bekommst einen inneren Impuls, den du nicht stoppen kannst. Du weißt einfach, das ist nun der Mensch, mit dem du dein weiteres Leben verbringen möchtest. Es gibt zahlreiche Thesen und wissenschaftliche Untersuchungen, wie man sich in Menschen verliebt. Es sollen auch schon Algorithmen am Computer programmiert worden sein. Für mich aber passiert das Verliebtsein einfach, ohne dass du weißt warum. Zufall? Seelenpartner? Für uns beide war es damals keine einfache Situation, in der wir uns verliebten. Drei Jahre später hätte die Sache anders ausgesehen. Aber so kurz nach dem Tod meiner Frau schon wieder eine neue Frau, und dann noch die Schwester? Der Dorfklatsch sollte bald neuen Stoff erhalten.

Hannes, was machst du jetzt? Das wäre doch der Skandal pur in Krenglbach! Eine Idee war, die Beziehung zu verheimlichen und ein Jahr zu warten, damit die Leute nichts sagen konnten. Irgendwie war das aber für uns beide nicht stimmig. Und so ging ich zu dem Menschen, den ich bei schwierigen Entscheidungen immer fragte, meinen Vater.

Obwohl er sehr autoritär war, gab er mir in entscheidenden Momenten immer den richtigen Rat. Als ich Clown werden wollte, sagte er einfach: „Mach das, was dein Herz dir sagt." Mit dieser Aussage hätte ich von ihm niemals gerechnet. „Harte Schale, weicher Kern" beschreibt ihn sehr treffend.

„Weißt eh Vati, Petra und ich sind eigentlich ein Paar, nur weiß es noch niemand." Mit diesen Worten vertraute ich mich dem ersten Menschen an und war sehr erstaunt über seine Reaktion: „Das ist toll. Was Besseres könnte dir gar nicht passieren. Deine Kinder kennen die Petra, du ihre Tochter,..." Und ich stand wieder überrascht vor meinem Vater ob seiner coolen Haltung. In meiner Blauäugigkeit glaubte ich, dass es jeder so sieht wie er. Irgendwann Mitte Jänner beschlossen wir also, den Weg der Wahrheit zu gehen und es unseren engsten Menschen zu sagen.

Heute sind wir beide froh, dass wir das so gemacht haben. Nichts wurde verheimlicht. Auch wenn wir etwa einen Monat warteten, aber man braucht doch seine Zeit, um sich über alles im Klaren zu werden. Dass nicht alle glücklich darüber sind, war mir schon bewusst.

Petra erklärte es ihrem Freund und auch ich sprach mit ihm und legte die Karten auf den Tisch. Ich empfand es als Gespräch von Mann zu Mann, wobei mir klar war, dass wir dann keine Freunde mehr sind. Danach sind wir zu ihrer Familie gegangen. Zu der Zeit war ich ja noch der Schuldige. Dann bekam die Wucht der Vorwürfe auch Petra zu spüren. Bis dato war ich dem aktuellen Dorftratsch zufolge mit der „Freundin" in Sydney und hatte dort ein Techtelmechtel. Jetzt bin ich plötzlich mit der Schwester zusammen. Mehr brauchst du nicht! Von da an hieß es, wir hätten schon jahrelang eine Affäre. Die Gerüchte liefen im Dorf und trieben die irrsinnigsten Blüten. Das Mieseste, was erzählt wurde war, dass wir sie beide umgebracht hätten. Ja genau. Ich in Sydney, Petra in der Arbeit. Wir hätten per Fernzünder das Haus in Flammen gelegt, obwohl die Kripo da war und keine Brandbeschleuniger gefunden hat.

Ich trage heute niemandem etwas nach. Diejenigen, die solche Unwahrheiten erzählen, sollten sich vielleicht selber einmal hinterfragen. Und so ist es auch gut, manchmal einen Schritt zurückzugehen und sich die Frage zu stellen, was ich denn hier überhaupt erzähle? (3 Siebe des Sokrates!) Kann das überhaupt wahr sein? Ich glaube, man kann sich in fremde Geschichten so derart hineinsteigern, dass man zwischen Fiktion und Wahrheit nicht mehr unterscheiden kann. Die Phantasie des Fernsehens beflügelt Menschen zu den krudesten Thesen. Oder ist es einfach nur die Sensationsgeilheit? Tut sich im eigenen Leben so wenig, dass man sich an fremden Geschichten ergötzen muss? Könnten sich die Menschen nicht einfach am Glück anderer erfreuen, anstatt am Leid zu ergötzen? Wie schon erwähnt, rede auch ich über andere Menschen. Man sollte niemandem etwas Schlechtes wünschen oder jemandem Boshaftigkeit vorwerfen. An was hat der oder die zu arbeiten? Was bewegt diese Menschen gerade? Das sind Fragen, die ich mir stelle, wenn ich über andere Menschen spreche.

Heute sage ich danke für die Erfahrung. Ich wünsche das, was ich erleben musste, niemandem. Denn es war eine emotionale Achterbahnfahrt, die man sich nicht vorstellen kann. Da wird man mit Sachen konfrontiert, aber man lernt auch Vergebung.

Später schrieb ich ein Buch, wo ich diese Zeit verarbeitete. Nächtelang beschäftigte ich mich mit diesen Erlebnissen und brachte sie auf Papier. Es waren ca. 60 bis 70 Seiten. Nach einiger Zeit las ich mir das durch und kam zum Schluss, dass es bloß eine Abrechnung war.

Es wäre ein reines Rachebuch gegenüber jenen geworden, die damals die Gerüchte streuten. Da wäre ich gegen jeden losgegangen und hätte die Schuld auf andere projiziert. Später verbrannte ich das Skript, was sicherlich eine meiner weisesten Entscheidungen war.

Im Frühjahr ging die Beziehung zu Petra ihre offiziellen Wege. Bis heute ist es immer wieder eine emotionale Challenge, nicht nur für uns beide. Diese Situation war auch für unsere Kinder nicht einfach. Ich begleite sie und sehe es als Seelenwege. Auch wenn man oft lenkend eingreifen möchte. Es sind ihre Entscheidungen und Gott begleitet sie. Ein langer Lernprozess für mich.

Aufgrund der familiären Umstände kam es immer wieder zu emotional extremen Situationen. Wir waren sogar schon kurz vor der Trennung, weil wir es nicht mehr ausgehalten haben. Ich weiß noch, dass ich damals in der Nacht laufen ging, weil es mich emotional zerrissen hat und ich diese inneren Spannungen irgendwie abbauen wollte. Beim Laufen hatte ich den festen Entschluss gefasst, mich zu

trennen. Als ich zurückkam, sagte eine Stimme in mir: „Tu es nicht!"
Es war, als sprach Erzengel Gabriel zu mir.

Man mag lachen, bei dem was ich hier sage. Ich hätte damals alles hingeschmissen. So glaube ich, in extremen Zeiten stehen uns Engel bei. Dann, wenn wir glauben, es geht nicht mehr. Damals war ich an dem Punkt und hatte den Entschluss eigentlich schon getroffen. So kann ich nicht mehr leben. Grundsätzlich bin ich ein Mensch, der durchzieht, was er sich in den Kopf setzt. Aber die Stimme war so präsent.

Heute bin ich unendlich froh, dass wir uns immer wieder zusammengerauft haben. Wir sind durch die Umstände sehr gewachsen. Auch wir mussten uns aus klassischen Beziehungsmustern emanzipieren, die nur Deals eingeht. Wir wachsen aneinander. Natürlich führen auch wir oberflächliche Gespräche, aber gehen dabei oft in die Tiefe. Wir erzählen uns unsere Träume, sprechen von körperlichen Problemen, die vielleicht gerade auftreten. Ein Erfolgsrezept gibt es nicht, denn jede Beziehung ist individuell, genauso wie jedes Leben. Der Fokus sollte aber auch in Beziehungen auf mich selbst gerichtet sein. Oft hört man Menschen sagen, dass sie sich verloren haben. Ich glaube, man hat sich selber verloren und den Fokus auf sich selbst nicht mehr gerichtet. Wie geht es mir? Was tut sich bei mir? Was bewegt mich? Was macht mich glücklich? Die „Ich-Fragen" wären meiner Meinung nach die wichtigsten.

Ich einem Buch las ich einmal über Liebe, die aus dem Nichts kommt. Es stand ein interessanter Satz dabei, der auf den ersten Blick seltsam anmuten mag.

Liebe ist frei von Mitgefühl. (Christl Lieben)

Ich beschreibe es so. Du kommst auf die Welt, als Baby, voller Liebe. Diese Liebe ist so frei, dass sie keine Bewertungen kennt. Dieses Baby fasst alles als Liebe auf. Wird es zärtlich umarmt, so ist das für das Baby Liebe. Bekommt es eine Ohrfeige, fasst es das ebenso als Liebe auf. Alles wird wertfrei aufgenommen, bis das die Prägungen einsetzen. Dann kommt nämlich die irdische Liebe. „Wenn du brav bist, habe ich dich lieb." „Wenn du gute Noten schreibst, hat dich

Mami lieb." „Wenn du einen guten Job mit viel Einkommen hast, liebe ich dich." Als Künstler lernte ich: „Wenn du einen Applaus bekommst, lieben dich die Menschen." Es ist das klassische Egospiel, über das hier schon viel geschrieben wurde.

Wenn du älter wirst, solltest du in diese kindliche Liebe zurückfinden. Alles als Liebe auffassen, was dir widerfährt. Der Weg meiner alten Gruppe? Liebe. Meine vielen Verletzungen? Liebe. Die Todesfälle? Liebe. Wenn Gott in dein Herz blickt, so sieht er in dir reine Liebe. Er hat kein Mitgefühl mit dir ob deiner schwierigen Umstände, weil er weiß, was du bist.

Gott verzeiht nicht. Er hat dir ja nie was vorgeworfen.
(Hannes Angerer)

Gott liebt dich so wie du bist. Egal was du machst, egal was du tust. Schlussendlich braucht er kein Mitgefühl oder Mitleid. Er weiß, dass wir seine Kinder sind. „Und wenn ihr euch noch hundertmal die Köpfe einschlagt, ich liebe euch trotzdem."

Du kannst nicht tiefer fallen, als in Gottes Hände!

Das Spiel von Gut und Böse, das spielen wir hier nur auf der Erde. In Gottes Himmelreich gibt es das nicht. Dort gibt es auch die Palette an Gefühlen nicht, die wir auf Erden leben: Hass, Wut, Zorn, Freude, Spannung,... Liebe ist frei von allen Gefühlen, weil Liebe alles ist und alles beinhaltet. Sie sieht alles und somit auch meinen Lebensweg mit den Lernaufgaben. So steht es in den vedischen Schriften, so beschreibt es die Bhagavad Gita, so beschrieb es Jesus. Ich gebe zu, auch ich spüre das nur selten. In meinem Leben kann ich mehrere Momente aufzählen, wo ich diese Erfahrung machen durfte. Sie ist frei von jeglicher Wertung oder Anhaftung. So kann man sich die Frage stellen, ob man bereit ist, seinem größten Feind zu vergeben? Könnte man den Menschen, wenn man ihn auf der Straße begegnet, umarmen? Denken wir zurück an Jesus, als er am Kreuz hing. Er bat seinen Herrn, diesen Menschen zu vergeben, denn sie wissen nicht, was sie tun. Vergebung, sicherlich die größte menschliche Leistung. Das habe ich alles in meinem Song „Die Kälte von Schnee" beschrieben.

Du musst nicht jeden Menschen „lieben", solltest sie aber in Gnade sehen. Einen Schritt zurücktreten und erkennen, warum sie so handeln. Lasse alles los, bis du nicht mehr der Handelnde bist. Dann bist du jenseits jeder Ursache! (Hannes Angerer)

Nicht ohne Grund beschäftigte ich mich mit spirituellen Schriften. Wenn man solch emotional extreme Zeiten erlebt, sucht man sich Halt. Diesen Halt fand ich im Glauben. Und heute kann ich sagen, dass ich jedem Menschen, der mir auch noch so üble Dinge nachgesagt hat, vergeben habe. Es mag seltsam klingen wenn ich sage, dass ich dankbar bin für die Erfahrungen. Nur dadurch fing ich an, mich mit spirituellen Schriften zu beschäftigen. Nur dadurch begannen Petra und ich, Ausbildungen zu dem Thema zu machen. So kam ich in die Lage, mich mit mir selbst zu beschäftigen. Durch die vielen Menschen, die mir „scheinbar Böses" getan haben, bin ich reich beschenkt worden. Vor allem mit Freiheit. Heute bin ich unabhängig von dem, was andere über mich denken. Heute trage ich kaum jemandem mehr etwas nach und bin so gedanklich frei. Heute gehe ich meinen Weg, egal was andere sagen. Wie ist das bei dir? Trägst du Menschen etwas nach? Wie viel Zeit nehmen die Gedanken in Anspruch, an diese Menschen zu denken? Wäre es nicht fein, frei von dem zu sein? Ich möchte dich an dieser Stelle dazu ermutigen, in die Verzeihung zu gehen. Es wird vermutlich nicht auf Anhieb klappen. Jeden Tag ein kleines Stück. „Sie wissen ja nicht, was sie tun." So war es bei meinen Gerüchten, so könnte es in deinem Leben sein. Oft handeln Menschen aus einer Unbewusstheit heraus. Sie können es nicht besser bzw. anders. Schau immer, wo es dich hinbringt. Denn jemandem etwas nachzutragen sind Ketten, die dich an diese Person binden!

In Beziehungen liegt aus meiner Sicht ein Lernfeld auch im Verzeihen. Ist es nicht so, dass uns die Menschen am meisten verletzen können, die uns am nächsten sind? Es können Kleinigkeiten sein, die dich nerven. Stell dir die Frage, was dein Gegenüber kann oder was du nicht kannst! Es können aber auch große Dinge sein. Schlägt dich dein Partner, sollst du dir die Frage stellen, ob du nicht etwas ändern und dich trennen sollst? Manche bleiben in der Passivität hängen und kommen gar nicht an den Punkt, ihrem Partner irgendwann einmal zu verzeihen um dann gehen zu können. Das ist keine Hingabe, sondern eine Aufgabe. Sie geben sich selbst auf, leider. Auch in einer Beziehung solltest du selbstständig und eigenverantwortlich sein. Viele bleiben in einer unglücklichen Partnerschaft aus Angst vorm Alleinsein. Ist Angst ein guter Ratgeber? Ich kenne Beziehungen, wo das der Fall ist. Sie spielen dasselbe Spiel wie ihre Eltern und leben dieselben Muster.

Wir sind nicht da, um zu leiden, sondern sich über das Leid zu erheben.

Wir müssen nicht leiden, so hat es uns Jesus gesagt. Eine leidvolle Situation darf ich verlassen. Dazu muss ich mich aber verändern. Und wenn es sein soll, dann muss ich eine Beziehung vielleicht verlassen. Vorher stell dir aber noch die Frage, warum du in dieser Beziehung bist? Was hat das mit dir zu tun? Lebst du das alte Rollenverhalten deiner Eltern? Solltest du irgendetwas lernen? Wie viele Frauen kommen von einem gewalttätigen Partner zum nächsten? Die Muster wurden vorher nicht erlöst. Man ist nicht ohne Grund in einer Beziehung. Und falls du keine Beziehung mehr eingehen solltest, dann spiegelt dir vielleicht am Arbeitsplatz jemand das Verhalten. Aus meiner Sicht bekommst du das wieder. Das ist das Spiegelprinzip auf Erden.

L.I.E.B.E. ... Leben In Einer Besonderen Energie!
(Hannes Angerer)

Wenn wir das verinnerlicht haben, können wir alles als Liebe auffassen. Diese Liebe durchdringt uns alle, sie ist überall. Und dennoch spüren wir sie nicht, außer in seltenen Momenten. Außergewöhnliche Menschen, wie etwa Jesus, lebten in dieser besonderen Energie. Er schwebte nicht in der Luft herum oder sang den ganzen Tag Lieder. Er war ein Mensch wie du und ich. Er war Sohn eines Zimmermanns und einer einfachen Frau und hatte mehrere Geschwister. Keine Herrscherabstammung. Keine besondere Stellung in der Gesellschaft. Ein einfacher Mann, der diese Liebe spüren konnte. Solchen Menschen wirst du es nicht von weitem her ansehen. Aber man spürt die besondere Ausstrahlung, die von ihnen ausgeht.

Und so versuche ich auch meine Lebenskrisen aus dieser Energie heraus zu betrachten. Zum Thema Selbstmord möchte ich noch folgende Dinge festhalten. Grundsätzlich bin ich der Meinung, dass man das „Selbst" nicht verlieren kann. Soll heißen, der Körper stirbt, aber die Seele lebt weiter. Sie ist an einem Punkt angekommen, wo sie bzw. ihr Menschsein nicht mehr weiterkommt oder glaubt, weiterzukommen. Aber sie muss im nächsten Leben dort weitermachen, wo sie stehengeblieben ist. Die Themen werden deshalb nicht von der „To-Do-Liste" gestrichen. Als Angehöriger bleibt man natürlich fassungslos zurück. Ich weiß, wie das ist. Man sucht bei sich selbst die Schuld. Man überlegt, was man noch hätte tun können.

Du darfst diesen Seelenweg akzeptieren.
(Hannes Angerer)

Es ist seine/ihre „Entscheidung". Du hast keine Schuld. Das ist, was ich Menschen mitgeben möchte, die einen ähnlichen Schicksalsschlag erleben mussten. Natürlich prägt es meinen Weg und es prägt den Weg meiner Kinder. Aber die Entscheidung der Tat darf man in seiner Trauer akzeptieren. Es ist auch die Kraft der Traurigkeit, die es schafft, Dinge so zu nehmen, wie sie sind, weil wir wissen, dass man die Situation nicht mehr rückgängig machen kann. Mir wäre natürlich lieber, wenn sie noch hier bei uns wäre. Aber ich bin der festen Überzeugung, dass ihre Seele einen neuen Weg findet. Wer weiß, vielleicht ist sie schon als Seele wieder bei uns inkarniert und pfeift ein fröhliches Leben? Vielleicht ist sie im Jenseits und es gibt das berühmte Wiedersehen. Wissen tue ich es nicht, glauben schon!

Trauerarbeit – den Sinn des Lebens finden.
(Hannes Angerer)

Durch meine vielen Todesfälle habe ich ein Verständnis für Tod bekommen. Dadurch bekam ich ein Verständnis fürs Leben und fand so den Sinn des Lebens. Traurigkeit bringt dich in die Tiefe und sie erwischt mich auch heute immer noch. Niemals den Fehler machen und sagen, jetzt bin ich fertig mit der Trauerarbeit. Ich werte das auch nicht. Wenn ich traurig bin, ist es einfach so. Das Gefühl darf da sein. Es muss nicht unbedingt in der Arbeit sein. Aber bei solchen

Verlusten darf man sich die Zeit nehmen, um zu trauern oder auch mal zu weinen. Es ist nicht schlimm. Und vielleicht löst sich manchmal etwas bei mir. Dann geschieht Heilung.

Wie man sich vorstellen kann, habe ich so noch nicht von Anfang an gedacht. Am Beginn war großes Drama angesagt und es dauerte seine Zeit, bis man mit gewissem Abstand auf diese Zeit zurückblicken kann. Natürlich war es ein großer Einschnitt in meinem Leben und es prägte mich sehr, diese geliebte Person auf diese Art zu verlieren. Nach dem Tod wurde ich zum Forscher. Ich wollte wissen warum, wieso und weshalb? Dabei ließ ich mir ihre Krankenakte schicken. Ich absolvierte spirituelle Ausbildungen, um die Thematik besser zu verstehen. Und ich wurde empfänglicher für Nachrichten von anderen Menschen, die Suizid begingen. Dabei fiel mir auf, wie verbreitet das Thema in unserer Gesellschaft ist. Ich kenne allein in meinem Dorf zirka zehn Personen, die den Freitod wählten. Dennoch wird es nach wie vor sehr tabuisiert. Aber warum ist das so? Warum gibt es Plätze oder Dörfer, wo sich solche Gegebenheiten häufen? Ich versuche das mal aus spiritueller Sicht zu erläutern. Ich möchte dich bitten, die nächsten Zeilen einmal vorurteilsfrei zu lesen. Viele werden mit solchen Gedanken zum ersten Mal konfrontiert sein. Es steht jedem frei, sich selber darüber zu informieren oder das Gesagte wieder zu verwerfen.

Wenn Menschen psychische Probleme haben, beginnt oft ein Kreislauf. Sie kommen in psychische Behandlung und es werden meist Psychopharmaka verabreicht. Grundsätzlich bin ich kein Gegner von solchen Medikamenten. Ich bin sogar heilfroh, dass es diese Form der Medizin gibt. Unter bestimmten Umständen kann es sehr hilfreich sein. Doch werden sie meiner Meinung nach zu vorschnell verabreicht. In den USA ist es ganz besonders schlimm. Dort bekommen unzählige Kinder Mittel gegen ADHS, um sie ruhig zu stellen. Gerade die harten Psychopharmaka haben eine ähnliche Wirkung wie Drogen. Aus spiritueller Sicht passieren dann zwei Dinge. Einerseits verlieren wir den direkten Kontakt zu unserer Seele. Andererseits fallen die Schutzmauern unserer Aura. Man wird „offen", wie man im Volksmund sagt. Viele Künstler haben Drogen probiert, um ihr Bewusstsein zu erweitern. Natürlich schafften sie es, sich zu öffnen. Doch in diesem Zustand ist man auch offen für astrale Wesenheiten bzw. „niedere Energien". Manche bezeichnen sie als Dämonen, doch dieser Begriff ist durch zahlreiche Filme geprägt. Einerseits sind es Drogen bzw. Psychopharmaka, die uns öffnen können für solche „niederen Energien". Andererseits sind es extreme Wutanfälle, wo so etwas in unsere Aura kommen kann. Daher möchte ich jedem ans Herz legen, nicht in diese Energie einzusteigen. Du kannst selbst entscheiden, ob du da weitergehst oder Stopp sagst. Auch ich bin manchmal heiß, aber ich gebe die Wut nach oben ab und versuche mich wieder zu beruhigen. Ich bin ja ein sehr temperamentvoller Zeitgenosse, der manchmal aufpassen muss, nicht jemandem vehement meine Meinung zu sagen. In einer Meditation die Wut rauszuschreien oder an einem Boxsack rauszulassen ist natürlich in Ordnung. Aber bitte nicht auf jemand anderen projizieren, diesen anbrüllen oder ihn gar schlagen. Es kann im Alltag so schnell passieren, dass wir wütend werden. Einfach kurz innehalten, tief durchatmen und einen Schritt zurücktreten. Dann lasse ich im Straßenverkehr halt mal einen Drängler nach vorne. Na und? Ist was passiert? Nein!

Nun gut, was sind nun Dämonen oder astrale Wesenheiten. Kurz gesagt, die dunkle Seite. Grundsätzlich bin ich nicht der Meinung, dass es einen Teufel oder die sogenannte Hölle gibt bzw. machen wir dies in unserem Bewusstsein selbst. Ich würde sagen, es gibt Licht und die Abkehr von Licht. Wo kein Licht ist, da ist es dunkel. Dämonische Wesenheiten sind Energien, die dem Licht abgeschworen haben. Daher können sie nur Wirte beziehen, die damit in Resonanz gehen. Es sind seelenlose Wesen, die immer jemanden brauchen, von dem sie sich ernähren. Wir können sie nicht direkt wahrnehmen. Manche Hellsichtige sehr wohl. In zahlreichen Filmen wie Harry Potter oder Herr der Ringe werden solche Wesenheiten dargestellt. Wir finden Hinweise zu Dämonen auch in den urchristlichen Schriften. Die Nag-Hammadi Texte sprechen von den sogenannten Archonten.

Heute gibt es viele Menschen, die einem im Falle einer Besetzung helfen können. Oft werden sie belächelt. Aber bedenke, die Kirche hat jahrhundertelang Exorzisten ausgebildet. Und seit 2018 bietet der Vatikan wieder Kurse an, weil die Nachfrage nach Austreibungen um ein Vielfaches gestiegen ist. Falls du an dieser Stelle Zweifel hast oder glaubst, ich sei ein Spinner, dann ist das dein gutes Recht. Ich möchte dich bitten, das selber zu prüfen. Es ist keine Schwierigkeit, ins Internet zu gehen und einmal selber darüber zu recherchieren.

Wie kann man sich von solchen Wesenheiten befreien? Grundsätzlich können sie nur andocken, wo auch ein Resonanzfeld ist. Eine brennende Wut könnte so ein Feld sein. Heilst du dieses Thema, kann sich da auch nichts mehr einnisten. So sehe ich das, möchte aber betonen, dass ich auf dem Gebiet kein Experte bin. Es bieten viele Menschen Hilfe an, die dir den Weg der Transformation und Heilung zeigen können und das kann ich dir sehr empfehlen. Denn erkennen kann man es auch nur schwer. Im Volksmund heißt es, wenn jemand sehr jähzornig ist: „Du führst dich auf wie ein Dämon." Dann könnte so etwas dahinterstehen, aber auch eine Verstorbenen-Energie wäre möglich. Daher braucht man Menschen, die sich wirklich damit auskennen. An sein Auto lässt man ja auch keinen Laien dran. Ich kann jedem zusätzlich raten, sich auf Liebe zu fokussieren. Es ist stets deine Entscheidung. Dann wirst du auch nicht anfällig sein für so etwas. Und das ist in der jetzigen Zeit, wo die alten Energien, Herr-Sklave-Prinzip, noch einmal „anschieben", enorm wichtig. Denn Energie folgt der Aufmerksamkeit!

> *Ich aber sage euch, dass ihr nicht widerstreben sollt dem Übel. (Jesus)*

Damit wollte Jesus sagen, dass man gegen das Übel nicht ankämpfen soll. Auf was man seinen Fokus legt, wird gleichzeitig genährt. Zuerst heile das Übel in dir und kämpfe nicht dagegen an. Lass es da sein und gehe in die Akzeptanz. Schau, wo und warum es dich berührt. Und dann fokussier dich auf schöne und wertvolle Dinge oder lass deiner Phantasie freien Lauf, dann ist der Ärger schnell verflogen.

Grundsätzlich sehe ich die Verantwortung nicht bei niederen Wesenheiten. Die Entscheidung trifft der Mensch selber. Den freien Willen, wir haben ihn. Und wir haben die Möglichkeit, einen anderen Weg zu gehen, wenn wir nicht glücklich sind. Das Thema psychische

Krankheit ist halt ein sehr komplexes und ich habe größten Respekt vor den Therapeuten, die in dem Bereich arbeiten. An dieser Stelle möchte ich auf den Arzt Dr. Milan J. Meder hinweisen. Er betreibt eine Klinik für Jugendliche ohne Pharmazeutika. Weitere sind in anderen Ländern am Entstehen. Für mich ein Zeichen dieser Zeit zur Hinwendung zum Ursprung!

Meiner Meinung nach ist das Problem bei psychischen Krankheiten das Anstauen von Gefühlen. Diese werden zu Emotionen. Es kommt zum Stau und man hat das Gefühl, es wird einem alles zu viel. Manche kommen in eine Art Ohnmacht. Wie schon erwähnt, suchte ich damals nach allem Möglichen, um meiner Frau zu helfen. Ich ging zur Psychotherapie mit ihr. Ich informierte mich über chinesische Medizin. Ich kaufte ihr sogar Laufschuhe. Ein Mensch, der an so einer Krankheit leidet, muss an einen Punkt kommen, sich selbst zu helfen. Die Tür darf man schon zeigen, durchgehen muss der Mensch selber.

Und so wäre es meiner Meinung nach gut, den Menschen in die Bewegung zu bringen. Sei es beim Sport, sei es eine Bewegungsmeditation. Das Äußere bedingt das Innere. Komme ich im Außen in die Bewegung, so bewegt sich auch etwas in mir. Vielleicht muss man heulen, vielleicht schreien. Das ist der Punkt, wo die gestauten Emotionen anfangen zu fließen. Der Mensch hat das Gefühl, wieder Herr im eigenen Haus zu sein und der Ohnmacht zu entfliehen. Es könnte ein Weg sein, wie man aus so einer Phase herauskommen kann. Kunst ist ja auch ein Ausdruck von Gefühlen. Auch dort kann man beginnen und den Menschen etwas anbieten. Jeder muss aber dann selber anfangen, zu tun. Das ist meine Erfahrung mit Suizid. Deshalb bin ich auch so kritisch, was die Maßnahmen betrifft, weil die psychischen Belastungen zu vermehrten Depressionen führen und ich weiß, was das mit Menschen macht. Jeder, der selber so etwas erlebt hat, wird mir an dem Punkt zustimmen. Die Frage nach den Kollateralschäden der Maßnahmen, was für mich schon ein Übel ist, habe ich in einem offenen Brief an den Gesundheitsminister gestellt, ohne eine Antwort zu bekommen.

Manche fragen mich, wie ich es schaffte, mich so damit auseinanderzusetzen? Vermutlich ist es mein Gemüt. Grundsätzlich bin ich eine Kämpfernatur. Und ich bin ein Mensch, der sich selber (und andere) gerne konfrontiert. Seien es Gefühle, seien es neue Gedanken. Ich laufe nicht gerne davon. So hätte ich damals das Dorf, in dem schlimme Gerüchte verbreitet wurden, am liebsten verlassen. Ich hatte aber diesen starken inneren Impuls, an dem Platz zu bleiben. Heute weiß ich, dass mir die Konfrontation mit diesen Gerüchten etwas gebracht hat. Außerdem errichtete ich ein kleines spirituelles Zentrum, wo Ausbildungen angeboten werden und Petra Yogakurse gibt.

Fahr nicht fort, bleib im Ort. (Hannes Angerer)

So könnte man den Spruch auf diesen Lebensabschnitt umdichten. Ich ging nach dem Tod meiner ersten Frau bewusst einige Tage danach wieder einkaufen oder zur Bank. Es war ein mulmiges Gefühl und ich hatte vielleicht sogar Angst. Aber ich hätte mich vermutlich zurückgezogen. Ähnlich wie beim Bergsteiger, der nach einem Unfall sofort wieder auf den Berg geht, um seine Angst zu besiegen.

Wo die Angst ist, da geht es lang! (Günter Ammon)

Gemeint ist die unnatürliche Angst, die ständig da ist. Das könnte man auf das ganze Leben ummünzen. Vor was hast du Angst? Wo fürchtest du dich? Es könnte ein Indikator für deinen Lebensweg sein. Stell dich dieser Angst, dann hat sie keine Macht mehr über dich. Solange sie da ist, schwelgt sie im Hintergrund. Ich stelle mir vor, was passiert wäre, wenn ich mich dieser Angst nicht gestellt hätte? Natürlich könnte ich die öffentlichen Veranstaltungen in Krenglbach meiden und mich in mein Haus verkriechen. Aber bei jeder Autofahrt nach Krenglbach hinein wäre spätestens bei der Ortstafel ein ungutes Gefühl hochgekommen. Ich hätte bei jedem öffentlichen Auftritt Angst, ob nicht jemand aus meinem Dorf kommt und mich eventuell anspricht. Jeder Spaziergang wäre eine Tortur. Daher bin ich froh, so gehandelt zu haben. Du kannst dich fragen, welche Angst Macht über dich hat? Was schränkt dich ein? Wenn du daran arbeitest, wirst du ein Stück freier werden und das ist es doch, was wir alle wollen, oder nicht?

Freiheit und Selbstverantwortung ist aber auch, was manche nicht wollen. Ich bin ja grundsätzlich kein Gegner der Pharmaindustrie.

Viele Medikamente erleichtern unseren Alltag oder helfen uns bei Krankheiten. Aber die Richtung und Quantität, in die das alles läuft, stimmt mich doch bedenklich. So wissen wir etwa, dass Antibiotika nur bei bakteriellen Entzündungen helfen, bei viralen Erkrankungen nicht. Aber wie oft verschreiben Hausärzte bei leichtem Fieber oder Schnupfen Antibiotika? Es ist verheerend. Man weiß, dass die Darmflora nachhaltig geschwächt wird. Man weiß, dass sich antibiotikaresistente Keime bilden. In Österreich schätzt man 5000 Todesfälle durch solche Keime, jedes Jahr.

Zugegeben, es wird auch durch Antibiotika in unserer Nahrung gebildet. Doch müssten zumindest Ärzte, die dafür ausgebildet wurden, so etwas bedenken. In meiner perfekten Welt müsste eigentlich die Pharmalobby dagegen aufstehen. Doch stehen die finanziellen Interessen im Wege. Es bildet sich ein Kreislauf an Interessen, die gar nicht die Gesundheit des Patienten im Vordergrund sehen. Wir werden abhängig gemacht durch Medikamente. Diese haben eventuell Nebenwirkungen. Dafür müssen wir weitere Tabletten nehmen. Ich finde es fast schon einen Wahnsinn, wie viel manche Menschen täglich nehmen müssen, um über den Tag zu kommen. Gäbe es nicht genug Mittel aus der Natur, die keine Nebenwirkungen haben? Warum finden alternative Methoden kaum Gehör?

So hat ein gewisser Dr. Bircher zur Zeit der Spanischen Grippe Soldaten behandelt, wobei ausnahmslos alle genesen sind. Er sprach mehrere wichtige Punkte an. Sonnenlicht für den Vitamin-D Haushalt, wenn es denn von der Jahreszeit her noch geht. Der Stand der Sonne ist ja wichtig, damit der Körper überhaupt in der Lage ist, Vitamin-D zu produzieren. Er setzte seine Patienten außerdem auf vegane Kost. Dies half, die Entzündungswerte im Körper zu reduzieren. Heute ist das wissenschaftlich belegt. Und er gab ihnen sogenannte Wärmebäder. Es sind 41 bis 42 Grad heiße Bäder, die man nur nehmen darf, wenn das Herz gesund ist. Dabei erzeugt man ein künstliches Fieber, wo die körpereigene Abwehrreaktion hochfährt. Dieses Wissen um die positiven Auswirkungen von Fieber ist sogar Teil jeder medizinischen Ausbildung. Dennoch wird es nicht gemacht, ganz im Gegenteil. Dem Patienten werden fiebersenkende

Mittel verabreicht. Es mag auf einer Intensivstation manchmal Sinn machen. Aber auch Hausärzte teilen diese Medikamente oft leichtfertig aus. Mich wundert es nicht, wenn die Menschen immer kränker werden. Anstatt dem Körper Ruhe zu gönnen, pumpen wir uns mit Medikamenten voll, um ja schnell wieder arbeiten zu gehen. Wo ist da bitte der Sinn?

Den nächsten Wahnsinn sehe ich im übermäßigen Desinfizieren. Wir wissen bereits, dass die Schmierinfektion kaum eine Rolle spielt. Die Mähr der Desinfektion hält sich dennoch. Ich konnte vor kurzem einen Mann beobachten, der seinen Einkaufswagen desinfizierte. Nicht nur den Handgriff, sondern auch die ganzen Metallstäbe. Bauen wir als Nächstes Waschstraßen, wo wir alle von oben bis unten mit Desinfektionsmittel vollgesprüht werden? Wie wir wissen, zerstört so ein Mittel unsere Hautflora, die einen natürlichen Schutz darstellt. Zahlreiche Untersuchungen zeigen, dass normales Händewaschen ausreicht. Dass man in Krankenhäuser oder Altenheimen dazu greift, ist klar.

Was möchte ich damit sagen? Der Kreislauf, den ich hier beschreibe, hat sehr viel mit Abhängigkeit zu tun. Man macht den Menschen krank, um ihn danach wieder gesund zu machen. Bei beiden verdienen manche Firmen Unsummen an Geld. Es mag eine gewagte These sein. Aber die Berichte über die Vorgehensweise mancher Ernährungs- und Pharmafirmen zeigt, dass hier finanzieller Erfolg vorrangiger ist. Ich denke, wir sollten aufwachen und in die Eigenständigkeit gehen. Was spricht dagegen, sich selber zu informieren? Was spricht dagegen, auf seinen Körper zu hören? Bin ich krank, gehöre ich ins Bett und nicht schnellstmöglich zurück an den Arbeitsplatz. Auch ich gehe zum Arzt, wenn ich nicht mehr weiter weiß. Aber wegen Schnupfen oder einem grippalen Infekt brauche ich keine Medikamente. Ich verwende höchstens die Medizin der Natur. Den Rest erledigt mein Körper von selbst, was allerdings etwas mehr Zeit benötigt.

Selig, die ausharren! (Franz von Assisi)

Ist es nicht so, dass unser Körper dadurch stärker wird? Ich denke an meine Kindheit zurück, als wir alles in den Mund genommen haben, was zwischen unseren Fingern war. Etwas Dreck schadet nicht heißt es im Volksmund. Ändert sich das etwa als Erwachsener? Daher brauchen wir vielleicht manchmal etwas Auszeit, damit sich der Körper erholen kann, wenn wir es ihm sonst nie gönnen. Nimmst du keine Medikamente zu dir und lässt den Körper einmal zwei oder drei Tage fiebern, so stärkst du das Immunsystem. So könnte man das auch auf geistiger Ebene sehen. Wenn du vor deinen Problemen davonläufst, wirst du nicht wachsen. Ich hätte damals den Wohnort wechseln können, das wäre kein Problem gewesen. An einen Ort, wo mich niemand kennt. Dort hätte ich von vorne beginnen können. Aber dieselben Themen wären in anderen Situationen hochgekommen, davon bin ich überzeugt. Daher auch der Spruch von Assisi, der mich schon ein Stück meines Lebens begleitet.

Es gibt ein Gebet von ihm, dass mir sehr viel Kraft gibt und ich ans Ende dieses Kapitels stellen möchte. Solltest auch du einmal schwere Stunden durchleben müssen, so sei dir gewiss, dass die geistige Welt immer auf deiner Seite ist. Egal, ob du an Engel, Heilige oder an Gott glaubst. Ich bin der festen Überzeugung, dass niemand alleine ist.

Lass mich Liebe bringen

*Gott, mach mich zu einem Werkzeug des Friedens,
dass ich Liebe bringe, wo Hass ist;
dass ich verzeihe, wo Schuld ist;
dass ich vereine, wo Zwietracht herrscht;
dass ich Wahrheit bringe, wo Irrtum ist;
dass ich den Glauben bringe, wo Finsternis ist;
dass ich Freude bringe, wo Leid ist;
nicht um getröstet zu werden, sondern um zu trösten;
nicht um verstanden zu werden, sondern um zu verstehen;
nicht um geliebt zu werden, sondern um zu lieben;
nur dies ist wichtig;
denn, da wir geben, empfangen wir;
da wir uns selbst vergessen, finden wir;
da wir verzeihen, erhalten wir Vergebung;
da wir sterben, gehen wir ins neue Leben. Amen.*
(Franz von Assisi zugeschrieben)

Kapitel 11: Ping Pong – Die Dualität des bewerteten Lebens!

Home Office 41 Der Weg ist das CoronaVerVirus...es kann nur einen geben, ANGSTviren XiJinpingPong
Home Office 42 Home Office 42 Schule des Lebens? FREIHEIT für uns KINDER! Spaß, Freude, Neugier, Abenteuer LERNEN
Home Office 43 S HOTLINE - INFOtelefon ein KURZgespräch für das Volk! mit HFr. BundesrepräsentenIn
Home Office 44 PARTYtime   VOLLGAS - sozial DISC DANCING ... mit meiner ERFINDUNG und PAARtner Börse!

Passend zum Geschehen packte ich in einem Video meine Chinesennummer aus. In diesem verarbeitete ich die Ausbreitung des Virus, das in Wuhan seinen Anfang nahm und sich innerhalb kürzester Zeit in der ganzen Welt verbreitete. Dabei stellte ich auch kritische Fragen. Denn wenn das Virus so ansteckend ist, warum breitete es sich nicht in ganz China aus? Chinesische Gastarbeiter hatten es doch angeblich nach Italien gebracht. Es gibt ja auch innerchinesische Reiserouten. Eigentlich müsste es sich schon viel früher in ganz China ausgebreitet haben? Mich beschleicht das Gefühl, dass die chinesische Regierung hier nicht ganz die Wahrheit erzählt. Aber es dient ja zu etwas und auch China hält uns den Spiegel vor. Dabei denke ich an die massenhafte Überwachung von Menschen. Überall Kameras, die jedes Geschehen beobachten und bei Nichteinhaltung von Gesetzen wird gestraft. Auch bei uns schreitet die Überwachung bzw. der gläserne Mensch mit großen Schritten voran. Und der Virus hat das noch einmal gepusht. Wie oft wird hingewiesen, dass wir nicht mit Bargeld bezahlen sollten, weil es so gefährlich ist. Die Abschaffung des Bargelds? Es gibt zahlreiche Interessensgruppen, die sich freuen würden. Ein weiterer Aspekt beinhaltet die Zentralisierung, die vor allem in den Wunsch nach einer Zentralbank münden. Wollen wir das überhaupt? Bzw. werden die Bürger überhaupt befragt?

Ein weiterer Spiegel, den China uns vorhält, betrifft die Psychologie der Massen. Bis vor kurzem belächelten wir die chinesischen

Urlauber mit ihren Masken und ihrer doch relativ beugsamen Haltung gegenüber dem Staat. Die machen das, was der Staat ihnen vorgibt, ohne es kritisch zu hinterfragen. Proteste werden gewaltsam niedergedrückt, Regimegegner verhaftet. Und die Bevölkerung macht mit, denn es ist ja zum Wohle aller. Innerhalb von kürzester Zeit sind wir jetzt diejenigen, die genauso mit Masken herumlaufen. Und das machen wir zum Wohle aller bzw. zur Erhaltung der Gesundheit. Auch unsere Regierung macht uns Angst. Wenn wir dieses oder jenes nicht machen, werden Menschen sterben. Und auf diesen Zug springen viele auf. Es gibt genug Menschen, die für die Maßnahmen sind und sich tatsächlich noch härtere Einschnitte wünschen. Ich glaube sogar wir sind an einem Punkt, wo Menschen applaudieren, wenn Proteste gegen die Maßnahmen gewaltsam niedergeknüppelt werden. An dieser Stelle wiederhole ich noch einmal. Wer sich schützen möchte, der darf und kann das ohne weiteres tun. Die Gesellschaft von Menschen meiden und FFP2-Masken im Supermarkt aufsetzen. So wird er oder sie sich niemals infizieren können.

In Wahrheit agieren doch alle aus Angst heraus. Die Angstenergie umspannt die ganze Erde. Wie schon erwähnt, folgt die Energie der Aufmerksamkeit. Das ist wie eine Kettenreaktion. Hier wirkt das Gesetz der Resonanz. Wenn alle etwas tun, müssen wir das auch. So ist das doch bei den europäischen Ländern der Fall. Wir hören nur, dass ein Land wieder härtere Maßnahmen setzt und schon werden Stimmen laut, dass wir das auch tun müssen. Die Psychologie der Massen beschreibt genau dieses Phänomen und dabei bedient man sich immer der Angst, ob begründet oder nicht. Ich gebe zu, am Anfang wusste man tatsächlich nicht viel über den Virus, auch wenn damals schon viele Experten hingewiesen haben, dass die Gefahr nicht so groß ist. Aber auf die hörte man nicht, man bezeichnete sie als Verschwörungs-theoretiker. Mittlerweile spricht die WHO davon, dass die Mortalität nur etwas höher ist wie bei der Grippe und dass ein Lockdown kein geeignetes Mittel zur Pandemiebekämpfung sei. Warum hört man nicht auf alternative Stimmen?

Und da kommt das Phänomen der Lüge zu tragen. Man schießt sich auf eine Meinung ein und behauptet etwas. Dann kommen neue Erkenntnisse zu Tage. Man könnte jetzt seine Meinung ändern und zugeben, dass man sich geirrt hat. Oder man beharrt weiter auf seiner Lüge und versucht krampfhaft, seine These zu untermauern. Je weiter die Lüge verbreitet wird, desto stärker versucht man, diese aufrecht zu erhalten, wenn man im Egospiel ist. Ein wahrhaft spirituell denkender Mensch tritt einen Schritt zurück und sieht sich die Lage von einem höheren Standpunkt aus an. Das kann in einem Streitgespräch sein. Ich würde dann in die Stille gehen und fühlen, um was es eigentlich geht. Und ich habe das Gefühl, zurzeit geht es vielen Menschen nur darum, Recht zu haben. Wäre es nicht eine positive Nachricht, wenn der Virus doch nicht so gefährlich sei? Wäre es nicht schön, wenn wir wieder ohne Maske herumlaufen und uns in die Arme nehmen können? Wäre es nicht toll, wenn die Kinder singen und miteinander spielen dürfen? Ich habe das Gefühl, viele wollen das gar nicht. Die möchten an ihrer Angst festhalten und ja nichts hinterfragen. Mir geht es manchmal auch so, dass ich nicht mehr weiß, was ich glauben soll. Das ist doch nicht schlimm. Jeder soll daran arbeiten, seine eigene Wahrheit zu finden und nicht daran arbeiten, Recht zu haben. Und hier verstehe ich nicht, warum Regierungen es nicht schaffen, verschiedene Experten an einen Tisch zu holen um einen Mittelweg zu finden. Es ist, als läuft man mit Scheuklappen durch die Welt um ja nicht nach links oder rechts blicken zu müssen. Das ist, was ich an der jetzigen Situation hinterfrage.

Ich sprach bereits vom sogenannten Herr-Sklave-Prinzip, das jetzt bricht. Es ist ein Wettkampf dessen, wer Recht hat. Und dieses Prinzip wird zu Ende des Zeitenwandels noch einmal hochgespielt, damit wir es erkennen und transformieren können. Ich habe Recht, du hast Unrecht. Es geht nicht darum, in einer schönen und freien Gesellschaft zu leben. Es ist ein Wettbewerb der Fakten. Ich denke, wir müssen in Diskussionen lernen, einmal einen Schritt zurückzutreten. Was glaube ich eigentlich? Für was stehe ich ein? Und das kann sich auch ändern, genauso wie sich Wahrheiten ändern. Was gestern falsch war, ist morgen vielleicht der Weg.

Die einzige Konstante im Leben ist die Veränderung.
(Heraklit)

Auch mir spielt das Ego ab und zu einen Streich. Denn auch ich wäre gerne bei einer Diskussion eingeladen. Was dieser Experte behauptet hat, das sagte ich bereits in 15 Videos. Vielleicht will auch ich berühmt werden? Da muss ich mich selber laufend herunterdimmen. Es geht um Ehrlichkeit zu sich selbst. Ähnlich ist es bei meinen Musikvideos. Natürlich würde ich mich freuen, wenn meine Musik im Radio gespielt wird. Aber das sollte nicht das vorrangige Ziel sein. Und hier muss sich jeder fragen, wo es ihn bei der Debatte erwischt. Leider sind zurzeit viele Angstegos unterwegs, die in die Denunzierung gehen. Außerdem geht es verstärkt darum, Schuldige zu finden. Die Jugend ist hier, wie schon ewig, die Zielscheibe Nummer Eins, obwohl die ältere Generation sich genauso wenig an die Vorgaben hält. Oft passiert es eben, dass man Wasser predigt und Wein trinkt. Viele Menschen aus meinem Umfeld sprechen sich in der Öffentlichkeit für die Maßnahmen aus, halten sich aber selbst nicht daran. Im Kaufhaus passierte es mir bereits zweimal, dass ein älterer Herr sehr nahegekommen ist. Grundsätzlich habe ich mit Nähe oder Berührungen kein Problem. Aber es war eine eigentlich schützenswerte Person, die mit mir auf Tuchfühlung ging. In dem Moment hatte ich das Gefühl, dass dieser Herr nicht geschützt werden möchte. Betrachten wir die psychologischen Auswirkungen, so kann man sagen, dass sich am meisten die Jugend sowie die im mittleren Alter sich befindenden fürchten. Aber nicht nur vor dem Virus, sondern auch vor den wirtschaftlichen Auswirkungen des Lockdowns. Das sollte uns zu denken geben.

Ich sprach am Beginn von der Nummer mit dem Chinesen, die ich auch jahrelang im Menütheater gespielt hatte. Heutzutage muss man ja aufpassen, dass man nicht missverstanden wird. Auch wenn ich den Chinesen auf clowneske Art spielte, so bin ich eigentlich ein großer Fan des Chinesischen. Seien wir ehrlich, der Fundus an materiellen Erfindungen sowie geistigen Ideen ist enorm. Durch das Karate kam ich früh mit dieser Kultur in Berührung und war fasziniert. Es gibt nämlich auch das geistige Karate, das auf ein gewaltfreies

Miteinander abzielt. Der Kampf der im Geiste schon ausgetragen wird, sodass er nicht mehr manifestiert werden muss und zu einem friedlicheren Miteinander führt.

Bekannt ist China auch für den Buddhismus und seinen Glauben an die Wiedergeburt. Meditation und die Frage, was das mit mir zu tun hat, sind ein zentrales Element dieser Religion. Wir alle kennen Konfuzius oder Lao-Tse und ihren Weg der Achtsamkeit. Eine nicht so bekannte geistige Strömung ist das sogenannte Wu-Wei. Hier geht es um das Nichthandeln bzw. Geschehen lassen, wobei es viele mit Nichtstun verwechseln. Wu-Wei beschreibt genau das, was ich im Sein-Tun-Haben Prinzip erklärte. Ich habe einen Wunsch, fokussiere mich und lasse den Wunsch los. Ich lege ihn in Gottes Hände. Wenn es sein soll, dann wird er sich manifestieren. „Herr, dein Wille geschehe", würde der Christ sagen.

Clinton Callahan ging einen ähnlichen Weg und beschrieb, wie dies mit Gewinnen passiert. Das babylonische Prinzip wäre das „ich gewinne – du verlierst", welches wir die letzten 5000 Jahre gespielt haben. Das wandelte sich in den letzten Jahrzehnten mit „ich gewinne – du gewinnst", was sich unter anderem im Glücksspiel wiederfindet. Es geht darum, Deals zu machen, wo beide gewinnen und eine Win-Win Situation entsteht.

Gewinnen passiert! (Clinton Callahan)

Das wäre das göttliche Prinzip. Ich tue um des Tuns-Willen. Es geht nicht ums Haben. Mein Ziel ist nicht, viel Geld damit zu machen. Wenn es passiert, fein, wenn nicht, auch schön. Denn ich bin bereits glücklich mit dem, was ich tue. Das Tun aus dem Herzen heraus. So kam in mir bereits in frühen Jahren der Wunsch hoch, Clown zu werden. Es war einfach da. Heute weiß ich, dass ich geführt wurde und jede Entscheidung in meinem Leben, die ich aus dem Herzen getroffen habe, sich als goldrichtig erwiesen hat. Als ich begann, für Kinder zu spielen, heilte ich zuallererst mein eigenes inneres Kind. Dadurch, dass der Clown sich selbst heilt, kann er aber auch andere heilen, indem er Gefühle bewegt. Das wusste ich damals noch nicht, aber mein Herz wusste es. Intuition und Spontanität waren in meinem Leben stets ein treuer Begleiter.

Wenn ihr nicht umkehrt und werdet wie die Kinder, so werdet ihr nicht ins Himmelreich kommen. (Jesus)

Dieser Ausspruch ist eigentlich ein kleiner Rückblick auf „Schaut nicht auf die Früchte eures Tuns." Ein Kind lebt präsent im Hier und Jetzt. Es lässt ein Spielzeug fallen und geht. Das nennt man loslassen. Wenn es jemand wegnimmt, ist es ihm egal, außer es hat eine spezielle Verbindung zu dem Ding. Das wäre das Ziel im Leben, nämlich es leben zu lassen. Hinzu kommen Spontanität, sowie ehrliche Gefühlsausdrücke, wenn das nicht schon aberzogen wurde. Denken wir an das Freudestrahlen eines Kindes, welches den Christbaum erblickt. Diese Freude von Herzen heraus, das können wir Erwachsenen gar nicht. Wir versuchen es über die Kinder wieder zu bekommen. Deshalb schmücken wir den Baum oder nehmen uns viel Zeit für die Dekoration der Räumlichkeiten, weil es uns an unsere eigene Kindheit erinnert. Weihnachten könnte man als Metapher für Freude sehen. Oft zelebrieren Familien das Warten aufs Glockerl noch, wenn die Kinder schon erwachsen sind. Im Unterschied zu uns Erwachsenen spielt das Kind nicht nur das Gefühl, sondern es ist in dem Moment das Gefühl wie Freude, Angst, Traurigkeit oder Wut. Erst im Laufe der Erziehung bekommt es sein System und fängt an, die Gefühle zu spielen und damit zu manipulieren. Wenn ich das tue, bekomme ich dies oder jenes. Aber es sind wir, die das machen. „Wenn du einen Einser schreibst, bekommst du zehn Euro." An dieser Stelle entfernt sich das Kind vom göttlichen Kindsein und geht in das irdische Menschsein über, um einen gewissen Lernprozess zu durchlaufen. Hier möchte ich keinem Elternteil zu nahetreten. Ich habe genug Fehler gemacht bei der Erziehung meiner eigenen Kinder und weiß, dass daraus Prägungen entstanden sind, an denen sie im Erwachsenenalter zu arbeiten haben.

In etwa den ersten 25 - 30 Lebensjahren holen wir uns das ab, an dem wir das restliche Leben lang arbeiten.
(Hannes Angerer)

Natürlich habe auch ich heftige Prägungen erhalten. In meiner Zeit wurden die Kinder noch geschlagen. Aber ich würde niemals hergehen und sagen: „Ich habe Prägungen erhalten, also ist es mir egal, wenn meine (oder andere) Kinder auch negativ geprägt werden, das müssen sie schon aushalten." Gerade jetzt zeigt sich wieder die Diskussion, wo es vielfach heißt, dass die Kinder so etwas einfach aushalten müssen. Schau dir einmal deine eigenen Prägungen aus der Kindheit an, dann wirst du erkennen, welche „Kleinigkeiten" oft große Auswirkungen haben. Das reicht bis ins hohe Erwachsenenalter, wenn es nicht angeschaut und erlöst wird.

Zum Umgang mit den eigenen Kindern möchte ich noch eines festhalten. Die beste Hilfe, die wir ihnen geben können, ist zu schauen, dass es uns Eltern gut geht. Alles, was ich in mir erlöse, müssen meine Kinder nicht mehr aufarbeiten. Nehmen wir ein drastisches Beispiel wie etwa Missbrauch oder Gewalt her, die sich oft in der gesamten Ahnenlinie durchziehen. Wurde etwa die Großmutter missbraucht, zieht oft auch die Mutter oder das Kind solche Situationen an, bis jemand in der Ahnenlinie dieses Thema durchbricht und auflöst. Dann braucht auch die nachfolgende Generation an diesem Thema nicht mehr zu arbeiten. Die Kinder übernehmen ja meine Themen. Das wäre das sogenannte Familienkarma, was es zum Aufarbeiten gibt. Natürlich bringen die Kinder auch ihr eigenes Karma in ihr Leben mit und beeinflussen dadurch auch die Eltern. Es werden dir im Leben ständig Dinge gespiegelt, an denen du erkennen sollst, woran du zu lernen hast.

K.I.N.D.E.R. ... Könnt Ihr Nicht Die Erwachsenen Retten. (Hannes Angerer)

Das ist meine etwas eigensinnige Definition von Kind, die ich vor Jahren in einem Lied verfasst habe. Das Handeln von uns Erwachsenen ist geprägt von der jahrelangen Gewohnheit, die sich eingespielt hat. „Das haben wir früher schon so gemacht, darum machen wir's jetzt auch so." Wir sind oft nicht in der Lage uns zu ändern, weil wir nur aus dem Verstand heraus handeln. Dieser kann jedoch nur auf unsere Gewohnheiten zurückgreifen und Argumente für unser bisheriges Verhalten finden. Etwas Neues hervorbringen kann er nicht. Daher sehe ich in jedem Kind wieder Hoffnung, denn es kommt auf die Welt ohne irgendeinen Funken Wissen. Man sagt auch, es geht durch den „Schleier des Vergessens". Aber die Weisheit aus den Erfahrungen der Vorleben trägt es in sich.

Weisheit ist etwas, das spontan hochkommt.
(Hannes Angerer)

Als jemand, der sehr viel vor Kindern gespielt hat, weiß ich, wie Kinder die aktuelle Situation aufnehmen. Und an dieser Stelle reagiere ich immer mit absolutem Unverständnis und einer Brise Fassungslosigkeit. Was hier an einer Generation angerichtet wird, das können wir uns noch nicht vorstellen. Wenn man Kinder eintrichtert, dass sie die Oma schützen müssen, weil sie sonst krank wird und sterben könnte, fühlen sie sich als Schuldige. Kinder beziehen immer alles auf sich und suchen die Schuld zuallererst bei sich selbst. Die Maskenpflicht für Kinder erwähnte ich schon an mehreren Stellen. Hinzu kommt, dass Kindern eingetrichtert wird, Abstand zu halten. Nicht nur zu Erwachsenen, sondern auch zu den Freunden. Ja kann sich denn keiner mehr vorstellen wie es ist, Kind zu sein? Kinder wollen miteinander spielen, sich berühren und hin und wieder raufen. Und das verbieten wir ihnen jetzt? Ich behaupte, hier bekommt eine ganze Generation Angstprägungen, an der sie als Erwachsener arbeiten muss. Jeder Mensch wurde als Kind geprägt und wenn man sich auf den Weg der Selbstheilung begibt, so landet man fast immer in der Kindheit. Es reichte eine blöde Meldung aus, an der man ein Leben lang zu kämpfen hat, ohne dass einem als Kind das bewusst war. Später kann sich so etwas als Krankheit manifestieren. Oder ist es so, dass manche Seelen bewusst diese Erfahrung machen wollen?

Betrachten wir die mediale Berichterstattung, so geht es hauptsächlich um die Maßnahmen in der Schule. Wann wird zugesperrt? Wird die Klasse geteilt? Wie testen wir die Schulen? Ich hätte geglaubt, die gefährdete Gruppe ist im Altersheim. Warum versuchen wir nicht, diese Gruppe zu schützen und Maßnahmen zu setzen, die zielgerichtet sind. Kein Kind wird je das Gesundheitssystem mit Corona belasten. Nun gut, Kinder haben keine Gewerkschaft und wählen dürfen sie auch nicht. Deshalb bin ich jemand, der sich für das Wohl der Kinder einsetzt, wenn alle schon auf sie einprügeln. Jedes Jahr hören wir von Ärzten, dass Bewegung die Gesundheit fördert, aber wir streichen den Turnunterricht. Die Kinder müssen sich immer und überall desinfizieren, obwohl wir wissen, dass die Bauernhofkinder, die im Dreck spielten, die gesündesten sind. Singen öffnet das Herz und bewegt Gefühle, aber wir streichen das.

Durch die Krankheit meiner Kinder beschäftigte ich mich viel mit solchen Themen. In Deutschland gibt es den bekannten Hirnforscher Dr. Gerald Hüther. Dieser gründete eine Schule, wo er die Kinder unter anderem jonglieren ließ, weil dadurch die Synapsen zwischen linker und rechter Gehirnhälfte zusammenwachsen. Also genau das, was ich als Clown auch mache. Ich würde in der Schule den Kindern die Lehre der Gefühle beibringen, die für mich das wichtigste Instrument der Gesundheit darstellt. Man könnte das Ganze auch mit Yoga oder Schüttelmeditationen in Verbindung bringen. Den eigenen Körper kennen lernen und seine Bedürfnisse wahrnehmen. Ich bin der Meinung, dass so etwas bereits vielfach von engagierten Lehrern gemacht wird. Oft werden solche Ideen aus der Not geboren, weil man mit etablierten Methoden nicht mehr weitergekommen ist. In weiterer Folge geht es um die Verbindung von Körper, Geist und Seele, die ja ein Bestandteil vom Religionsunterricht sein könnte. Hat Jesus uns nicht genau das beigebracht? Die Frage, wie Leben eigentlich funktioniert! Ich rate dem interessierten Leser die Lektüre der Bergpredigt und des Thomas-Evangeliums zu lesen. Diese beinhalten meiner Meinung nach alle wichtigen Aspekte, mit denen man ein glückliches Leben führen kann.

Das Wissen der Bücher wird zur Weisheit der Herzen.
(Hannes Angerer)

In unserem Schulsystem schwebt immer noch der Geist der Heranbildung eines fähigen Arbeiters. Ich streite gar nicht ab, dass Kinder Fähigkeiten brauchen, mit der sie in der Welt zurechtkommen können. Doch auch Didaktiker hinterfragen immer mehr die reine Wissensvermittlung sowie den klassischen Frontalunterricht. Alle Untersuchungen zeigen, dass es die am wenigsten nachhaltige Form des Unterrichts ist. Kinder in die Eigentätigkeit und Eigenverantwortung zu bringen, wäre die große Devise. Erst durch das eigene Tun wird das Wissen transformiert und als Erfahrung abgespeichert. Die Verbindung von Wissen mit Gefühlen bleibt ein Leben lang erhalten und kann erst dann in Weisheit münden. Auch vom inhaltlichen Aspekt her soll und wird sich in Zukunft viel ändern. Die Verbindung von Wissen mit der Spiritualität. Oder anders ausgedrückt, wie kann ich mit den Methoden der Wissenschaft die Welt und mich selbst besser verstehen.

Nicht nur die Kinder sind im Fokus der medialen Berichterstattung, auch die Jugend bekommt regelmäßig ihr Fett ab. Die dürfen dieses und jenes nicht machen und müssen zu Hause bleiben. Hallo? Ich war auch mal jung. Da wollte ich fortgehen um ein Mädchen kennen zu lernen und mit den Freunden Spaß haben. Meine Generation hat damals so viele verbotene Sachen gemacht, da würde man heute ins Gefängnis gehen. Und diese Generation schimpft jetzt auf die Jugend, nur weil sie sich in der Gartenhütte trifft? Dieses ständige Hinhacken auf die Jugend, da bin ich sowieso nicht dabei. Denn jede Generation hat ihren Geist, auch ihren Freiheitsgeist. Zu meiner Zeit hatte die Jugend lange Haare. Ich trug eine Ami-Jacke und weiße Turnpatschen, die auch heute wieder modern sind. Meine Mutter meinte, ich müsste eine gebügelte Hose tragen. Ich denke, an dieser Stelle wird sich jeder wiederfinden, egal zu welcher Zeit er groß geworden ist. Blicke zuerst einmal in deinen eigenen Spiegel, bevor du über andere urteilst. Oder wie Jesus es ausgedrückt hat:

Wer ohne Sünde ist, werfe den ersten Stein. (Jesus)

Da bringen sie Berichte über „illegale Garagenpartys" von Jugendlichen und mokieren sich darüber. Frage: Was hat unser Bundespräsident gemacht? Ja er hat halt die Zeit übersehen. Und er fällt ja auch nicht unter die vulnerable Gruppe. Oder die Tiroler Politiker, die nach 22 Uhr noch Wein getrunken haben, obwohl dort bereits die strengste Sperrstunde galt und Alkoholverbot herrschte. Zu der Zeit standen darauf mehrere tausend Euro Strafe auf solch ein Vergehen. Ich wiederhole mich noch einmal. Was ist unser großes Problem? Wir wollen nicht, dass die Krankenhäuser überlastet werden. Kaum ein Kind oder Jugendlicher wird je wegen Corona ins Krankenhaus kommen und die dortigen Ressourcen belasten. Aber ein Herr Bundespräsident oder die genannten Tiroler Politiker schon. Ich vergönne ihnen von Herzen ihren netten Plausch am Abend. Aber wie gesagt, du sollst nicht Wasser predigen und Wein trinken!

Ich möchte an dieser Stelle kein Politikerbashing betreiben. Natürlich sind auch sie nur Menschen. Aber in der Krise hat man doch vergessen, auf die Bedürfnisse der Bevölkerung zu hören. Es ist wie in einem Video von mir, wo ich den Telefonhörer umgedreht habe, sodass du nur hineinsprechen kannst, aber nicht hörst, was der andere sagt. Das Volk ist der Befehlsempfänger, hat aber nichts mitzureden. Wir erleben unzählige Pressekonferenzen, wo meist eh kaum etwas gesagt wird und wenn, dann sind es angsterfüllte Botschaften. Du darfst dieses oder jenes nicht, sonst wird das passieren. Die Drohung hat im Frühjahr funktioniert, aber sie funktioniert nicht auf Dauer. Wenn man die Menschen auf seiner Seite haben will, dann muss man sie ernst nehmen. Und dieses Hineinhorchen auf die Wünsche der Bevölkerung ist abhandengekommen. Was sind die Sorgen? Viele haben Angst um ihre Existenz, ihre berufliche Zukunft oder verkümmern in Einsamkeit. Wer rechnet am Ende die psychischen Folgen ab? Vermutlich niemand. Aber auch das ist zu etwas gut und ich hoffe, psychische Krankheiten geraten in Zukunft stärker in den Fokus. Denn sie belasten einen Menschen viel stärker als es den Anschein hat und davon kann ich wahrlich aus eigener Erfahrung berichten.

Die Meinung über Corona ist auch stark geprägt vom jeweiligen Standpunkt. Wenn es mir gut geht und ich keine Existenzsorgen habe, dann wird die Krise für mich nicht schlimm sein. Im Volksmund heißt es so schön: „Mit vollen Hosen ist leicht stinken." Interessant wird es dann, wenn du an deine Grenzen gebracht wirst in jeglicher Hinsicht. Wenn du nicht mehr weißt, wie du deinen Kredit zahlen sollst und eventuell dein Haus verkaufen musst. Wir sprechen von einer Solidaritätsgesellschaft. Aber wo ist die Solidarität mit Menschen, die einsam sind? Ein Bekannter von mir sucht schon seit längerem nach einer Frau an seiner Seite. Er ist schon etwas älter und hat im Lockdown eigentlich keine Chance, jemanden kennenzulernen. Wenn ich jetzt mit meiner Frau zu Hause bin und eine gute Flasche Rotwein aufmache, um den Abend zu zweit zu genießen, dann habe ich vermutlich nichts gegen die Einschränkungen. Mich tangieren sie in diesem Fall wenig. Aber ich darf nicht hergehen und über ihn urteilen, wenn er gegen die einschränkenden Maßnahmen ist. Und das machen zurzeit viele, denen es an nichts fehlt. Mir geht es ja auch gut. Im Herzen bin ich aber bei all den Menschen, die von den Maßnahmen hart getroffen werden und versuche ein Sprachrohr für sie zu sein.

Mein etwas eigensinniger Telefonhörer ist ein gutes Symbol für die derzeit stattfindende Kommunikation. Wir sprechen miteinander, aber aneinander vorbei, weil wir nicht mehr zuhören. Da ist die Maske der perfekte Spiegel dieses Umstandes. Man sieht keine Gefühlsregung bzw. muss dies über die Augen erahnen. Man erkennt kein Lächeln und keine Mimik. Das „Wie" ist bei der Botschaft aber viel wichtiger als das „Was". Vielleicht sollten wir einmal darüber nachdenken und versuchen, sich beim Gespräch in den anderen hineinzuversetzen. Was bewegt ihn oder sie? Den Menschen wieder als Menschen wahrnehmen. Das fängt im Supermarkt an. Wie sprichst du mit dem dortigen Personal? Jeder Mensch, egal welchen Beruf er ausübt, ist wichtig. Alle Menschen, egal ob mit, ob ohne Geld, ob Titel oder nicht, sollst du gleichbehandeln. Auch hier kann ich ein Lied davon trällern. Beim Menütheater haben wir oft Prominente als Gäste, die ich jedoch wie alle anderen bespiele. Ich mache keinen Unterschied zwischen meinem Nachbarn oder dem Herrn Landeshauptmann. Und ich kann behaupten, ein jeder lacht über dieselben Witze.

Heute ist der Telefonhörer Geschichte, denn die Entwicklung hat nicht Halt gemacht. Und so könnte das Handy als Symbol stehen für die Entwicklung der Technik, die uns eigentlich mehr Zeit bringen sollte. Viele Menschen haben einen Rasen-, oder Staubsaugerroboter, aber nutzen die freie Zeit nicht für sich. Wir sollten aufhören, ständig konsumieren zu müssen. Die Zeit sollte genutzt werden, um zu sich selbst zu finden. Vielleicht einmal in die Stille gehen? Viele haben im Lockdown ihre eigene Umgebung kennengelernt. Auch ich war öfter mit dem Rad unterwegs und habe auf dem Weg alte Bekannte getroffen, mit denen ich jahrelang nicht mehr gesprochen habe. Da waren oft wunderschöne Begegnungen dabei. Andere gehen auf einen schönen Berg.

Der Weg ist das Ziel! (Konfuzius)

Man kann sich die Frage stellen, ob man den Berg genießt oder ob es nur darum geht, eine gute Instagram-Story zu erzählen? Die Absicht ist klar, aber wie jeder gute Bergsteiger sagt, ist es nicht das wichtigste Ziel, oben anzukommen, sondern heil und mit schönen Erlebnissen heimzukommen. Sollten sich die Umstände ändern, so ändert sich das Ziel. Ich denke, im Leben ist es wichtig, Ziele zu haben. Doch sollten wir uns vor Auge führen, dass diese sich im Laufe des Lebens ständig verändern. Unseren Weg bestimmt das Ziel, aber es ist der Weg, den wir genießen sollten.

Es gibt keinen Weg zum Glück. Glücklich-Sein ist der Weg.
(Buddha)

Viele fragen mich, wie es bei mir zurzeit aussieht bzw. wie es mir geht. Ich poste fast jeden Tag Videos, wo ich die Maßnahmen durch den Kakao ziehe. Manchmal mache ich nur lustige Dinge, manchmal spreche ich sehr ernste Themen an. Grundsätzlich geht es mir gut. Ich könnte die freie Zeit genießen, mehr Sport treiben und den ganzen Tag in der Hängematte chillen. Das machen auch viele Leute, was ich für gut erachte. Aus der gewonnenen Zeit das Beste machen. Doch es ist die Haltung von vielen, die ich kritisiere. „Wie es den anderen geht ist mir egal, Hauptsache mir geht es gut." Viele laufen mit Scheuklappen herum und wollen nicht erkennen, dass zahlreiche Menschen darunter leiden. Die Geschichte meines Bekannten von vorhin steht als Stellvertreter für die vielen Menschen, die zurzeit allein sind. Ich habe aber den dringenden Seelenwunsch, das mitzuteilen. Ein Sprachrohr zu sein für diejenigen, die von der Krise hart getroffen werden. Seien es Künstler, Menschen die arbeitslos wurden und natürlich die Kinder. All jene finden kaum Beachtung in unserer täglichen Debatte um das Thema Corona. Es ist etwas in mir drin, das mich antreibt um das zu erledigen. Mein innigster Herzenswunsch, die Menschen zu berühren, zu bewegen und ihnen Freude zu bringen. Diese Arbeit birgt kein Ziel in sich. Man kann nicht sagen, jetzt habe ich es geschafft. Es ist ein lebenslanges Ziel, sozusagen meine Aufgabe auf dem Planeten. Ich denke, jeder hat eine Aufgabe, die ihn glücklich macht. Und ich konnte meine Aufgabe bis vor kurzem noch von Angesicht zu Angesicht durchführen. Die Krise hat mir zwar einen Strich durch die Rechnung gemacht, aber ein Wille findet immer seinen Weg und in dem Fall waren es die Videos über YouTube. Ausschlaggebend dafür, dass ich meinen Weg gefunden habe, war mein Ziel. Wäre nämlich mein Ziel gewesen, Geld zu machen, hätte ich die Videos nicht gedreht. Ich bekomme für diese Arbeit kein Geld. Doch es macht mich glücklich.

Im jetzt kommenden Wassermannzeitalter geht es nicht nur darum zu schauen, dass es mir gut geht, sondern immer auch meine Nächsten im Blick zu haben, ohne in eine Retterrolle zu schlüpfen. Wenn ich bete, dann lege ich die ganze Erde in Gottes Hände und bitte für das Wohl aller Menschen. Viele Menschen weltweit zelebrieren das und es gibt zahlreiche Gruppen, die zu bestimmten Uhrzeiten beten oder meditieren. Auch das wird uns gespiegelt. Bis dato war uns egal, wie es dem Chinesen ging, Hauptsache er wird uns wirtschaftlich nicht überholen. Solange sie uns als billige Arbeitskräfte zur Verfügung stehen, fragen wir nicht nach, wie es denen geht. Doch jetzt sitzen wir auf einmal im selben Boot und müssen zusammenarbeiten. Sinnbildlich hierfür steht auch Donald Trump mit seinem „America-First" Slogan. Alle regten sich darüber auf, doch insgeheim haben wir alle danach gelebt. Hauptsache mir geht es gut. Er hielt uns nur den Spiegel vor.

Ich hoffe, wir können bald unseren Müll transformieren, um in die nächste Ebene aufzusteigen. Auf dieser Ebene sorgen wir nicht nur um uns selbst, wir tragen Sorge dafür, dass jeder Mensch auf der Erde die Möglichkeit hat, ein schönes Leben zu führen.

Blumen

*Blumen möchte ich euch schenken,
voller Glück und Sonnenschein.
Dass ihr froh beginnt zu denken,
dass die Liebe kommt ins Herz hinein.*

*Blumen, die nie verblühen,
weil sie aus Gedanken sind.
Freudensfunken sollen sie sprühen,
Glücklich seid wie manches Kind.*

*Ja, diese Blumen möchte ich euch geben,
Ich hoff ich kann's in meinem Leben.*

(Hannes Angerer, mit 14 Jahren)

Kapitel 12: Laufe nie den Problemen davon, sondern den Lösungen entgegen!

Home Office 45 START - ZIEL - SIEG Wings for my wife run...in coronalen zeiten mit APP benefiz!
Home Office 46 Flügel für den Lauf des Lebens! Laufen für Dich?!
Home Office 47 KuhMasken CoronaVIECHEREI, das geht auf keine KUHhaut mehr! FREIHEIT für KUH & DU!
Home Office 48 CoronaFAIRänderung die Vision vom und zum GUTEN...der einzige SINN des "Virus"!

Anfang Mai wäre der internationale „Wings-for-Life" Run in Wien gewesen, wo ich mit 2 Freunden mitlaufen wollte. Dieser Lauf ist eine Benefizveranstaltung für Menschen, die nicht laufen können und unterstützt die Rückenmarkforschung. Er fand dann über eine eigene App statt. Das heißt, man schaltet die App ein und läuft dann seine Kilometer, die dann übertragen und gespeichert werden. Interessanterweise gab es bei meiner App einen Fehler, sodass der Lauf nicht aufgezeichnet wurde. Grundsätzlich laufe ich ca. 10 Kilometer. Heuer habe ich trainiert und bin fast das Doppelte gelaufen. Was zeigte mir das auf? Du sollst laufen, weil es dir Spaß macht und nicht aus wettkampftaktischen Gründen. Zumindest war das die Botschaft, die ich mir aus dem technischen Hoppala herausgenommen habe. Beim Laufen selber konnte ich dann den Mundschutz auch endlich effektiv einsetzen. Denn er hilft gegen die Mücken, die mir sonst immer in den Mund geflogen sind.

So fand ich es schön, mit meinen beiden Freunden trotz aller Einschränkungen Zeit verbracht zu haben. Wir sind ja seit der Abschlussklasse 3F befreundet und treffen uns nach wie vor. Wegen der Klassenbezeichnung nennen wir uns auch die 3 Feschen. Ich denke, es wird niemandem anders gegangen sein, aber die physischen Kontakte fehlen mir sehr. Natürlich kannst du Videotelefonieren, aber der echte Kontakt, das Spüren des Gegenübers, die Reaktionen in seinem gesamten Sein, all das darf vielleicht mehr wertgeschätzt werden. In unserer hektischen Zeit haben wir völlig darauf vergessen, dass uns ein Mensch gegenübersteht. Und so ist es im Lockdown vielleicht ein Segen gewesen, mit der Kassiererin ein paar nette Worte zu wechseln oder den Nachbarn, der bis dato nur Zaungast war, besser kennen zu lernen. Fang bei dir und deinem Umfeld an könnte die Devise lauten. Daher machte ich aus den 3F meine persönlichen 4F!

4F – Friede – Freude – Freiheit - Fröhlichkeit

Anfang Mai wäre auch die Zeit der Maibäume gewesen. Dieser ist ein Phallussymbol und steht für Fruchtbarkeit. Heuer musste die Fruchtbarkeit zu Hause bleiben, daher stellten Familien kleine Maibäume in ihren Gärten auf. Na da dürfen wir mal gespannt sein, wie viele Kinder im nächsten Jahr das Licht der Welt erblicken.

In diese Zeit fiel auch der Muttertag, der mich ganz besonders begleitet. Ein halbes Jahr nach dem Tod meiner Schwester verstarb meine Mutter. In diesen Gedanken habe ich folgendes Gedicht geschrieben.

Tief in meinem Herz ist Trauer, Jahre noch nach Mutters Tod,
ja er brachte kalten Schauer, ja er brachte mich in Not.
Keinen Sinn in meinem Leben, wozu muß das alles sein,
niemand konnte ihn mir geben, niemals war ich so allein.
Sinn in meinem Leben, dich hab ich wieder gefunden,
doch in meinem Herzen eben, trag ich ewig diese Wunden.
Meine Schwestern, meine Mutter, ewig werdet ihr bei mir bleiben,
denn der Schmerz in meinem Herzen, soll die Liebe zu euch zeigen.

Viele Menschen tragen eine Wunde in sich aufgrund eines plötzlichen Todesfalles. Aber die Wunde soll nicht offenbleiben. Über die Jahre versuchte ich immer wieder, den Schmerz zu transformieren, damit man in schöner Erinnerung an die Verstorbenen denken kann. Interessant in dem Zusammenhang ist die Wiederholungsschleife.

Alles im Leben wiederholt sich, nur auf einer anderen Ebene.
(Hannes Angerer)

Vor kurzem musste ich meine Katze einschläfern lassen. Der Kater Karli wurde 22 Jahre alt und ist mir sehr ans Herz gewachsen. Doch er war in seinen letzten Lebensmonaten schon sehr arm. Die Entscheidung fiel mir nicht leicht. Mir war auch klar, dass sich hier emotional etwas spiegelt und mich diese Erfahrung an meine Todesfälle in meinem Umfeld erinnert. Ich denke, wir werden laufend im Leben mit Sachen konfrontiert, die noch nicht verarbeitet wurden. So ist doch Corona der perfekte Spiegel dafür. Es geht um die Angst, jemanden zu verlieren. Hast du in deinem Leben schon jemanden früh verloren, so könnte dich das wieder daran erinnern. An den Wiederholungen kannst du erkennen, woran du noch zu arbeiten hast. Es geht um die Frage, wie du damit umgehst und ob du etwas gelernt hast. Im Leben bekommen wir andauernd Prüfungen um daran zu wachsen. Wenn du den Lernprozess abgeschlossen hast, kann es vorkommen, dass die Abschlussprüfung ansteht und das Thema noch einmal hochgespielt wird: Hast du es auch wirklich verstanden?

Ich erwähnte bereits, dass ich mit Trauerarbeit den „Sinn des Lebens zu finden" verbinde. Das ist für mich heilend. Was man darunter verstehen kann, möchte ich anhand dieses Todesfalles näher erläutern.

> Meine Mutter verstarb ein halbes Jahr nach dem tragischen Todesfall ihrer Tochter. Davor hatte sie eine Brustkrebserkrankung, wobei sie schon am Weg der Besserung war. Ich erkannte damals die Kraft des Geistes und dessen Auswirkung auf den Körper. Ich werde nie vergessen wie sie sagte „Ich will sterben". Durch diesen heftigen Einschnitt hat sie sich fallen gelassen, was auch verständlich ist. Bereits einen Monat danach meinte der Arzt, dass die Metastasen wieder zurück sind und nur mehr wenig Hoffnung besteht. Fünf Monate später verstarb sie.

In weiterer Folge beschäftigte ich mich mit dem Leben meiner Mutter und fragte immer wieder nach dem Warum? Durch meine Geistheilerausbildungen konnte ich erkennen, womit meine Mutter aus spiritueller Sicht zu kämpfen hatte. Sie durchlitt viele Krankheiten (Schilddrüse, Brustkrebs,...), die ich analysierte. Dadurch konnte ich sie besser verstehen und auch erkennen, warum sie so agiert hat, wie ich noch Kind war. Ich in meiner Kindheit hatte, wie viele andere zu der Zeit, sehr viele Prägungen erhalten. Durch dieses Verständnis konnte ich nachvollziehen, wie es ihr innerlich ging und so in die Verzeihung gehen. Auch ihr ging es nicht gut und deshalb handelte sie so. Heute kann ich ehrlich sagen, dass ich meine Eltern liebe, obwohl sie mich verletzt haben. Ich kann dir nur raten, in den „Verstehens-Prozess" zu gehen. Warum handeln Menschen so wie sie handeln? Ich erinnere mich dabei gern an den Spruch von Jesus, den ich im letzten Kapitel erwähnte: „Denn sie wissen nicht, was sie tun." Menschen handeln die meiste Zeit aus einer Unbewusstheit heraus. Dann kannst du in die Verzeihung gehen und du wirst frei. Letztlich sind wir in der Opferhaltung, solange wir jemandem etwas vorwerfen.

Deine Eltern sind auch Spiegel deiner inneren Mutter und deines inneren Vaters. Im Mainstream hört man bereits von der Arbeit mit dem inneren Kind, dass wir alle in uns tragen. Aber ich bin auch meine eigene Mutter und mein eigener Vater. Für mich spiegelt das ganz klar die Dreifaltigkeit:

Vater – Kind – Mutter

Wir kennen das aus dem Christentum mit Vater, Sohn und Heiliger Geist. Aber das geistige Prinzip ist das Mütterliche. Und zu Sohn könnte man auch Tochter sagen, daher verwende ich den neutralen Begriff Kind. Diese Kräfte sind in uns verankert und die Vorstellungen dazu können uns Hinweise geben, welche Energien wir nicht leben. Nehmen wir zum Beispiel einen Mann, der sich zu Hause nichts sagen traut. Man sagt im Volksmund, dass er seine Männlichkeit nicht lebt. Dieser könnte sich seinen eigenen Vater ansehen, der Spiegel seines inneren Vaters ist.

Ich zum Beispiel hatte lange Zeit Probleme mit meiner Weiblichkeit. Als ich meine Mutter besser verstehen konnte, lernte ich, dass sie und die Mütter-Generationen vorher ein Problem damit hatten, ihre Weiblichkeit zu leben. Ich sage nicht, sie sind schuld. Ich als Seele inkarniere ja bewusst in diese Familie, weil ich diese Erfahrung machen wollte. Außerdem mussten sie noch ganz andere Zeiten durchleben. Durch den Verstehens-Prozess konnte ich einen neutralen Blick auf meine Familie und somit mich selbst werfen um dann an mir zu arbeiten. Ich kann jedem raten, sich seine Familie gut anzusehen, denn sie sind unsere besten Spiegel. Meine Mutter spiegelt meine innere Frau, mein Vater meinen inneren Mann. Dann überlege dir, welche Kräfte du noch nicht leben kannst. Beim männlichen Prinzip hätten wir das Zeugende, das Durchsetzende, die Tatkraft und das Schaffende. Das weibliche Prinzip würde ich bezeichnen als nährend, in sich gehen, die Phantasie und die Sanftmut, nur um ein paar Schlagwörter zu nennen. Innen – Außen. Hart – Weich. Einatmen – Ausatmen.

Das Männliche und Weibliche trifft sich in der Mitte im spielenden Kind. (Hannes Angerer)

So würde ich es bezeichnen. Ein wichtiges Schlagwort für mich ist die Sanftmut. Denn das Wort beinhaltet eigentlich alles. SANFT ist das Weibliche, MUT das Männliche und in der SANFTMUT treffen sich beide. Diese zwei Qualitäten sollte ich in mir vereinen, um ein kraftvolles und glückliches Leben führen zu können. Betrachtet man Menschen, kann man schnell erkennen, ob und auf welcher Seite ein Überhang herrscht. Manche leben bereits beide Qualitäten, dann sagt man im Volksmund, sie sind ausgeglichen. Das kindliche Prinzip vereint beide und spielt mit diesen Qualitäten. Es ist die alberne und verspielte Seite in uns, die den Witz des Lebens versteht. „Nimm dich nicht zu ernst mein liebes Menschlein", würde das Kind in dir sagen. „Ich möchte spielen." Du kannst dich fragen, in welchen Situationen du Kind sein kannst? Kannst du herzhaft lachen, vor lauter Freude tanzen oder mit dir selbst Spaß haben? Viele wollen dieses Prinzip durch die Kinder ausleben oder reagieren mit einem überkindlichen Verhalten, wenn sie eines sehen. Du sollst diese Seite in dein Leben integrieren. Wer meine Videos gesehen hat, der wird erkennen, dass hier der kleine Hannes mit der Kamera spielt. Und es macht mir Freude, ihm zuzusehen.

Ich persönlich arbeite viel mit meiner Familie bzw. der gesamten Ahnenreihe. Es sind die Prägungen, die über Generationen weitergegeben wurden, die jeder in sich erlösen sollte, damit die nächste Generation nicht mehr daran arbeiten muss. Wir erhalten auch durch unseren inneren Vater und unserer inneren Mutter immer wieder

Impulse zur Heilung. Ich selber bin durch meine Heilarbeit bereits bis zur Zeugung gekommen. In welcher Energie wurde ich gezeugt? Alleine dadurch bekommt das Kind Prägungen. Aus meiner (und vieler anderer) nimmt das Kind bereits in der Schwangerschaft viel auf. Die Emotionen, welche die Mutter erlebt, spürt das Kind. Oft hört man, dass Frauen, die in ihrer Schwangerschaft schwere Zeiten durchleben mussten, eine enorme mentale Kraft besaßen. Kein Wunder, wenn hier eine zweite Seele mitarbeitet. Du kannst einmal schauen, was in der Zeit deiner Schwangerschaft passiert ist. Vielleicht hast du aus der Zeit bereits Prägungen erhalten? In einem meiner Lieder habe ich diese Tatsache beschrieben. Du kommst auf die Welt und lernst sie kennen, die Kälte von Schnee. Dann kommt die Ausbildung zum Ego. Du willst etwas werden. Später liebst du die Kälte von Schnee.

All diese Konzepte, die ich hier vorgestellt habe, wurden natürlich nicht von mir erfunden. Viele Autoren schrieben Bücher darüber und wer sich näher mit einem Thema beschäftigen möchte, der findet Literatur zu genüge. Es sind letzlich alles nur Zeichen im Außen, die dir helfen sollen, dein inneres Licht zu finden. Diese Zeichen waren immer da, es braucht aber deine Aufmerksamkeit, sie zu erkennen. Ähnlich ist es bei einem Thema, welches in unseren Medien oder der Wissenschaft kaum Beachtung findet, jedoch so offensichtlich vor unseren Augen stattfindet, dass es nur mit sehr viel Ignoranz übersehen werden kann. Es sind die sogenannten Kornkreise.

Wie wurde mein Interesse zu diesem Thema geweckt? In den beginnenden 2000er Jahren beschäftigte ich mich mit spirituellen Thematiken. Man kommt mit vielen Leuten in Berührung. Irgendwie stieß ich dann auf Bilder von Kornkreisen. Ich weiß noch, dass sie mir vorher schon aufgefallen sind, so wie vermutlich vielen Lesern. Doch diesmal war es anders, denn ähnlich wie beim Mayakalender erwischten mich die Kornkreise und zogen mich in ihren Bann. Ich kaufte mir Bücher, las in Zeitschriften darüber und nahm schließlich im Jahr 2006 an einer Kornkreisreise nach England teil. Vielleicht an dieser Stelle eine kurze Erklärung dazu, was sie eigentlich sind.

Kornkreise sind Verwerfungen in Kornfeldern, manchmal auch in Wiesen oder im Schnee. Sie erscheinen über Nacht und haben absolut perfekte Harmonien. Wenn du dir einmal Bilder im Internet ansiehst, wirst du erkennen, dass es immer um geometrische Figuren geht. Die Mathematik, „Sprache Gottes" wie sie manchmal genannt wird, spielt dabei eine wichtige Rolle. Wir finden wichtige Zahlen abgebildet. Oft findet man den goldenen Schnitt darin. Und eigentlich sind sie immer schön anzusehen. Ein Kunstwerk der Natur, wie ich sage. Jetzt stellt sich natürlich jeder die Frage, wer sie macht oder wie diese Zeichen ins Feld kommen? Und da muss ich dich jetzt enttäuschen, denn darauf gibt es bis heute keine schlüssige Antwort. Auch in spirituellen Kreisen mutmaßt man darüber, ob eine Kraft von unten oder oben darauf einwirkt. Manche behaupten, es seien Außerirdische, die uns diese Zeichen schicken. Aber das ist alles nur Spekulation, denn bis dato hat noch niemand die Erstellung eines Kornkreises gesehen. Wenn du auf Wikipedia nachschlägst, so wirst du eine einfache Erklärung finden. Zwei Männer behaupteten, sie würden Kornkreise machen. Dann zeigten sie ein kleines Brett mit einer Schnur und schon war die journalistische Fachwelt davon überzeugt, dass alle Kornkreise von Menschen gemacht sind. Nun gut, es gibt tatsächlich Formen, die von menschlichen Künstlern gestaltet werden. Oft sind es Werbedeals mit Firmen, wo der Farmer entschädigt wird. Aber man muss sich vor Auge halten, dass jedes Jahr viele Kornkreise erscheinen in einer Komplexität, die man sich kaum vorstellen kann. Bis zum Jahr 2012/2013 wurden sie immer komplexer, zum Teil mit 3-dimensionalen Effekten. Interessant an dem Ganzen ist, dass du im Feld selbst gar nicht erkennst, wie er aussieht. Das kannst du nur, indem du darüber fliegst. Wer an dieser Stelle zu zweifeln anfängt, der darf das gerne tun. Aber schau dir selber einmal die Bilder der vielen Kornkreise an und sag mir, dass ein Mensch so etwas in einer Nacht zusammenbringt. Zur erwähnen ist, dass die Bauern keine Freude damit haben. Du müsstest also beim Erstellen auch darauf achten, nicht gesehen zu werden. Das heißt, du darfst keine Taschenlampe verwenden.

Auch ich war skeptisch, jedoch so fasziniert, dass ich mir das selber ansehen wollte. Die meisten Kreise entstehen in England. Eine genaue Erklärung dafür gibt es leider auch nicht. Manche meinen, das Herzchakra der Erde befindet sich in dieser Region. Und so flog ich mit einer Gruppe unter der Leitung des leider schon verstorbenen

Wolfgang Wiedergut dorthin. Für mich war es eine der prägendsten Reisen meines Lebens. Einerseits grub ich mehrere Vorleben aus, die ich im Bereich England und Schottland gelebt hatte, die sehr prägend waren. Andererseits machte ich ein Foto vom Sonnenuntergang mit meiner Digitalkamera. Zu Hause stellte ich fest, dass Foto Nummer 666 fehlte. Es sei erwähnt, dass diese eine sehr transformierende Zahl ist. Dann blickte ich auf das Foto mit dem Sonnenuntergang und konnte meinen Augen nicht trauen. Im Schimmer ist ein Lichtwesen zu sehen. Für mich war das eindeutig ein Engel und auch der Beweis, falls ich ihn noch brauchte, dass es sie gibt. Das Bild findet sich übrigens auf meiner Homepage (www.kugih.at) sowie der Umschlaginnenseite des Buches.

Auf dieser Reise besuchten wir natürlich auch Kornkreise. In England hat das eine ganz andere Dimension. Dort gibt es viele, die sich damit auseinandersetzen. Einige suchen täglich nach Strukturen im Feld. Du musst ja mit einem Flugzeug bzw. mit einer Drohne darüber fliegen um zu erkennen, wo ein Kornkreis ist. Wie er nun genau entsteht, ist nach wie vor ein Rätsel. Für mich ist das egal. Wenn ein menschlicher Künstler diese Formation hineinbringt, ist das für mich auch ein Zeichen, denn es gibt nur ein Bewusstsein. Doch ich glaube, es ist ein Zeichen für uns Menschen auf globaler Ebene. Und es ist weiters ein Hinweis, dass Wunder möglich sind. Wir Menschen sind ja heutzutage gewohnt, für alles eine Erklärung zu haben. An die Wunder in Lourdes mit ihrer Marienerscheinung aus dem 19. Jahrhundert glauben wir schon und pilgern sogar dorthin. Aber dass auch heute Wunder möglich sind, das können wir uns nicht vorstellen. Und so sind Kornkreise ein Zeichen dafür, dass es da draußen noch mehr gibt. Im Juli erschien übrigens ein Kornkreis am Ammersee in Deutschland, den ich und Robert natürlich besuchten. Er lag neben einer viel befahrenen Straße. Der Bauer war nicht erfreut. Hätte das jemand von Menschenhand gemacht, dann wäre das jemandem aufgefallen. Aber wie gesagt, hier darf sich jeder selbst ein Bild darüber machen.

Ähnlich wie bei den Kornkreisen erging es mir beim Thema Engel.
> In den beginnenden 2000er Jahren organisierte ich in meinen Räumlichkeiten ein Yoga - und Engelseminar. Naiv wie ich bin,

stellte ich ein Plakat vor der Kirche auf. Ich dachte mir, dass christliche Menschen so etwas interessieren könnte. Daraufhin bekam ich einen wütenden Anruf einer Kirchenbetreuerin, dass ich das sofort wegstellen sollte. Wir einigten uns darauf, dies mit dem Pfarrer abzuklären. Der meinte nur: „Vergiss es!" Wir führten dann ein lässiges Gespräch über Gott und die Welt.

Es ist schon bemerkenswert. Jede Kirche ist voll mit Darstellungen von Engeln. Du findest zahlreiche Berichte in der Bibel darüber. Wenn Eltern ihr Kind taufen lassen, ist immer vom Schutzengel die Rede. Auch im Volksmund heißt es: „Da hatte ich aber einen Schutzengel!" Wenn du die Leute aber dann fragst, ob sie an Engel glauben, sagen sie nein.

Für mich sind Engel lichtvolle und liebevolle Wesenheiten (Energien). Jeder stellt sie sich etwas anders vor. Meistens werden sie mit Flügel dargestellt. Es ist egal, welches Bild du davon hast, spüren sollst du sie. Im Unterschied zu Aufgestiegenen Meistern, wie etwa Jesus, sind sie nie auf der Erde inkarniert. Sie waren immer da und stehen uns zur Seite. Hier wären wir wieder beim Glauben, der uns sehr viel Kraft geben kann und laut Placebo-Effekt auch messbare Auswirkungen hat. Ich glaube daran, dass Engel uns zur Seite stehen, wenn wir sie darum bitten. Sie handeln zum höchsten Wohl von uns Menschen und achten den freien Willen. Nur in ganz besonderen Situationen greifen sie ungefragt ein. Wir würden dann sagen, hier hatte der Schutzengel gewirkt. Hier möchte ich nochmal die Geschichte des tragischen Todesfalles meiner ersten Frau erwähnen. In so einer Situation klagst du Gott an, warum er so etwas zulassen konnte. In einer Channeling-Sitzung fragte ich die Engel, wo sie damals waren? Die Antwort ließ mich baff zurück.

> Lieber Hannes. Wir Engel waren eh da. Denn sonst wäre noch viel mehr passiert.

Wäre es eine halbe Stunde später passiert, wären meine Kinder vielleicht schon zu Hause gewesen. Dann wäre ihnen vielleicht auch etwas geschehen. Das war ja meine große Sorge in Sydney. Wenn ein Mensch so einen Schritt setzt, ist er oft schon „out-of-order" und kann nicht mehr klar denken. Ab dem Zeitpunkt war mir bewusst, dass die Schutzengel da waren und auf meine Kinder aufgepasst haben. Vielleicht kann diese Botschaft der Engel dem einen oder anderen helfen, der auch schwere Schicksalsschläge durchleben musste. Sie wirken meist unerkannt und greifen doch auf entscheidende Art und Weise ein, zu unserem höchsten Wohl.

Wir haben ein Recht auf Wunder und diese zu empfangen!

Würdest du, wenn du könntest, in die Zukunft blicken wollen? Sei einmal ganz ehrlich. Wäre es in der Vergangenheit von Vorteil gewesen, bereits alles zu wissen, was auf dich zukommt? Ich stelle mir vor wie es wäre, wenn der 20-jährige Hannes gesehen hätte, durch welche tiefen Täler er einmal gehen wird. Das hätte er nicht ausgehalten. So bin ich froh, nicht zu wissen, was morgen geschehen wird und einfach zu vertrauen. Natürlich mache ich Pläne. Aber genau so oft wie ich plane, ändere ich sie. Das Leben ist Zufall. Und ist es nicht schön, am Morgen aufzuwachen, ohne genau zu wissen, was auf einen zukommt? Ein einziger Anruf kann dein Leben ändern, in die eine oder andere Richtung. Das, was der Mensch aber zurzeit veranstaltet, ist der Versuch, mit Gewalt die Zukunft vorherzubestimmen. Algorithmen und unzählige Theorien bestimmen unser Leben. Wenn du das tust, wirst du das bekommen. Das Leben als Black-Box. Wir implantieren uns Computerchips, damit wir „besser" werden. Der Mensch 4.0! Ich brauche keinen neuen Menschen, ich will einfach nur Mensch sein. Wir haben durch unseren überbordenden Materialismus und dieser Fokussierung auf Wissen verlernt, mit der Natur zu leben.

In einem Video brachte ich eine Story, über die in der Coronazeit berichtet wurde. Die Maske für die Kühe. Aber nicht wegen Corona, sondern wegen dem Methanausstoß. Wie wäre es, wenn wir weniger Fleisch essen oder Lebensmittel nicht wegwerfen, anstatt die Kuh für unseren Lebenswandel zu bestrafen? Hier gehen wir wieder auf die Wirkung los, anstatt die Ursache zu ändern. Die Kuh muss ja mittlerweile auch als Model bereitstehen, für Schaulustige auf den Almen. Könnte man sie nicht einfach in Ruhe lassen? Auch Tiere sind beseelte Lebewesen mit Gefühlen und das sollte jeder respektieren. Kein Wunder, wenn eine Kuh Amok läuft. Ich sehe es außerdem kritisch, ihr die Hörner einfach abzusägen. Natürlich verstehe ich, dass man es macht, damit sie sich nicht gegenseitig oder den

Menschen verletzen. Aber könnte man da nicht andere Wege finden? Wir studieren, wissen aber nicht mehr, dass ein Papier in den Papierkorb gehört. Der WLAN-Hotspot ist wichtiger als ein Baum. Den Respekt vor der Natur und den Tieren sowie das Gespür für ein natürliches Leben, all das müssen wir wieder lernen. Und ich glaube, dass uns Corona hier einen kleinen Stups gegeben hat. Viele Menschen gehen wieder in die Natur und fangen an, selbst im Garten anzubauen bzw. zu kochen. Man schätzt die Lebensmittel und sorgt dafür, dass weniger im Müll landet. Wie lange wird das anhalten?

Insgesamt sehe ich im Virus eine weitere Chance. Wir hatten ja bereits einige: Tschernobyl, Fukushima, Bankenkrise, Tsunami,... Haben wir gelernt? In einem Video beschrieb ich den Sinn von Corona als FAIRÄNDERUNG! Ich schrecke immer zusammen, wenn Menschen zu mir sagen, dass ich mich nicht verändert habe. Manchmal ärgere ich mich sogar, weil ich mich ja verändern möchte. Aber ich weiß, wie die Menschen das meinen und bin niemanden böse. Das ist die große Angst der Menschen, sich verändern zu müssen oder seine Gewohnheiten umzuschmeißen. Etwas Neues probieren. Ich bin niemand, der das Alte schlechtredet. Es war halt der damalige Zeitgeist. Aber wenn man in die Geschichte blickt, so ist die einzige Konstante die Veränderung. Niemals ist etwas über längere Zeit gleichgeblieben. Aber unsere Politik verkündet, dass wir im Sommer, wenn denn endlich die Impfung da ist, in unsere alte Normalität zurückkehren. Ich sage, eine alte Normalität wird es nicht geben. Wie die Lösung aussieht, kann ich ehrlich gesagt selber noch nicht sagen. Ungewöhnliche Zeiten erfordern ungewöhnliche Methoden. Man vermittelt uns, es wird nur mit einem Medikament oder einer Impfung funktionieren. Will sich hier jemand bereichern? Meine Meinung ist, impfen ist nicht göttlich.

Vielleicht liegt aber die Lösung in der Natur? Ich erwähnte bereits Dr. Bircher. Sein Brief an die Schweizer Regierung mit den Ratschlägen des Großvaters blieb unbeantwortet. Vielleicht geht es darum, unsere Gewohnheiten zu verändern. Ich bin sowieso der Meinung, dass wir lernen müssen, mit dem Virus zu leben. Zuerst machte man uns die Hoffnung, dass man den Virus auf Null drücken kann. Das war aussichtslos. Jetzt macht man uns die Hoffnung mit der Impfung.

Wir impfen einfach 8 Milliarden Menschen. Und da er mutiert, machen wir das jedes Jahr. MONEYpuliert? Man erkennt den Sarkasmus in meinen Worten. Aber an diesem Strohhalm halten sich viele fest. Sorgen wir doch einfach für einen gesunden Körper, einen gesunden Geist und obendrein noch für ein gesundes Seelenwohl. In so einem Milieu wird dir der Virus nicht viel anhaben. Dann brauchst du keine Impfung und obendrein können wir alle glücklich unser Leben pfeifen. Zumindest ist es meine Hoffnung und auch mein Glaube, dass wir diesen Weg finden.

Selig sind, die nicht sehen und doch glauben. (Jesus)

Noch ein Wort zum Glauben, über den ich in dem Buch schon vielfach sprach. Als Forschertyp versuche ich immer wieder die Dinge selbst zu begreifen. Wir Menschen sind so gepolt, dass wir ständig Beweise brauchen. Wir teilen die Welt in winzigste Teilchen um die Gesetzmäßigkeiten der Natur zu verstehen. Mittlerweile ist die Physik auf der Suche nach dem Gottesteilchen, was sie meiner Meinung nach nie finden werden. Jesus aber sagt, dass du keine Beweise benötigst. Du brauchst nur deinen Glauben, der Berge versetzen kann. Glauben ohne zu sehen ist das absolute Vertrauen in die Schöpfung. Dieses Vertrauen in Gott führt zu dem Selbstvertrauen, der dir Halt im Leben gibt. Wenn ich an etwas glaube, dann lasse ich es gleichzeitig los. Es sollte sich nur das manifestieren, was zum höchsten Wohle aller ist.

Der größte Feind des Glaubens ist der Zweifel. Hier kannst du dich einmal fragen, woran du zweifelst? Oft sind es die kleinsten Rückschläge, die uns manchmal zum Verzweifeln bringen. Ich sage nur, du bist genau am richtigen Ort mit den genau richtigen Umständen zur richtigen Zeit. Glaube an dich und deine Fähigkeiten. Du bist die Veränderung in dieser Welt und du hast alles, was du brauchst. Du bist in der Lage, mit jedem Rückschlag fertig zu werden. Schau einmal, wozu Corona dich zwingt. Was will dir der Virus oder die Umstände sagen? Wo zieht es dich hin? Meine Todesfälle führten zu markanten Veränderungen in meinem Leben. Unter anderem brachten sie mich zum Glauben. Diese innere Kraft, diese Zuversicht, dass sich alles zum Besten wandeln wird, sie hilft dir, alle Prüfungen zu meistern. Ich bin der festen Überzeugung und im festen Glauben, dass wir diese Krise hinter uns lassen und eine neue Lebensqualität Einzug halten wird.

Kapitel 13: Gott ist (d)mein größter Fan

Home Office 49 Dein ZUKUNFTSBILD hellsichtig gesehen! Die WAHRHEIT! Die 1. Essenz!
Home Office 50 KinderWeltTheater werdet wie die Kinder, sonst könnt ihr nicht...die 2.Essenz
Home Office 51 HEILUNG in Sicht! Das IMPFMITTEL! Was HEILT wirklich?! Die 3. Essenz
Home Office 52 Bist du GLÜCKLICH? das Beste zum Schluss!..die wichtigste Frage der Welt?! 4. Essenz

Nun sind wir beim letzten Kapitel, dem 13. angelangt. Ich habe im Frühling geplant, 52 Videos zu machen, denn diese Zahl ist bei den Maya eine ganz besondere. Dass es dann anders gekommen ist, verdanke ich dem Zufall und so gibt es mittlerweile über 150 Videos auf meinem Kanal zum Thema Weisheiterkeiten. Für dieses Buch möchte ich mit den letzten 4 Videos abschließen und die meiner Meinung nach 4 wichtigsten Essenzen erwähnen. Kurz noch zur Zahl 52, die im Mayakalender eine wichtige Rolle spielt.

Laut ihrem Zyklus wiederholst du ab dem 52. Lebensjahr deine Zeichen und fängst quasi wieder von vorne an. Ähnlich wie bei der Astrologie gibt es Tagesqualitäten, aber auch längere Phasen, die immer wieder in Zyklen auftreten. Im Mayakalender entsprechen 1 Baktun 144.000 Tage, wobei dort das Jahr 360 Tage umfasst. 13 Baktun ergeben 5.200 Jahre. Mit 2012 endete das 13. Baktun und wir beginnen wieder von vorne. Es gibt aber einen noch größeren Zyklus. Die lange Zählung entspricht 26.000 Jahren, also fünf Mal diesem Zyklus. Auch dieser endet jetzt bzw. beginnt wieder von Neuem. Interessant in dem Zusammenhang ist die Kreiselbewegung der Erdachse, der sogenannten Präzession, die mit diesem Wert übereinstimmt. Astronomen konnten berechnen, dass sich dieser Zyklus ca. alle 26.000 Jahre wiederholt. Anders als von manchen dargestellt sahen die Maya mit 2012 nie das Ende der Welt, sondern einfach den Beginn eines neuen Zyklus, der mit großen Umbrüchen einhergeht. So ist es auch in den alten Hindu-Schriften beschrieben. Das letzte Zeitalter nannte man dort Kali-Yuga, was übersetzt „dunkles Zeitalter" bedeutet. In diesem herrscht moralischer Verfall,

Gewalt und der Fokus auf materielle Besitztümer. Jetzt treten wir in das Satya-Yuga ein, dass ein friedliches und schönes Miteinander für uns bereithält. Für mich dauert der Hotspot der Übergangsphase 52 Jahre, also ca. zwischen 1986 und 2038. Es wird uns also noch eine Zeitlang durchschütteln. Umso wichtiger wird es sein, dass jeder seine alten Gedankenmuster und Strukturen überdenkt und gegebenenfalls transformiert. Sie passen eventuell nicht mehr in die neue Zeit. Die Anregungen aus diesem Buch sollen dir dabei helfen, diese neu zu (er)finden.

Die 1. Essenz stellte mein Hellsichtigkeitskarikaturist vor. Er sprach von der Esoterik. Dieser Begriff heißt übersetzt „nach innen gerichtet", während exoterisch „nach außen gerichtet" bedeutet. Es ist der Impuls, nach innen zu gehen um zu schauen, wie es in dir drin aussieht. Leider wird der Begriff oft verwechselt mit „Licht und liebevoll-erscheinen-wollen." Es ist das System der Gurus, die scheinen, indem Scheinwerfer auf sie gerichtet werden. Doch jede Lichtquelle wirft Schatten. Das spiegelt sich für mich auch in dem kalten LED-Licht wider, wo wichtige Farbanteile fehlen. Es ist das Herunterdimmen von Menschen, die ihrer Kraft beraubt werden sollen, was wir zurzeit sehen. Man ordnet sich unter, anstatt in die Eigenverantwortung zu gehen. **Der wirklich erleuchtete Mensch strahlt von innen heraus. Hier wären wir wieder beim Titel des Buches, dass nur das Christuslicht keinen Schatten wirft. Dann, wenn du deine innere Essenz gefunden hast, brauchst du das „gut sein wollen" nicht mehr. Du bist einfach!**

Dazu passt der Begriff der Hellsichtigkeit, welches durch das 3. Auge symbolisiert wird. Es gibt immer mehr Menschen, die hellsichtig wahrnehmen können. Wobei wir immer zwischen den Sinnen unterscheiden. Manche können hellhören, hellfühlen, hellwissen oder hellriechen, denn es ist nicht immer wichtig, zu sehen. Alle Sinne sind auch auf der höheren Ebene angelegt. Und so kann der Hellsichtigkeitskarikaturist die Zukunft vorhersehen, nämlich von allen Menschen. Im Video zeichnete ich ein Bild davon, wie wir alle einmal aussehen werden. Es ist ein lächelnder Totenkopf.

Vielleicht wirst du den Kopf schütteln, angesichts meiner Portion Sarkasmus. Aber der Tod steht am Ende eines jeden Lebens. Mit dieser Angst wird gerade gespielt. Verhaltet euch so und so, sonst wird dieses oder jenes passieren. Und viele steigen ein. Die Angst vor dem, was sowieso geschehen wird. Ich sehe, dass die Menschen in die Verdrängung gehen.

Alles, was du verdrängst, wird dir laufend entgegenkommen!

Das ist übrigens bei jedem Thema der Fall, dem du dich nicht stellen möchtest. Corona spielt das Thema Tod nur auf. Ich sehe die Auseinandersetzung damit als wichtigsten Teil, den jeder machen sollte. Darum ist es meine erste Essenz. Du kommst auf die Welt, um zu sterben. Es gehört zu unserem Lebensweg. Rückblickend mit den vielen Todesfällen, die mich berührt haben, kam ich zu folgendem Schluss – die erste Essenz.

Wenn du den Tod verstanden hast, kannst du anfangen, frei zu leben. (Hannes Angerer)

Ich stelle mir das so vor. Die Angst vor dem Tod schiebe ich nicht weg von mir, sondern integriere sie in mein Sein. Das heißt nicht, dass sie dich nicht mehr erwischt, was ich am Beispiel einer Spinnenphobie festmachen möchte. Ist die Phobie geheilt und du siehst eine Spinne, wird die Angst dich eventuell trotzdem kurz treffen und man spürt das ungute Gefühl im Körper. Anstatt in die Flucht zu gehen, atme kurz durch und dehne dich innerlich aus. Du lässt die Angst da sein. Dadurch verliert sie die Kontrolle über dich. Im Unterschied zu früher übernimmt die Angst dich nicht mehr. Das gilt für alle Gefühle.

Meiner Meinung nach kannst du dich mit der Auseinandersetzung des Todes befreit ins Leben werfen. Ich sehe mein Leben als Abenteuer. Auch ich habe immer wieder Ängste, Zweifel oder Wut in mir. Aber ich habe keine Angst mehr, mich ihnen zu stellen. Und das macht dich frei. Denn wo du vorher gezögert hast, gehst du nun den entscheidenden Schritt nach vorne und lebst das Leben, das du nie gewagt hast zu träumen.

Für die zweite Essenz habe ich den Clown Hanniboi wieder zum Leben erweckt. Grundsätzlich spiele ich kein Kindertheater mehr, obwohl ich heute noch Anfragen bekomme. Nach über 20 Jahren hat es sich für mich 2007/2008 nicht mehr stimmig angefühlt und ich konzentrierte mich auf das Menütheater. Ich könnte heute noch zigmal auftreten, doch sollte man auf sein Herz hören. Für dieses Video kam er wieder kurz zum Vorschein. Dabei führte ich eine Nummer für alle 8 Milliarden Kinder auf der Welt auf. Die Lunge wurde abgehört, die für Freiheit steht. Es wurde die Zunge angesprochen, die man als Spiegel des Herzens sehen kann. Und ich kam auf das Selbstbestimmungsrecht des Menschen zu sprechen.

Mein Körper gehört mir.

Ich bin gegen jegliche Form von Zwangsmaßnahmen gegen meinen Körper, Stichwort Impfung. Auch als Druckmittel über die Hintertür, das wie ein Damoklesschwert über uns schwebt. Du darfst dieses und jenes nicht machen, wenn du nicht geimpft bist. Grundsätzlich habe ich nichts gegen das Impfen, bin aber für die Freiheit zu entscheiden. Jede Seele will ihre Erfahrungen machen. Manche die der Impfung und ihrer eventuellen Folgen. Manche den Kampf um die freie Entscheidung. Und dazu passt das Thema Freiheit und Kind sehr gut zusammen. Betrachten wir ein Neugeborenes. Es ist frei von Anhaftungen, Zwängen, Ängsten oder Sorgen. Sehnen wir uns nicht oft nach genau dieser Art von Freiheit? Wollen wir nicht auch so unbeschwert leben können, wie ein Kind? Der Mensch ist ein freies Wesen und möchte es bleiben. Betrachten wir die Vergangenheit, so sehen wir Geschichten von Freiheitskämpfen. Jede Revolution im Namen der Freiheit. Auf zu starke Einschränkungen könnte eine Revolution auf der Straße folgen, die ich nicht möchte. Das, was ich mir für die Menschheit wünsche, ist eine Art innere Revolution – die zweite Essenz.

(R)Evolution der Herzen. (Hannes Angerer)

Das ist eigentlich die Herzöffnung. Sein Herz zu öffnen und anzunehmen, was da ist, anstatt in den Widerstand zu gehen. Dazu muss man das Bewusstsein schaffen, dass ich immer mir selbst begegne und für mich selbst Verantwortung übernehme.

Die Welt ist ein Spiegelkabinett. (Hannes Angerer)

Ich stelle mir das vor wie ein Kaleidoskop, das sich mit jeder Veränderung von dir bewegt. Wenn du einen Schicksalsschlag bekommst oder es dich durchschüttelt, änderst du deinen Blickwinkel. Dann bekommst du andere Dinge im Außen gespiegelt. Ich übernehme Eigenverantwortung für das, was ich im Spiegel sehe. Jeder hat die Möglichkeit, seinen Blickwinkel zu ändern. Dazu muss man Verantwortung für sich übernehmen. Es ist das, was den Menschen abtrainiert wurde. Auch das bekommen wir im Kollektiv zu spüren. Es heißt ständig, wir müssen auf die anderen schauen. Das stimmt schon. Aber bei den meisten stehen die anderen an erster Stelle und sie selbst erst an zweiter oder dritter. „Ich setze die Maske auf, um dich zu schützen." In dem Moment entscheidet man sich für das Retterspiel. Dieser Retter hat in sich die größte Wut. Würde er sich damit auseinandersetzen, würde er wahrscheinlich auf fehlende Eigenliebe stoßen. Ich kann das gut nachvollziehen, weil ich im Retterego war. Der Retter versucht diese fehlende Selbstliebe zu kompensieren, um sein eigenes Selbst zu erhöhen und besser dazustehen. Ein Retter hat immer Recht und er braucht sich seinen Müll nicht anzusehen, weil er ja anderen hilft. Grundsätzlich habe ich nichts dagegen, anderen zu helfen. Nur sollten wir erkennen, was wir spielen, weil wir sonst im niederen Drama hängen bleiben. Die Bühne des Lebens kannst du erst erkennen, wenn du einmal von der Bühne gehst. Schüre ich Konflikte? Bin ich in der Opferhaltung? Bin ich vielleicht sogar Täter? Etwas, mit dem man sich nicht gerne konfrontiert. Dazu muss ich mein Herz öffnen, eventuell auch unangenehme Wahrheiten akzeptieren und annehmen, was da ist. Durch die Akzeptanz können wir zu unserem eigenen Regisseur werden. Wir bestimmen selbst, was wir spielen. Eine Tragödie oder doch eine Komödie? Vom Opfer - ins Schöpferbewusstsein. Dieser Wandel vollzieht sich gerade im Kollektiv und wird uns an allen Ecken und Enden gespiegelt. Wobei ich hier noch erwähnen möchte, dass ich nicht glaube, die Zukunft vorherbestimmen zu können. In dem riesigen Bühnenstück Erde sind wir eingebettet mit 8 Milliarden anderen Schauspielern, wobei wir deren Verhalten nicht beeinflussen können. Aber ich kann meinen Blickwinkel und meine Reaktion darauf ändern. Somit trage ich zur Veränderung des Gesamtbewusstseins (morphogenetisches Feld) bei.

Für die 3. Essenz spielte ich den Künstler bei den Chaoskellnern und stellte die Frage, was denn jetzt in dieser Krise helfen könnte. Dazu machte ich einen Scherenschnitt, den ich bei meinen Auftritten oft als Schlussnummer einbaue. Am Ende kamen folgende Wörter zum Vorschein: Liebe – Lache. Dazu passt einer meiner Lieblingsslogans – die dritte Essenz.

> *Wer lacht, l(i)ebt länger. (Hannes Angerer)*

Wenn ich im Leben etwas gelernt habe, dann sind es diese beiden Aspekte. Wirklich zu lieben und aus dem Herzen zu lachen. Zu dem Video gibt es eine interessante Geschichte.

> Die Scherenschnittnummer lernte ich von meinem damaligen Magier bzw. er zeigte sie mir. Damals brachte ich ihm unter anderem das Jonglieren oder das Stelzengehen bei. Es fußte auf Gegenseitigkeit. Wir hatten es damals so gehandhabt, dass er die Nummer machte, wenn er dabei war und ich sie vollführte, wenn er abwesend war. Das Ganze schaukelte sich auf, wobei er uns verboten hatte, diese Nummer weiterhin zu machen, denn es ist seine Nummer. Mir war damals schon bewusst, dass hier ein Künstlerego durchgeht. Es kam dann sowieso zum Bruch mit der alten Gruppe und ich führe diese Nummer bis heute auf.

Dazu möchte ich folgendes festhalten. Ein jeder schaut sich Dinge von jemand anderen ab. Wir alle „kopieren" und schöpfen nur aus einem Bewusstsein. Aber es ist wichtig, dass du etwas Eigenes daraus machst. Gott hat 8 Milliarden Menschen auf die Welt gesetzt. Es wäre doch unsinnig, wenn jeder das Gleiche machen würde.

> *Gott kopiert nicht! (Hannes Angerer)*

Die Scherenschnittnummer vollziehe ich auf meine ganz spezielle Art und Weise mit eigenem Text, der zu mir passt. Auch andere haben schon von mir „kopiert", genauso wie meine alte Gruppe, die ich in dieses Business eingeführt hatte. Das ist kein Problem mehr für mich. Als ich dieses Video auf Facebook postete, kam der göttliche Zufall wieder zum Vorschein:

> Ich fuhr von Linz nach Hause und war gerade in Marchtrenk. Dort wohnt meine ehemalige Kollegin, die so wie ich, einen Tourbus hat. Bis dato ist er mir dort noch nie aufgefallen, doch an diesem Tag sah ich ihn beim Sparparkplatz. Ein paar Sekunden später leuchtete mein

Handy auf, dass jemand einen Kommentar zum Video geschrieben hat. Ich drückte drauf und sah den Post vom Magier mit den Worten „Ha, ha, ha, …" und drei lachenden Smileys dazu. Mir war sofort klar, dass es um seine Copyright Geschichte ging.

Es passierte alles innerhalb von wenigen Sekunden. Man muss sich einmal vorstellen, wie das Universum mit uns spielt. Ich musste wirklich lachen, als mir das passierte. Da sind wir wieder im Spiegelkabinett. Dazu passt der Begriff des Magiers. Denn im neuen Zeitalter geht es um die Magie des Herzens. Auch ich mache Zaubernummern. Aber es geht nicht darum, dass ich magisch erscheine.

Ich versuche immer mehr, allen Alles zu gönnen. (Hannes Angerer)

Ich bin niemandem böse, der von mir „kopiert". Selbst meiner alten Gruppe wünsche ich nur das Beste. Denn ich habe aufgehört, gegen etwas zu kämpfen. Wir sollten anfangen, anderen ihren Erfolg zu gönnen. Als Künstler verfällt man sehr schnell ins Ego und meint, man sei der Mittelpunkt. Es geht darum, etwas Schönes für die Welt zu schaffen und das Resonanzfeld mit positiven Dingen zu füttern. Das ist, was ich als Künstler mache. Ich versuche die Herzen zu öffnen. Der Panzer wird von innen aufgebrochen, die eigens gesteckten Grenzen überwunden. Dazu passt der Ausschnitt eines Liedes, den ich als Hanniboi geschrieben habe:

Wir brauchen keinen Gartenzaun, denn wir leben frei.
Lass mich in deinen Garten schaun, dann bist auch du dabei.
Grenzen gibt es doch genug, was sperrst du dich so ein?
Denn siehst du nicht zu uns heraus, will keiner zu dir rein!

Hier wird das Grenzenlose so schön beschrieben, was meiner Meinung nach wichtig wäre. Es fängt bei dir selbst an. Diese inneren vom Ego gesetzten Grenzen halten dich davon ab, das zu leben, nach dem du dich sehnst. Den Traum, den du nie gewagt hast zu träumen. Liebe wäre der Schlüssel für das Ganze. Ein Begriff, der so oft verwendet wurde, dass es schon wieder verwirrend ist. Das Sänger-Duo Rosenstolz schrieb einmal ein Lied, dass mit folgenden Worten begann: „Liebe ist Alles." Und tatsächlich haben sie recht.

Für mich ist Liebe die einzige Kraft, die alles beinhaltet. Also etwa alle Gefühle. Sie steht immer zur Verfügung und ist in jedem Augenblick da. Es ist das, was du eigentlich bist. Ja, du bist Liebe! Ich vergleiche sie gerne mit der natürlichen Farbe weiß. Denn weiß ist in dem Sinn keine Farbe, sondern die Summe aller anderen Farben. In dem Zustand der Liebe kannst du alles so annehmen, wie es gerade ist.

Wenn du am Boden liegst, gestatte es dir, liegen zu bleiben. (Hannes Angerer)

Viele sind der Meinung, sofort wieder aufstehen zu müssen. Ich finde, wir sollten uns einmal gestatten, liegen zu bleiben. Menschen wollen stark sein und übergehen dabei oft ihre inneren Impulse. In meiner Verletzlichkeit liegt die größte Stärke. Wenn du das nächste Mal am Boden liegst, dann bleib einmal liegen und lass diese Verletzlichkeit, diese Schwäche zu. Wir haben alle unseren Schutzpanzer, der uns aber auch daran hindert, Gefühle zuzulassen.

Sei, wie eine mutige Seifenblase. (Hannes Angerer)

Wirst du in die Knie gezwungen, ist das ein Zeichen des Universums, deinen Schutzpanzer aufzubrechen. Nicht von außen, sondern von innen, aus deinem eigenen Herzen heraus. Die Seifenblase ist für mich der perfekte Spiegel für diese Haltung. Sie fliegt, wohin der Wind (göttlicher Geist) sie trägt und ist in jedem Moment verletzlich. Sie hat keine Angst davor, wo anzustoßen. Sie braucht sich nicht zu schützen, weil sie im Vertrauen ist. Sie eiert nicht herum, sondern ist absolut rund.

Wenn ich an meine bisherigen Lockdowns denke, war ich ein jedes Mal so was von auf dem Boden. Den Boden könnte man auch als Symbol für die Verbindung mit Mutter Erde, die ich und viele andere als Wesenheit wahrnehmen, sehen. Sie ist es, die uns trägt und die Früchte hervorbringt, damit wir wachsen können. Durch die Rückverbindung mit ihr spüre ich wieder diese tiefe Verbundenheit und kann gestärkt aufstehen. Nicht umsonst legen wir uns zum Schlafen hin.

Der einzige Schatz, den du aus dieser Welt mitnehmen kannst, sind deine Erfahrungen. (Hannes Angerer)

Wenn Menschen auf ihr Leben zurückblicken, dann sehen sie die vielen Verletzungen. Auch in meinem Leben sind die prägendsten Momente die schmerzhaftesten gewesen. Sie sind es, die mich weitergebracht haben. Sie lehrten mich die vielen Weisheiten, die ich jetzt in diesem Buch niederschreibe. Ohne diese Erfahrungen hätte ich mich nie mit solchen Themen beschäftigt. Wenn du dich an deine Verletzungen erinnerst, dann denke nicht in einer verbitterten Haltung daran. Versuche sie, als wertvolle Erfahrung zu sehen. Als Teil dessen, der du jetzt bist und ohne dem du nie zu dem geworden wärst. Versuche in eine dankbare Haltung zu gehen. Ich weiß, wie schwierig das ist. Doch verbirgt sich hinter jedem vermeintlichen Rückschritt eine große Schatztruhe, die nur du öffnen kannst. Denn es ist dein Leben! Und es gibt nur einen richtigen Weg, Deinen!

Die 4. Essenz beinhaltet für mich die wichtigste Frage, die wir uns stellen sollten. Ich schrieb das Ganze in Gedichtform für eine Show im Jahr 2012. Es beinhaltet den Lebensweg des Menschen, wie man auf die Welt kommt und sich mit der Ausbildung des Egos von sich wegbewegt. Man eiert herum und sollte doch eigentlich rund werden. Irgendwann kommt man an dem Punkt, wo man sich fragt, was denn jetzt wirklich wichtig ist – die vierte Essenz.

Bist du glücklich? (Hannes Angerer)

Sich die Frage zu stellen, bin ich glücklich, kann ich jedem Menschen in jedem Moment empfehlen. Dabei frage ich, ob denn der Vogel glücklich ist, der nur von Ast zu Ast springt? Oder ist die Blume glücklich, die einfach nur steht? Oder liegt es einfach nur im Sein?

Jeder soll so sEIn, wie er ist!

Dieser Spruch, den ich auf dem Auto eines Eihändlers gelesen habe, spiegelt die Kernaussage meines Gedichts wider. In dem Moment bist du einfach nur und versuchst nicht, jemand zu sein. Du agierst aus dem Herzen heraus, im Gefühl einer Glückseligkeit. In dem Zustand bist du mit allem zufrieden und glücklich mit dem, was ist. Dadurch, dass du dir laufend diese Frage stellst, gehst du in dieses Bewusstsein hinein. In der Hektik des Alltags vergessen wir oft auf unser Gefühl. Einfach mal wieder innehalten und sich fragen, passt das so? Bin ich glücklich? Möchte ich etwas verändern? Und wenn eine Veränderung ansteht, dann sei so mutig wie die Seifenblase. Du bist die Veränderung. Du bist das Leben. Du bist die einzige Kraft, die dein Leben erschafft!

Wenn du diese Zeilen gelesen hast, sage ich Danke für deine Zeit. Ich danke auch Gott, dass er dieses Buch ermöglicht hat. Ich ging immer im Bewusstsein an die Arbeit, so Gott will, soll es passieren. Vielleicht sehen wir uns einmal bei einem Auftritt, was mich freuen würde. Vielleicht tauschen wir ein paar Worte aus und du erzählst mir deine Weisheiterkeiten. Wer weiß, was die Zukunft bereithält. Es ist das, was wir daraus machen.

Am Ende schenke ich dir dieses Gedicht. Versuche, deine eigene Glückseligkeit zu spüren und in dein Leben zu integrieren. Fließen Tränen, lass sie da sein. Du kannst dir auch das Video ansehen, wo ich das Gedicht spreche. Schließe deine Augen und gehe in dieses Bewusstsein. Es ist nicht wichtig ob du so bist, oder anders. Es ist wichtig, dass du bist. Aus ganzem Herzen heraus wünsche ich dir tiefste Zufriedenheit mit dir sowie ein glückliches und kraftvolles Leben.

joHannes M. Angerer

Bist du glücklich?

Es gibt nur eine Frage auf der Welt, die zählt.
Bist du glücklich?
Der Weg macht dich glücklich,
niemals das Ziel.
Nimm es an wie es kommt,
sei es wenig oder viel.
Tut es weh? Bringt's dich zum Lachen?
Alles, ja wirklich alles kann dich glücklich machen!

Und während du deinen Weg gehst,
du irgendwo vor einer Blume stehst.
Ist sie glücklich, steht einfach nur da
und du merkst – was ist wahr.

Siehst den Vogel, von Ast zu Ast springen,
ist der glücklich, bei seinem Zwitschern und Singen?
Oder haben sie sich in dieser Welt,
niemals diese wichtigste Frage gestellt!

Bist du glücklich? Ist Glück Dein?
Oder liegt es nur im SEIN?
Indem was ich ganz einfach bin?
Ob in Zürich, Berlin oder Wien....

Lass das Leben durch mich fließen,
auf alles und jeden ergießen.
Was willst du mit deinem Begehren?
Die Natur, sie kann es dich lehren.

Die Sonne, die einfach nur scheint.
Der Himmel, der manchmal nur weint.
Die Erde, aus der wir geboren.
Die Illusion, die ich nun hab verloren.

„Bin ich glücklich?" ... die Frage ist nicht wichtig.
Auch nicht ob ich mach's falsch oder richtig.
Ich tu`s, weil mein Herz mich dazu treibt.
Ich weiß, dass nichts im Leben so bleibt.

Veränderung in jeder Sekunde,
dies ist der Natur wahre Kunde.
Vertrauen und Hoffnung und Liebe,
ach, wenn alles doch immer so bliebe.

Sicher ist nur die Veränderung.
Das hält das Leben, das DU bist in Schwung.
Eines ist sicher. Was heute verloren,
wird morgen wieder geboren!
Aus ganzem Herzen einfach nur geben,
denn du, du bist das EWIGE LEBEN!!!!!!

BIST DU GLÜCKLICH?

Lebenslauf

joHannes Martin Angerer   05.08.1959

Geboren am 05.08.1959 als 8. Kind in Wels – was gleich zu einer „Namenkontroverse" führte. Auf dem als Erstes dokumentierten Taufschein steht Johannes Martin, auf der ein paar Tage später ausgehändigten Staatsbürgerkunde Johann Martin Angerer, womit gleich am Beginn seines Lebens ein Namensproblem entstand. Als Hannes gerufen musste er alle Dokumente mit Johann (Hans) unterschreiben - ein Elternstreit (Großväter hießen Johann väterlichseits bzw. Martin mütterlichseits)

Hannes ist ein „kränkelndes" Kind. Mittelohrentzündungen, Bronchitis, Blinddarmentfernung, mehrere Armbrüche, Mandl OP u.v.m. vermittelten ihm bald, DAS LEBEN IST HART! Sein Vater war autoritär, die Mutter oft überfordert. Hannes das „Nesthäkchen" bekommt dies zu spüren.

Über seine Eltern sagt joHannes heute: „Wie jeder Mensch prägt einen zuerst die Kindheit. Eltern, Geschwister, Schule usw… Bei uns (für mich) gab es auch die Prügelstrafe und viele Verbote. Heute kann ich sagen, dass ich allem vergebe. Ich weiß, wozu die vielen leidvollen Erlebnisse – bist heute – mir dienten. Mein Bild vom Vater und der Mutter hat sich geändert. Trotz und vor allem auf Grund meiner Heilarbeit kann ich sagen: „Ich liebe sie und lege sie in Gottes Hände."

Wegen der vielen Erkrankungen „muss" Hannes nicht Ministrant werden. Kurz nach seinem 6. Geburtstag begann der Schulalltag und das viel zu früh, denn eigentlich wollte er seine Zeit mit Spielen verbringen. Ein prügelnder Pfarrer und eine etwas eigenartige Lehrerin in der ersten Klasse taten ihr Übriges.

Der TOD! Begegnung mit dem STERBEN: Als seine Katze starb, war Hannes ca. 5 Jahre alt. Die einzige Erklärung des Vaters lautete: „Die hat wahrscheinlich der Jäger erschossen!" Hasen und Hühner wurden selbst geschlachtet. Ratten und Vögel schießen gehörte zur „Normalität". In der Volksschule kam dann der Tod einer

*Schulkollegin. Autounfall. Der Platz blieb leer, keine Erklärung....
„Ich weiß heute nicht mehr, ob wir beim Begräbnis waren. Dieses und weitere Todesereignisse prägten dann mein Leben. Auch, dass ich mit ca. 4 oder 5 Jahren beim Spielen beinahe schon tot war, ich aber dank meiner Mutter gerade noch gerettet wurde. Das erlebte ich allerdings erst später in einer Heilsitzung, ohne direkte Erinnerung."*

Kurz nach seinem 10. Geburtstag: Tod des Großvaters. Dies sollte eine tiefe Prägung in seinem Leben werden. Man könnte es so beschreiben: Auf Grund der Trauer um den sterbenden Großvater sollte bei all seinen runden Geburtstagen etwas Unvorhergesehenes und „Trauriges" passieren! Bis zu seinem 60. Geburtstag, wo joHannes dieses Muster erkannte und (vielleicht auch) heilte. Das Leben feiern, egal was passiert war intuitiv seine Antwort....

Hannes war stets ein „schlechter Schüler" und Schule für ihn eine Art Gefängnis. So schrieb er in der Volksschule lieber Comic-Texte, welche ein Schulfreund in Bilder umsetzte. Bald merkte er, dass er mit „Lustig-sein" Erfolg hatte.

Dies gipfelte in der Hauptschule in seinem ersten großen Auftritt. Beim Schulskikurs gestaltete er als „Regisseur" und Darsteller den letzten Abend. Dieser war so sensationell, dass noch Jahrzehnte danach die Lehrer davon erzählten. Als Ehrengast bei einer Jubiläumsfeier eingeladen (berühmter Schüler ☺) erzählte der Direktor, der auch bei diesem Skikurs dabei war, davon. Es hat dann niemanden mehr verwundert, dass er Künstler bzw. Clown geworden ist.

Bevor er seiner Berufung als Clown folgte, besuchte joHannes die Fachschule der Chemie HTL – eine Zeitung schrieb dann einmal: Hannes Angerer - vom Chemiker zum Komiker!

Sport bestimmte dann sein Leben: Karate, Surfen, Wildwasserpaddeln...Er suchte seine Bestätigungen als „Starker"....und bereits in jungen Jahren setzte er sich mit Buddhismus, Meditation, autogenem Training und der Mystik auseinander.

1982 der nächste Schicksalsschlag. Tragischer Tod seiner Schwester und sechs Monate später der Tod seiner Mutter. Dies sollte sein Leben entscheidend verändern. Emotional weit über seine Grenzen gebracht, begann er nach dem Sinn des Lebens zu suchen, in sich hinein zu forschen. Er spürte, dass er dies an sich selbst machen musste bzw. seine Seele trieb ihn zur Selbsterforschung. Rein Intuitiv. Zu diesem Zeitpunkt ging er zur Abendschule und wollte an seiner Arbeitsstätte Karriere machen.

1985: Der Zufall wollte es, dass er, der auch Musiker war, eine Jazzmesse im Ort gestalten konnte. Dies war bis dahin unmöglich. Kurzum: Es war ein Riesenerfolg und im Weiteren gründete er das Ensemble Kanaan, mit dem er auch eigene Texte und Lieder aufführte. Aus dem Gedicht „I LEB" entstand eine eigene Messe, ein Musikkabarett, „Blödl GesmbH" wurde gegründet, eine CD aufgenommen und Hannes Angerer begann Solo zu spielen! I LEB wurde zu einem seiner wichtigsten Gedichte. Apropos Gedichte:

1986 Tschernobyl: Hannes Angerer begeisterte tausende Menschen mit seinem Gedicht „Es sollte nie geschehen" bzw. berührte damit ihre Gefühle, u.a. auch bei einer Talente-Tournee, die der Startschuss für seine „internationale Karriere" sein sollte.

1987/88 entstand der Clown Hanniboi. Wie so oft führte der Zufall Regie. Gefragt, ob er nicht eine kurze Einlage bei einem örtlichen Kinderfasching machen könne, erkannte er seine Chance, Clown zu werden. Hatte er doch als Kind schon von einem alten Clown geträumt, der bei seinem letzten Auftritt ein Kind, welches nach der Vorstellung sitzen blieb, an die Hand genommen und mit ihm das Circuszelt verlassen hat. Oder war es in einem Film, da die Erinnerung in schwarz/weiß ist? Egal, seitdem wünschte er sich, Clown, Schauspieler oder Kabarettist zu werden.

Vom Erfolg getrieben entwickelte er über Jahre den Clown Hanniboi, gestaltete mehre Erwachsenensolostücke, die er „Clownerett" nannte. Damit tourte er durch Österreich, vom Posthof Linz bis zum Kabarett Niedermair in Wien. Den einen Tag vor 100 Menschen, am nächsten Tag vor nur 10 Zusehern – ein harter Schulungsweg, welcher

1989 wieder durch einen Todesfall erschüttert wurde. Bei einem Autounfall kam seine älteste Schwester ums Leben. Wenige Wochen vor seinem 30. Geburtstag. Er sagte nur einen Auftritt ab, ging möglichst schnell wieder auf die Bühne, die nun sein Leben bedeutete und fasste einen inneren Entschluss: „Ich möchte Profi werden!!!" Die bis dahin mögliche berufliche Karriere beendete er mit folgenden Worten zu seinem damaligen Chef: „Ich verzichte auf eine weitere Karriere in der Firma, ich werde Clown!" Von dieser Ehrlichkeit überrascht, wurde er nun in den folgenden Jahren immer von diesem Chef in seinem Theatertum unterstützt.

1990: Geburt seiner Tochter Katrin und erster großer Fernsehauftritt im ORF bei „Die große Chance". Rückblickend nur eine Stufe auf dem Künstlerweg. Woran er sich aber immer noch gerne erinnert: Ein Bus mit über 50 Krenglbachern fuhr nach Wien und unterstützte ihn. Seine ersten Fans!

In dieser Zeit begann Hannes Solo als Kellner zu agieren. Überrascht vom Erfolg, entschloss er sich zum Programm „Essen mit Clown" und der Chaos-Kellner war geboren. Er entwickelte daraus ein Team. Anfangs noch Kellnertheater genannt, änderte er dann den Namen auf Menütheater, die Chaoskellner-Shows. In Österreich einer der ersten, der den Weg in die Erlebnisgastronomie ging. Sein Ziel, 10 Shows im Jahr. Sein Rekord: 27 Shows in einem Monat! In den folgenden Jahren sollte es zu europaweiten Auftritten kommen, 2014 u.a. bei den olympischen Winterspielen im russischen Sochi!

Auch Clown Hanniboi sprengte alle Grenzen. Mehre Kinderlieder-CD`s, 2 Kinderbücher, 6 Kindertheater. Das Projekt „Hanniboi's Clownomobil", das 1. Kindertheaterspielfahrzeug war sein Durchbruch in der Kinderkulturszene.

Auftritte vor tausenden Kindern, Österreichtourneen u.v.m. Clown Hanniboi wurde zur Marke. Was ihn besonders freut: Noch heute wird er von nun erwachsenen Kindern angesprochen, manche hören noch seine Lieder oder lesen seine Bücher.

1991: Geburt seines Sohnes Martin und Hausbau und 1993 die Hochzeit mit seiner ersten Frau Brigitte.

Es folgten Jahre der Kreativität, 1996 die offizielle Premiere des Menütheaters – die Chaoskellner-Show und…

1996 Mein erster „Lockdown": Pleite des Konsum, damals das größte Handelsunternehmen! Der Ausstieg zum Profitum! Rückwirkend weiß Hannes, dass er intuitiv durch die Kraft seiner Gedanken, seines Wunsches und vor allem mit Gott dies erreichte. Es folgten Jahre mit über 200 Auftritten!

1998: Wieder schlägt das Schicksal zu. Seine Frau erkrankt schwer. Depression. Hannes zog aus, um das Lachen zu lehren (Presse) und nun wurde er mit einer schweren psychischen Erkrankung konfrontiert. Mittlerweile definiert Hannes das Schicksal so:

SCHICKSAL heißt für mich: Schick HEILUNG!

„Ich begann mich mit allen Formen von Heilung zu beschäftigen. Vor allem mit alternativen Methoden. Schüßler Salze, Homöopathie, Heilen mit Baumessenzen, Steinen, chinesische Medizin, Geistheilung u.v.m bis hin zur Psychotherapie. Ich wollte meiner Frau helfen. Heute weiß ich, dass sie hätte suchen müssen - womit wir wieder bei der Selbstverantwortung wären. Ich habe in dieser Zeit viel gelernt. Doch leider…."

2000: „Meine Frau stirbt bei einem Hausbrand, der von ihr ausging, während ich bei den Olympischen Spielen in Sydney war - wieder werde ich mit dem Tod konfrontiert!"

2000: „Mein zweiter Lockdown: Ich stand vor den Trümmern meines Hauses. Meine Frau ist gestorben … wie soll es weiter gehen? … ich wohne inzwischen bei den Nachbarn…bin in der Nacht im Freien und rauche eine Zigarette … stellte mir die Frage, was ich tun soll? Da sehe ich eine Wolke vor dem Mond, die wie ein Engelsflügel aussah und vernehme die inneren Worte: „Bleibe hier, laufe nicht davon. Du wirst hier gebraucht"! Ich entschloss mich, falls die Versicherung ihr Versprechen hält, dass ich das Haus abreißen darf, alles wiederaufzubauen."

Was auch geschah. Was dann von 2000 bist jetzt 2020 passierte, ist großteils im Buch beschrieben.

Silvester 2000/2001: Großer Fernsehauftritt im Silvesterstadl: "Ich war innerlich total zerrissen, zum einen Profi sein beim Auftritt, zum anderen, persönliche Entscheidungen, die anstanden....der Auftritt war auf jeden Fall ein Erfolg!"

2001: Seine jetzige Frau Petra kommt in sein Leben. Hausneubau. Im Oktober kommt der gemeinsame Sohn Simon zur Welt.

2002: Hochzeit. Beginn unserer zahlreicher spirituellen Heiler-Ausbildungen und Selbsterfahrungen. Heute nennt sich Hannes „Medizinmann" Warum? Das zum Schluss! Viele Seminare prägen ihr Leben. Heiler-Ausbildungen ließen am Ende erkennen, dass es immer auch um Selbstheilung geht. Das Thema Tod und die Erforschung des Jenseits/Diesseits wird für Hannes immer wichtiger.

2006: Tod seines Geistheillehrers Martin Wagner.

2006: Kornkreisreise nach England. Dies sollte eine äußerst wichtige und mystische Reise werden, wo er u.a. „sein" Engelsfoto machte, welches ihn seitdem begleitet.

2007/8 Hannes Angerer beendet seine Kindertheaterkarriere und gibt den Clown Hanniboi in sein Herz. Vom Menütheater zieht er sich leicht zurück, um als Geistheiler tätig zu werden. Er übergibt Teile des Managements einer Kollegin, denn immer mehr Menschen suchen Heilung bei Petra und Hannes. Das Haus mit Trainingsraum wurde zum Seminar- und Yogaraum umgestaltet. Ein kleines spirituelles Zentrum entsteht.

2009 „Mein dritter Lockdown": Gruppencrash. Während eines Urlaubs in Griechenland verunglückt Hannes schwer. 9 Rippen und Schlüsselbein waren gebrochen. Er ging knapp am Tod vorbei und wurde nach Hause geflogen. Als „Geschenk" zum

50iger (wieder ein runder Geburtstag!) offenbarte ihm „seine rechte Hand" und die gesamte Gruppe, dass sie kündigen! Dazu aber mehr in einem der Kapitel.

2009 – 2021 Ein neuer Mayazyklus beginnt für Hannes: Die Welle des weißen Magiers.

Rückwirkend sieht Hannes den Crash als Geschenk. Auch körperlich, denn für ihn ist sein Körper sein Seelenmessgerät. Hier ist eines seiner Lebensprinzipien zu finden:

Selbstverantwortung – Selbsterforschung – Selbsterkenntnis – Selbstliebe – Liebe zum Selbst!

„Heute schreibe ich diese Zeilen. Die Zeit von 2009 bis zum heutigen Tag, bzw. mein ganzes Leben sehe ich als riesigen Lernprozess. Dieser ist noch nicht zu Ende. Nun, bei meinem vierten Lockdown verspüre ich eine gewisse Gelassenheit. Ich habe in den Jahren viel gelernt. Gelernt, weil ich mich selbst erforscht habe. Gelernt, weil ich viele menschliche Lehrer hatte und immer noch habe. Allen voran Heliamus Raimund Stellmach, zahlreiche Buchlehrer und natürlich die Lehrer aus der geistigen Welt. Ich hoffe, mein Ego unterstützt mich auf dem Weg der Transformation. Mein Glaube an Gott ist immer mehr gewachsen, meine Selbstliebe, die Liebe und Akzeptanz meines Körpers, die Liebe zu den Menschen, die zu mir stehen und vor allem zu denen, die mich als Gegner, vielleicht als Feind oder wie auch immer wahrnehmen, ist gereift und gewachsen. Ich versuche nach den göttlichen Gesetzen zu leben, verneine keinen guten Wein und esse immer noch Fleisch. Allerdings träume ich, dass ich mich irgendwann von Licht ernähren kann, hier auf Erden! Ich feiere das Leben mit allen Höhen und Tiefen. Tja, stellt sich nun die Frage, wieso mache ich all diese YouTube Videos und lasse dieses Buch schreiben? Weißt du wieso? Weil es mir Spaß macht. Ich habe keine Ahnung, was daraus wird. Ich surfe auf den Wellen des Lebens und hoffe dir/euch ein guter Surflehrer zu sein!"

joHannes M. Angerer

PS: „Achja, wieso nenne ich mich nun Medizinmann? Schon bei meiner Geburt waren sich meine Eltern nicht einig, wie ich heißen soll? Hans oder Hannes? Heute weiß ich, dass Benennungen dich nur vom Weg abbringen, vom „Ich bin", da Benennungen in der Materie aber gemacht werden, ist die einzig stimmige Benennung meines jetzigen Berufes – Berufung: Medizinmann! Denn in den alten Kulturen oder indigenen Völkern war der Clown auch der Heiler – der Narr auch der Schamane, man nannte ihn (mich) Medizinmann!"

Weitere Informationen:

www.kugih.at

www.dasmenuetheater.at

CoAutor - Robert Hirsch

Geboren am 03.04.1987

Beruf: Musiker, Künstler, Mathematik-, Geschichtelehrer, Theaterpädagoge

Ähnlich wie Hannes absolvierte ich eine klassische Berufsausbildung und arbeitete mehrere Jahre im technischen Bereich. 2009 kam dann in mir der Impuls hoch, etwas „anderes" zu machen. Ich kann mich noch erinnern, als ich im Büro saß. Plötzlich war der Gedanke da, der auf fruchtbarem Boden stieß. Damals schon kannte ich Hannes. Er führte mich ins Künstlerleben ein und glaubte an mich. Das in einer Zeit, in der ich es niemals für möglich gehalten hätte, jemals noch auf der Bühne zu stehen. Er sah offensichtlich eine Seite in mir, die ich nicht sehen konnte.

Mein Leben änderte sich radikal. Ich ging studieren, baute mein Musikerdasein auf und interessierte mich für spirituelle Bücher. Im Laufe der letzten 10 Jahre absolvierte ich mehrere Ausbildungen in den Bereichen: Geistheilung, spiritueller Kommunikationscoach, Reinkarnationscoach, Atemcoach® (in Ausbildung). Neben der klassischen Wissenschaft, die ich sehr schätze, lernte ich eine andere Seite kennen. Viele meinen, zwischen Mathematik und Spiritualität herrscht ein Widerspruch. Doch ist auch die Mathematik eine Wissenschaft, die nur im Geiste existiert. Manche sind der Meinung, die Mathematiker finden bloß die Gesetzmäßigkeiten, die ohnehin schon existieren und von einer höheren Kraft gemacht wurden. In dieser Wissenschaft stößt man sehr schnell an die Grenze des menschlich Vorstellbaren. Man fragt sich, wie kann das alles so perfekt zusammenspielen? Die Grenze zwischen Mathematik und Spiritualität – manchmal verschwimmt sie.

Mit Hannes verbindet mich eine über 10-jährige Freundschaft. Beim Menütheater lernte ich den Zugang zu Spontanität und Herzenswärme kennen. Als verkopfter Mensch, der ich war (und oft noch bin), lernte ich andere Zugänge zum Leben kennen. Man muss nicht alles vom Kopf her planen und kontrollieren. Intuition und Inspiration sind in vielen Situationen bessere Wegbegleiter als der eigene Verstand. Ein weiterer wichtiger Aspekt ist der Humor. Wer Hannes kennt weiß, dass er immer einen Schmäh auf Lager hat. Mit Freude und Humor lebt sich das Leben leichter und heute kann auch ich bei persönlichen Rückschlägen lachen.

Als mich Hannes im April anrief, um mir den Vorschlag zu machen, doch ein Buch zu schreiben, schüttelte ich zuerst den Kopf. Eigentlich wollte ich schon absagen. Und heute weiß ich, dass sich eine Situation aus dem Jahr 2009 wiederholte. Damals habe ich Hannes bei seiner ersten Anfrage abgesagt, weil ich zu unsicher war und Angst hatte, auf der Bühne zu versagen. Doch er ließ (gottseidank) nicht locker. An meinen ersten Menütheaterauftritt kann ich mich noch gut erinnern. Ich weiß nicht, ob ich in meinem Leben schon einmal so viel Angst hatte, wie vor diesem Auftritt. Noch dazu spielten wir in Vorarlberg. Das heißt, fünf Stunden Autofahrt mit zittriger Hand und heftigem Lampenfieber. Auch wenn mir das heute kaum jemand glaubt, aber vor Leuten zu sprechen oder zu singen war eine meiner größten Ängste. Nun, der Auftritt war gut und ich bin über meine eigenen Grenzen gestiegen. Heute bin ich stolz und glücklich, mich dieser Angst gestellt zu haben. Sie hat keine Macht mehr über mich und ich bin freier darin zu tun, was ich möchte.

Dieses Buch zu schreiben war anfangs auch mit Zweifeln und Ängsten gesät. Warum sollte ich ein Buch schreiben? Über was sollen wir schreiben? Was werden die Leute sagen? Zwei Dinge, die ich dazu erwähnen möchte. Ähnlich wie Hannes erwischte mich der Lockdown. Bei mir gingen zwei meiner drei Jobs flöten und ich hatte auf einmal sehr viel Zeit. Der 2. Aspekt ist jener, dass ich in meinem Leben noch nie ein Buch geschrieben, geschweige denn darüber nachgedacht habe. Ich wusste nicht, wie man so etwas macht und so etwas angeht. Kurz bevor ich Hannes sagte, er solle sich jemand anderen suchen, kam der Impuls in mir hoch, doch einmal nach innen zu gehen. So befragte ich meine kompatible Energie, die von Erzengel Michael, und bekam folgende Antwort: „Sicher könnt ihr ein Buch schreiben. Aber wenn, dann macht es gut."

So traf ich mich mit Hannes, um über seine Idee zu plaudern. Der ursprüngliche Plan, 52 Seiten mit kurzen Weisheiterkeiten, wurde bereits beim Kapitel 0 über Bord geworfen. Uns beiden war schnell klar, dass hier mehr gesagt werden soll. Unsere Vorgehensweise war so eigentümlich, wie wir beide sind. Ich traf mich mit Hannes, um über die Videos zu plaudern und nahm diese Gespräche auf. Es war lustig und inspirierend zugleich. Manchmal war es Interview und Therapiegespräch in einem, für beide von uns. Zu Hause hörte ich mir die Aufnahmen an und ließ mich im stillen Kämmerlein davon inspirieren. Meistens schaffte ich es, ein bis zwei Stunden am Tag zu schreiben, weil es geistig sehr fordernd war. Ich lernte durch das Schreiben sehr viel über mich selbst und über das Leben. Parallel dazu spiegelte mir das Leben zahlreiche Themen, die nun ans Licht kamen. Theorie und Praxis vereint, so wie das Universum halt mit uns spielt.

Grundsätzlich sind wir in vielen Dinge konträr. Während ich hauptsächlich mit dem Verstand an die Sache rangehe, hat Hannes einen intuitiven und fühlenden Zugang zu diesen Themen. Er versucht zu erspüren, was die Meister mit ihren Aussagen gemeint haben. An dieser Stelle kam der Lehrer in mir zum Vorschein: Komplizierte oder verworrene Dinge möglichst einfach erklären und sie herunterbrechen auf das einfache Leben. So löcherte ich ihn solange mit Fragen, bis ich wirklich verstanden hatte, was er meinte. Wie könnte man das in den Alltag integrieren? So möchte ich dieses Buch vielen Menschen widmen, die nur wenig Zugang zur Spiritualität besitzen. Ich wünsche mir, dass sie diese wunderbare Seite des Lebens erkennen und spüren. Es gibt noch so viel mehr da draußen, als wir uns überhaupt vorstellen können. Heute weiß ich, wie viel Kraft dir der Glaube geben kann. So glaube ich heute nicht nur an Gott oder die geistige Welt. Ich glaube vor allem an mich selbst und an meine Kraft, die Veränderungen setzen zu können, die ich in meinem Leben haben möchte. Es ist meine Verantwortung, ein glückliches Leben zu leben und alles zu transformieren, was mich daran hindert. Diese Kraft besitzen wir alle. Ich wünsche mir für jeden, dass er diese Kraft findet und die Veränderung ist, die er sich für die Welt wünscht. Jeder Mensch hat ein glückliches und schönes Leben verdient, davon bin ich überzeugt.

Es hat mir unendlich viel Freude bereitet, dieses Buch zu schreiben. Ich bin wirklich stolz auf uns beide und möchte mich bei dir Hannes, von Herzen bedanken. Nicht nur für dieses Buch, sondern auch für die vielen Weisheiten davor, die ich mir von dir abschauen konnte. Ich bedanke mich bei der geistigen Welt, die mir viele Impulse bescherte und hier Platz finden konnten. Ein großes Dankeschön meinen beiden spirituellen Ausbildnerinnen, Conny Mitter und Anne Wolnik, die mir den Weg in meine Kraft gezeigt haben. Danke sage ich zu allen menschlichen Lehrern und Wegbegleitern hier auf der Erde und natürlich meiner Familie, die mir in meinem Leben sehr viel Halt gibt.

In Liebe, Freude und Dankbarkeit

Robert Hirsch

Weitere Informationen:

www.derpianoer.at

DANKE!

Ich möchte mich heute an diesem speziellen Tag bedanken. Zuerst pauschal, einfach bei allen Menschen, die mir in meinem Leben bisher begegnet sind und auch bei denen, die mir noch begegnen werden. Wir dienen uns, ob wir es wissen oder nicht.

Nun möchte ich mich bedanken bei meinen Buchlehrern, bei meinen Lehrern hier auf der Erde und bei meinen geistigen spirituellen Begleitern: Engeln, Aufgestiegenen Meistern, Naturwesen…wo ich vieles noch nicht weiß und nur erahnen kann. Danke!

Bedanken möchte ich mich bei meiner Familie. Bei meiner Frau Petra und unseren Kindern Simon, Lisa, Martin und Katrin. Eine Patchworkfamilie, die mit vielen Herausforderungen konfrontiert wurde und noch immer konfrontiert wird. Ich danke Petra, dass wir gemeinsam unseren spirituellen Weg gehen. Ich danke ihr ganz einfach für …. ALLES!

Nun bedanke ich mich bei meinem „Ghost-Writer", oder sollte man besser sagen Reporter, Fragensteller, Interviewer, Co-Autor? Bei dir, Robert. Danke, dass du die Herausforderung angenommen hast. Danke für deine Fragen und Impulse. Das Schreiben dieses Buches war für mich, und ich glaube auch für dich, Heilung und Erweiterung unserer Sichtweisen.

Der Schüler und der Lehrer erschaffen miteinander die Lehre.

„Du musst dir den Traum erfüllen, den du nie geträumt hast, den du nie gewagt hast zu träumen." Wieder einen Teil davon zu leben, hast du Robert, mir geholfen! DANKE!

joHannes M. Angerer, im Dezember 2020

Buchlehrer

Schmidt, Karl-Otto. Das Thomas-Evangelium.

Schmidt, Karl-Otto. Die Religion der Bergpredigt: als Grundlage rechten Lebens.

Callahan, Clinton. Wahre Liebe im Alltag.

Richter, Doris/Richter, Sven. Der Geist in den Bäumen spricht.

Maharaj, Sri Nisargadatta. Ich bin.

Russel, Walter. Die Botschaft der Göttlichen Illiade.

Krohne, Horst. Schule der Geistheilung.

Tolle, Eckhart. Jetzt! Die Kraft der Gegenwart.

Dürr, Hans-Peter. Warum es ums Ganze geht.

Mann, Christine/Mann, Frido. Es werde Licht, Die Einheit von Geist und Materie in der Quantenphysik.

Wommack, Andrew. Geist, Seele & Körper.

Gibran, Khalil. Der Prophet.

von Dreien, Bernadette. Christina – Die Vision des Guten.

Lama, Dalai/Tutu Desmond. Das Buch der Freude.

Das WISSEN der Bücher wird zur WEISHEIT des Herzens! ... wenn man alles immer wieder loslässt
(Hannes Angerer)